Rut

IL

A cura di Alessandro Fo

Giulio Einaudi editore

COLLEZIONE DI POESIA

234.

© 1992 Giulio Einaudi editore s. p. a., Torino

ISBN 978-88-06-12585-1

Introduzione

Con Rutilio si accosta una stagione poetica oggi quasi interamente dimenticata, quella tardolatina. I pochi che al di fuori della cerchia degli studiosi ne abbiano notizia conoscono un modo principale di avvicinarvisi, ed è sognarla. La sua posizione nell'arco della storia invita sempre a sfogliarne i reperti come si sfoglia un'opera delicata, tranquillamente seduti in una veranda, al sole particolare del tramonto. Non riesce di liberarsi dalle suggestioni di quel prefisso «tardo» che riconduce alla fine di un'epoca. E nel contempo si è presi da un senso di pace a vedere agitarsi sullo sfondo conflitti iperbolici, devastazioni e fuochi, rivoluzioni interiori, addii. Molti di coloro che l'hanno amata hanno sentito in questa letteratura il sapore di ultime cose, di sgomberi, di giochi futili attendendo la fine. Ma non dobbiamo esserne forzati all'idea di decadenza, e al 'decadentismo', come a volte è avvenuto. Non piú di quanto non lo si possa essere per un'altra qualsiasi epoca, anche la nostra. Si può altrettanto bene fantasticare di un che di florido, autonomo e assai vitale, come un giardino di piante esotiche rigoglioso nella sua giornata; esotismo che già riposa per noi sui nomi stessi degli autori: Draconzio, Corippo, Lussorio, Claudiano (proprio per un lontano giudizio sulla sua poesia si è affacciata qui questa immagine), Sidonio Apollinare, Orienzio.

Sono uomini antichi, e cosí non ne possediamo alcuna fotografia, né attendibile ritratto, né documenti personali, o autografi e inediti. Spesso perfino le testimonianze sulla loro vita sono scarse e malcerte; ne viene un senso di sbilanciamento, quell'alone di irrisolto che accompagna ciò che non si lascerà mai stringere da una precisa conoscenza, ma andrà integrato con il vigile sentimento della nostalgia[1]. Per lo piú rimane l'opera da

---

[1] Rubo la bella espressione alla conclusione dell'articolo di Maurizio Bettini, *Properzio dopo duemila anni (considerazioni probabilmente eretiche)*, in «Materiali e discussioni per l'analisi dei testi classici», 18, 1987,

sola a rispecchiare interamente quanto possiamo attingere di quella persona. Ora, i poeti tardolatini praticano, a volte fino all'esasperazione, i tratti convenzionali e generici propri di quella retorica che fu l'articolazione principale della loro cultura; eppure, con tratto che potrà apparire paradossale, si dispongono spesso a mescolarvi aperture su ciò che di piú profondo traversò la loro personale esistenza. Appunto questo (e anzi molto di piú) avviene, fra cortine di classicismo e remore di decoro, nel diario di viaggio di Rutilio.

La cornice storica è quella delle grandi invasioni. Prima le orde di Vandali, Alani, Svevi, passato il Reno all'inizio del 407, avevano devastato gran parte della Gallia settentrionale e occidentale[2]. Quindi i Visigoti erano giunti con Alarico a saccheggiare Roma nel 410, e dopo aver proseguito fino in Calabria nell'intento di salpare per l'Africa, avevano rinunciato al progetto, risalendo l'Italia sotto la guida di Ataulfo (412), per entrare successivamente nella Gallia meridionale e avviarsi verso occidente con rinnovate distruzioni; finché, dopo il loro passaggio in Spagna (415), vennero a un accordo con l'impero d'Occidente rappresentato dal generale Flavio Costanzo, plenipotenziario di Onorio (416).

Claudio Rutilio Namaziano apparteneva a una famiglia della aristocrazia latifondista della Gallia; i suoi possedimenti dovevano trovarsi nella Narbonese, forse non lontano da Tolosa, città del suo amico Vittorino, se riabbracciandolo dice di sentirsi già riconfortato da una parte di patria (I 503 sg.). Possiamo immaginare che vi sia nato – diciamo attorno agli anni settanta del IV secolo – e vi abbia magari trascorso l'infanzia. Abbastanza per tempo dovette comunque stabilirsi in Italia, dove il padre Lacanio fu governatore della Tuscia e dell'Umbria (I 579 sgg.); è mol-

---

pp. 149-63. Per Claudiano, mi riferivo piú sopra a un'espressione (poco lusinghiera, ma relegata in nota: la 120) di Edward Gibbon, in chiusa al capitolo XXX di *History of the Decline and Fall of the Roman Empire* (traduzione italiana nei «Millenni» Einaudi, Torino 1967, p. 1106). Claudiano stesso, in compagnia di Ausonio e di Rutilio, figura come campione di decadentismo nella biblioteca di Des Esseintes, al III capitolo dell'*À rebours* di Joris-Karl Huysmans (una recente traduzione italiana nei «Coralli» Einaudi, Torino 1989). I contributi cui ho fatto piú frequente riferimento vengono citati secondo il sistema di abbreviazioni segnalato nella *Bibliografia* (p. 155).

[2] Proseguirono la loro marcia con varie vicende verso la Spagna, e parte dei Vandali passò quindi in Africa; per un profilo di questi e altri avvenimenti cui qui si accenna si veda il *Quadro storico-cronologico*.

to verosimile che, come il suo parente Palladio (I 209 sg.) sia venuto a condurre i propri studi a Roma. Sicuramente ebbe una educazione tradizionale, lesse i classici sotto la guida del grammatico, si dedicò alla retorica e a elementi di diritto. Tutto ciò lo avviò a una brillante carriera di funzionario: fu *magister officiorum*, forse nel 412, e – carica di grande prestigio – prefetto della città di Roma, anche se per pochi mesi (del 413 o 414), come peraltro si usava[3]. Questo significa che non solo appartenne all'albo senatorio, ma fu presidente del senato stesso; e l'alta società dei circoli senatorii, specie quella che faceva capo alle famiglie di sentimenti conservatori e pagani dei Simmachi e dei Nicomachi, dovette essere il suo ambiente: il prestigio di una buona nascita vi si accresceva attraverso una brillante carriera amministrativa; ma accanto a un poco di impegno politico, a volte anche letterario, stavano soprattutto la vita galante dei banchetti, le cacce, e lussuose vacanze nelle ville disseminate lungo la costa campana. Quando il poemetto leva improvviso la voce dalla lacuna che ne mutila l'inizio, prima d'ogni altra cosa ci offre la misura dell'adesione di Rutilio alla sua nuova terra. È ormai moltissimo tempo che non ritorna in patria, ma non di questo il lettore dovrà stupirsi: pensi piuttosto che, tardo quanto si voglia, il ritorno sarà pur sempre troppo affrettato, se misurato sugli splendori della vita di Roma.

Abbiamo infatti a che fare con un «ritorno». Ora che i momenti dell'immediato pericolo sembrano passati, restano nella scia dei barbari lunghe teorie di rovine, beni dilacerati che invocano una pia premura restaurativa. Cosí Rutilio, con profondo dolore e dopo molte incertezze, deve lasciare tutto ciò che piú ama e tornare a sovrintendere di persona alle riparazioni; né sa se gli sarà mai concesso il ritorno che piú gli starebbe a cuore, quello sui propri passi, in direzione di Roma, centro del mondo.

A quanto pare fu un autentico trasloco. Rutilio scelse di costeggiare l'Italia e la Provenza con una flottiglia di piccole bar-

---

[3] Per i nomi del nostro poeta molti preferiscono la successione Rutilio Claudio Namaziano (Doblhofer I pp. 22 sg.): si veda Bartalucci 1980 p. 405. Rutilio stesso ci riferisce dei suoi importanti uffici, rispettivamente a I 563, e a I 157 sgg., 423, 427, 467 sg. Sulla complessa questione della sua carriera e della datazione della prefettura urbana si vedano Lana pp. 15 sg. e Doblhofer I pp. 22 sg. Per la sua vicinanza al circolo dei Simmachi si veda Knoche p. 128. La discussione su quale potesse precisamente essere il suo credo religioso si può ripercorrere in Doblhofer I pp. 27-33 e nel capitolo III di Corsaro 1981.

che in grado di fare fronte a un carico piuttosto cospicuo, ma nel contempo di potersi anche rifugiare prontamente sulla costa in caso di maltempo. Il viaggio infatti si svolgeva fra autunno e inverno, durante il periodo di cosiddetto *mare clausum*, e ciò sconsigliava la soluzione piú comoda e piú breve: trasportare tutto su di un'unica nave oneraria e affrontare una traversata in alto mare. Rutilio scrive di aver dovuto scartare le vie di terra a motivo dei danni provocati dalle recenti scorrerie, ma il rilievo ha forse soprattutto l'intento di inquadrare il congedo in un panorama di piú alta desolazione e malinconia [4].

Secondo l'usanza, un corteo di amici lo accompagnò da Roma a *Portus*, il porto di Fiumicino, dove attese che le condizioni del mare e del tempo favorissero la partenza. Con tutta probabilità prese alloggio in una locanda, perché se fosse stato ospite di qualche amico difficilmente lo avrebbe taciuto; mentre è evidente il suo desiderio di escludere il piú possibile dal proprio elegante diario soggetti tanto vili come gli ambienti pubblici di pernottamento e di ristoro [5]. Quei giorni gli tenne compagnia Palladio (I 207 sg.). Ma, al momento di intraprendere la navigazione rimase lui da solo con i membri dell'equipaggio? Su questo punto Rutilio sorvola. Qua e là nel seguito del racconto intravediamo qualcuno che conversa con lui, che si mantiene al suo fianco, ma non raggiunge mai una esplicita menzione. Semplici marinai? Oppure una moglie, una sorella, dei figli, una *familia* di schiavi? Il dato sfugge per un preciso calcolo dell'autore, che assegna la gloria del nome soltanto a chi, nel bene o nel male, l'abbia già conquistata nella vita, elevandosi fino al ragguardevole rilievo prescritto dal poemetto [6].

Infine, quando avvenne tutto ciò? In questo caso Rutilio è generoso di indicazioni. Purtroppo, però, il loro complesso non risulta cosí perspicuo, e la loro interpretazione è tuttora aspramente controversa. Per molto tempo si è fissato il viaggio al 416; successivamente si è imposta la datazione al 417. A questa, che

---

[4] Si vedano le note a I 35-46 e 218-22.

[5] Si vedano le note a I 165-78 e 179-204 (cfr. 337-48). Per il silenzio di Rutilio su *tabernae*, *deversoria*, *stabula* e simili si veda Lana p. 173; in quanto conserviamo ci viene offerto solo qualche 'esterno' (a Falesia e Villa Triturrita), e l'unica eccezione che pare affacciarsi (al frammento A) è tale forse solo fino a metà: potrebbe trattarsi della foresteria degli *hiberna*, dove Rutilio viene accolto da Marcellino.

[6] Si vedano le note a I 205-15 e particolarmente 208; cfr. I 295 sgg. e 377 sgg., con relative note. Per l'uso rutiliano della prima persona plurale si veda la nota a I 1-4.

INTRODUZIONE

gode tuttora del maggiore credito, è stata piú volte vigorosamente contrapposta una datazione al 415 [7]. Scegliere non è facile, e sarà forse preferibile delineare i diversi punti di vista comportati dalle due soluzioni principali. Nel 415, sebbene sempre in ritardo rispetto ai momenti delle devastazioni, Rutilio partirebbe in uno dei primi mesi di tranquillità; ormai ogni pericolo appare lontano, si può e si deve infine intervenire, non importa se la stagione, fra autunno e inverno, non è propizia al viaggio. Nel 417 la distanza dalle 'cause' sarebbe ancora piú notevole, ma Rutilio avrebbe atteso una pacificazione definitiva conseguente alle operazioni militari di Costanzo, e di una cosí lunga dilazione vorrebbe appunto fare ammenda nel prologo.

Dunque viaggiò a piccole tappe, mantenendosi lungo la costa, fermandosi a pernottare presso amici o in locande, costretto a volte dal maltempo a soste prolungate. Su tutto questo ci informa il diario poetico che Rutilio ne trasse, componimento breve, in due libri, che non ci è pervenuto per intero. Dopo una sessantina di versi, la seconda parte si interrompe, affiorando soltanto brevemente e in modo confuso in due frammenti recuperati di recente. Il poemetto, solitamente indicato col titolo *De reditu suo* [8], doveva seguire il ritorno fino al punto di arrivo. Fu scritto giorno per giorno durante il percorso, o invece nella raggiunta tranquillità delle terre di Gallia, magari mettendo a frutto una serie di appunti? Non si può dare una risposta sicura, ma l'estre-

---

[7] Il dibattito si può ripercorrere nella sintesi di Corsaro 1981 pp. 7-53. Si vedano qui le note ai vv. I 135 sg. (il 1169° anno), 165-78 (la prefettura urbana di Rufio Volusiano), 183 (le *Chelae*), 185-88 (il tramonto delle Pleiadi), 201 sg. (i *ludi*), 205 sg. (la luna nuova), 373 sgg. (la festa di Osiride), 633-38 (tramonto di Iadi, Lepre, Cane, Orione), al frammento B (consolato di Costanzo). Una posizione conciliativa è quella di Della Corte 1980 p. 97, secondo cui «se il 415 è l'anno del viaggio reale, la data di composizione deve cadere uno, due, o al massimo tre anni dopo, quindi non oltre il 417, anno del secondo consolato di Costanzo»; al 415 risalirebbe cosí il «trasloco» (p. 90), al 417 la definitiva stesura del poemetto.

[8] È dubbio però che questo 'complemento di argomento' tràdito dal *Vindobonensis*, come anche la dicitura *Itinerarium* della edizione del Pio (cfr. la *Nota al testo*), rispondano all'effettivo titolo originario, che si è voluto ricostruire in vari modi – *Iter Gallicum*: Vollmer col. 1252; *Iter maritimum*: Carcopino 1963 pp. 269 sg. – con argomenti non del tutto persuasivi: si vedano Doblhofer I pp. 33 sg., Bartalucci 1980 pp. 405 sg. Per la parte che manca è dato intravedere qualcosa di ciò che Rutilio avrebbe potuto trattare seguendo la *Tabula Peutingeriana* (si vedano Miller, Weber, Bosio, cfr. Della Corte 1980 pp. 92 sg.) e leggendo Plinio, *Nat. hist.* III 7 (47-49) e Strabone V 1, 10-12.

ma cura formale, la profusione di prospettive preziose ed erudite che paiono comportare un paziente lavoro di elaborazione, lascerebbero inclinare alla seconda supposizione. Persino sui dati concreti del viaggio si è talora revocata in dubbio la piena attendibilità di Rutilio, ritenendo che intenzioni letterarie siano intervenute a sfumare le contingenze, riadattandole alle esigenze dell'arte[9]. Ma eccoci venuti a considerare piú da vicino come si svolge il diario.

Seguendo l'ordine offerto dal corso dei giorni, il *De reditu suo* assume le fattezze di un diario di viaggio. La suddivisione in due libri intende offrire al lettore una pausa di distensione che coincide all'incirca con la metà dell'intero percorso. Fra i due libri, come all'interno di ciascuno di essi, si instaurano giochi di parallelismi e simmetrie che contribuiscono a proporci l'opera come il prodotto armonico di una sistematica *concinnitas*. La solida unitarietà strutturale che ne deriva convive con la ripartizione in vari distinti episodi, contenuti nell'estensione, e a loro volta ciascuno regolato al suo interno da una specifica invenzione formale, sí che pur nella compattezza dell'insieme ci si porge spontaneo il confronto con una raccolta di liriche – o, meglio, un canzoniere – in senso moderno[10].

Una prima occasione di varietà viene offerta dalle stesse località toccate. A questo riguardo va notato che gli eventi davvero accadutivi lungo i singoli giorni di quel particolare viaggio tendono a sfumare sullo sfondo. Rutilio sembra privilegiare ciò che quei luoghi in assoluto, misurati sugli anni e la storia e i miti di Roma, avrebbero potuto allora e sempre evocare; come in un viaggio astratto, fuori dal tempo. Roma stessa, anzi, verrà canta-

---

[9] In proposito si veda soprattutto Paschoud 1978. Cfr. le osservazioni di E. Kanceff in aa.vv., *Geografie private. I resoconti di viaggio come lettura del territorio*, a cura di E. Bianchi, Slatkine-Unicopli, Genève-Milano, «Biblioteca del viaggio in Italia-Studi», 23, 1965, pp. 18 sgg.

[10] *Ex omnibus colligamus unde unum fiat, sicut unum numerum fit ex singulis* [...]. *Vides quam multorum vocibus chorus constet: una tamen ex omnibus redditur* [...] *et fit concentus ex dissonis*: cosí Macrobio, nella prefazione ai *Saturnalia* (8-9), giustamente richiamata da Maaz pp. 241 e 153 nota 46. Per i vari parallelismi si vedano ad es. Doblhofer I pp. 38-41, Tandoi p. 5, Bartalucci 1975 p. 6, Lana 1975 p. 12. Sulla pluralità di episodi si veda Schissel-Fleschemberg 1947 p. 115, in connessione con il problema (su cui piú oltre, nota 14 e contesto) di quale genere letterario sia il punto di riferimento di Rutilio. Molti editori hanno distinto i singoli episodi con una spaziatura verticale, non sempre concordando sulla sua collocazione: cfr. Doblhofer II pp. 38 e 39.

ta come prima tappa: Roma la dèa, il luogo che inscrive tutto ciò che di piú alto è avvenuto nella vita. Il cosiddetto 'inno' iniziale viene a disporla attorno a tutto il mondo che il seguito dischiude, cosí come l'Oceano, disposto per gli antichi a corona e confine di tutto il mondo abitato. Con ciò le articolazioni geografiche del viaggio tracciano un contesto ideale, un paesaggio venato di memorie nobili e di presenze divine, che è poi l'*habitat* in cui verranno a collocarsi con naturalezza le figure dell'ambiente aristocratico di Rutilio incontrate o rievocate lungo le soste (... *sed sensim gradere, ut moras habendo | affectum celerem noves amicis* [11]).

Sono le persone e le loro idee a fornire una seconda gamma di occasioni poetiche al diario, e come dei luoghi, cosí si potrebbe agevolmente tracciare una mappa degli amici di Rutilio, sottratti all'oblio in una posa eroica, in una luce di statue. Alla topografia oggettiva se ne affianca una personale, che ha tuttavia non minori ambizioni di universalità: organizzata in una collana di ritratti e di encomi, questa rosa di affetti ci si propone infatti anche come profilo etico di uno stile di vita, raccomandandoci particolari condotte e punti di vista sul mondo. Né manca il polo di contrasto, costituito da altri stili di vita e punti di vista (ad esempio quelli dei giudei e dei monaci), che in politica possono degenerare fino all'alto tradimento (si va dai funzionari corrotti adombrati dalle Arpie alla nefasta stirpe dei Lepidi, all'apice segnato da Stilicone): simmetricamente, vengono loro diretti specifici attacchi.

Si appezza qui un carattere importante della poesia di Rutilio, il suo determinarsi come poesia di cerchia. Il primo destinatario è il gruppo degli amici evocati nel libro, con le loro rispettive reti di relazioni e di clientele. Nel prendere la parola sui fatti politici e spirituali del tempo innanzitutto davanti a loro e per loro, Rutilio dà anche loro voce, poiché è evidente che posizioni cosí nette e a volte risentite intendevano rispecchiare un preliminare consenso, e giungono a noi come eco di tutto quell'ambiente che certo vi si riconosceva [12]. È cosí che il *De reditu suo*,

---

[11] «... Ma procedi poco a poco, sí che tu possa fermarti presso gli amici e rinnovare loro rapidamente il mio affetto»: sono parole che Sidonio Apollinare rivolge al proprio libretto di versi congedandolo (*Propemptikon ad libellum*, *Carm.* 24, 9 sgg.).

[12] Per questo punto si veda «Materiali e discussioni per l'analisi dei testi classici», 22, 1989, pp. 60 sgg. (cfr. qui le note a I 247 sg., 249 sgg., 307 sgg., 325-36, 541-58, 597 sgg.). Per qualche anticipazione di questi punti di vista cfr. Chadwick pp. 129 sgg., che sviluppa un raffronto con Ausonio.

minuto diario di episodi di viaggio e di commenti, nella sua galleria di persone, luoghi, ricordi mitologici e antiquari, rievocazioni letterarie, circostanze politiche e ideologiche, ricapitola un'era e finisce per assumere, inavvertitamente, una dimensione epocale.

Letterariamente, un «ritorno» può richiamare il *nóstos* dell'epica greca, il viaggio con cui l'eroe rimasto a lungo lontano fa vela, non senza traversie, in direzione della patria agognata [13]. Ma il ritorno di Rutilio alla sua terra d'origine non riveste i contorni speranzosi del *nóstos*, la sua tendenza contro ogni intralcio a un lieto fine; ogni oggetto di nostalgia rimane in realtà alle spalle, e ogni passo verso la meta è un allontanarsi da ciò che è piú caro, la vita di Roma. È un ritorno, ma predilige il profilo rassegnato e melanconico del viaggio di esilio. Lo mostra bene il continuo ricorso allusivo alla poesia dell'esilio di Ovidio: fino dai primi versi Rutilio ne rasenta i contorni, ne mutua espressioni, quasi intendesse segnalarci apertamente l'allineamento della propria vicenda biografica con quel lontano dolore. E anzi il metro stesso in cui è scritto il *De reditu suo*, cioè il distico elegiaco, appare scelto fra le varie possibilità proprio in vista di una piú profonda perequazione con quella esperienza. L'idea di 'modello' travalica qui l'ambito delle forme letterarie, per attingere quello delle vite stesse: Rutilio si specchia su Ovidio, le cui vicende esistenziali e conseguentemente letterarie (i *Tristia*, l'*Ibis*, le *Epistulae ex Ponto*) si pongono globalmente come lontano archetipo e punto di riferimento sentimentale [14].

---

[13] Il caso principale è naturalmente quello dell'*Odissea*, ma il tema veniva ripreso da altri poemi del cosiddetto 'ciclo': si veda la voce *Kyklos* redatta da Rzach per la *RE* (cito con l'usuale abbreviazione la Pauly-Wissowa, *Realenzyklopädie der Classischen Altertumswissenschaft*, XI/2, Druckenmüller, Stuttgart 1922, coll. 2347 sgg. e 2422-26 in particolare); la stessa *Eneide* è, com'è noto, concepita come una sorta di *nóstos*: si vedano III 94 sgg., VII 240 sg. (cfr. «Quaderni Catanesi», a. v, 1983, n. 10, p. 327). Su alcuni aspetti del ritorno dell'eroe, cui Franco Piavoli ha dedicato il suo recente film *Nostos*, si veda ora G. Chiarini, *Odisseo. Il labirinto marino*, Kepos Edizioni, Roma 1991.

[14] Si vedano ad es. le note a I 5 sg., 43 sg., 47-164, 53-62, 201 sgg., 485 sg., 631-44. Sulla scelta del metro cfr. Paschoud 1979 pp. 317-20; è un punto connesso a quello dell'inquadramento del *De reditu suo* dal punto di vista del genere letterario, per cui si vedano Vessereau pp. 324 sgg., Paschoud 1979, Doblhofer I pp. 33 sg. e lo studio citato sopra a nota 12, pp. 54 sgg. (anche per il punto della letteratura precedente come galleria di

Grande è la familiarità non solo con Ovidio, ma con tutta la tradizione poetica precedente. Non siamo in grado di precisare quale posto avesse avuto la poesia nella sua vita, al di là di quanto presupposto dagli insegnamenti scolastici; se per esempio l'avesse già praticata in altre occasioni. Forse Rutilio si dedica ai versi soltanto in concomitanza con il viaggio, e magari – se in Gallia – per colmare con essi un vuoto, una mancanza. In ogni caso la sua tecnica letteraria è molto sofisticata, l'erudizione e il gusto per la dottrina vi tengono campo, accanto a una ragguardevole conoscenza generale degli autori. In altre parole, nei domini della letteratura egli sembra di casa. Arriverei tuttavia a supporre che, in vista della stesura del *De reditu suo*, abbia condotto anche una specifica preparazione supplementare. È solo un'ipotesi, ma ritengo che – fosse egli ancora a Roma in attesa di partire, oppure già nelle proprie terre, dedicando al *De reditu suo* il tempo libero – in quel frangente abbia arricchito quanto piú possibile le proprie informazioni sulle località che avrebbe nominato e sugli altri aspetti che aveva intenzione di trattare. Un primo Baedeker si offriva in quella sorta di enciclopedia che è Virgilio (sfruttata anche, ad esempio, a fini 'siderurgici'), con i relativi commenti tardoantichi (Servio, Donato); senza contare i geografi veri e propri, come Plinio e (in greco) Strabone. Ma oltre a ciò una serie di letture preliminari dovette ricondurre Rutilio appunto all'ultima produzione ovidiana e, allargando il campo, a una particolare attenzione ai viaggi poetici: soprattutto quelli degli Eneadi, ma anche quelli dell'*Odissea* e, su un altro piano, l'*iter* di Orazio nella quinta satira del libro primo. Ricerche particolari potrebbero aver riguardato le vicende storiche della famiglia dei Lepidi. Maggiori dubbi ho sul fatto che possa aver ripassato i manuali di retorica[15].

Ancora sulle sue tecniche: vale la pena di osservare piú da vicino lo spiccato classicismo di questo presunto 'decadente'. Con

---

archetipi presso i poeti tardolatini). A mio parere Rutilio, con l'allineamento a Ovidio, sposa il genere elegiaco, sufficientemente 'aperto' per ospitare la varietà di temi presupposta da un diario di viaggio.

[15] Si vedano le note a I 217-36 (per Virgilio-Baedeker); 349-70 (per Virgilio e il ferro); 227 sg., 229 sgg., 281-84 (per la conoscenza di Servio); I 39, II 15-30 (Plinio), I 565 sgg. (Strabone: cfr. sopra, nota 8); I 223 sg., 332, 377 sgg. (viaggi degli Eneadi); I 195 sg. (per Omero e il problema dei manuali di retorica); I 377 sgg. e 493 (per l'*iter* di Orazio); I 293-312 per i Lepidi. Sul rapporto fra Rutilio e i viaggi omerici e virgiliani si veda anche Maaz p. 246.

il concetto di 'purezza' decenni di critica vogliono sottolineare il livello linguistico alto e il rispetto delle consuetudini prosodico-metriche, agevolmente riscontrabili nel poemetto [16]. La tecnica versificatoria è molto sofisticata: il distico è tendenzialmente, come da tradizione, un microcosmo concluso, in cui il pentametro riprende l'idea dell'esametro, per svilupparla o fissarla in una minima variazione. Talora fra i singoli anelli viene istituito un collegamento sbilanciando insensibilmente il discorso verso il distico successivo, come per anticipazione di una svolta [17]. Nei versi le parole sono distribuite secondo attenti giochi di contrappesi, guardando al modello 'aureo' proposto dai poeti antichi, e nel contempo alle contingenti possibilità di scintille antitetiche o di configurazioni simboliche [18].

Ma il classicismo di Rutilio è soprattutto nella rinuncia a soffermarsi diffusamente sulla rappresentazione di un determinato momento o sui suoi risvolti sentimentali. Gli piace sbozzare, attenersi con pochi tratti essenziali al criterio della massima economia. Ciò fa sí che a volte distici dall'apparenza piana e ordinaria racchiudano invece, a rifletterci bene, un loro mondo di eventi, affetti o pensieri ufficialmente sottaciuti [19]; e ci introduce a una dimensione importante del dettato 'sintetico' di Rutilio: quella delle implicazioni.

Rutilio ama cioè lavorare sotto la superficie, lasciare che qualcosa vada colto in uno strato piú profondo. Quanto direttamente espresso viene dotato di un effetto d'eco, affidato alla capacità che avrà il lettore di integrare ciò che il testo comporta, partecipando con la gioia della scoperta alla gioia della creazio-

[16] Sulla lingua: Doblhofer I pp. 41-44. Sulla prosodia e metrica: Rasi, Giannotti, Doblhofer I pp. 51-57. Quanto alla «purezza» si veda ad es. Chadwick p. 129.

[17] A I 393 sg. è probabile che aver citato il palco di schiavi sia anticipazione della *deprecatio* sulla sottomissione della Giudea; a I 412 in *tecta sepulta iacent* la terminologia funeraria anticipa il distico che conclude l'episodio; a I 347 sg. si dipinge la precaria sistemazione per la notte, il distico successivo porta subito la luce dell'alba: I 349 *lux aderat*. Si veda ancora I 247 sg., con nota.

[18] Per versi 'aurei' si vedano ad es. I 265 o 457. Per versi con antitesi: note a I 338, 353, 435, 491 sg.; con giochi simbolici: note a I 48, 564 e II 31 sgg.

[19] Si veda ad es. I 43 sg. con relativa nota: considerato nel suo contesto, dove fa ponte tra la scelta del mare (I 41 sg.) e l'inno di congedo (45 sgg.), il distico rivela ancora piú chiaramente la sua intenzione di fondo: fermare, benché con compostezza, il fatidico esatto momento in cui scocca l'addio. Altri casi: I 165 sg., 167.

ne poetica. Il secondo attacco ai monaci si chiude, ad esempio, con una evocazione dell'episodio di Circe nell'*Odissea*; l'odierna «setta» è peggiore dell'antica maga, perché «allora – dice Rutilio – venivano trasformati i corpi, ora invece gli animi» (I 526). L'integrazione è nella conoscenza del luogo di Omero, in cui i compagni di Odisseo conservano intatto il loro spirito sebbene tramutati nelle fattezze, e in cui vengono soprattutto ricordati i connotati precisi della metamorfosi: in porci, col che Rutilio estende al piano morale l'insulto topico della 'vita da porci' in squallore e immondizia, sfruttato in questo e nell'attacco precedente[20].

Un particolare sviluppo di questa tecnica, che richiama quella retorica dell'*émphasis*[21], si ha in alcune elaborazioni legate a spunti eruditi o a quanto è in grado di suggerire un nome di persona o di località. I casi si affollano: l'uso di un particolare verbo (*init*) per il dio *Faunus* detto anche *Inuus* (I 230-34) getta radici nell'etimologia e forse anche nell'esegesi virgiliana tardoantica (*ab ineundo passim cum omnibus animalibus* riferisce Servio). Ragioni analoghe presiedono all'uso di *premit* per *Graviscae* (I 282); cosí forse i *navalia* di I 243 vogliono richiamare l'etimo di *Centum Cellae*; *plus palmae* (I 505) sarà l'espressione piú adeguata per le glorie di un amico che ha nome *Victorinus*; a I 205 sgg. il nome di *Palladius* implicherà studi, quello di *Exuperantius* affermazioni militari[22].

Appassionato e virtuoso delle parole, Rutilio coltiva tuttavia un certo riserbo, e la tersa semplicità della stesura, mossa soltanto dai vistosi giochi di antitesi, spesso lascia inavvertite a un primo accostamento articolazioni piú complesse, nasconde le tramature dei 'procedimenti'. Mi sembra questo il caso di un aspetto finora sfuggito. Chi si accinga a tradurre il *De reditu suo* riscontra presto una difficoltà: quella di reperire in uno spazio breve piú sinonimi per una stessa immagine o sostanza. Ripro-

---

[20] Si vedano I 524, I 440 (con l'implicazione degli scarafaggi) con le relative note, e in generale il commento ai due passi I 441-52 e 511-26. Per altri casi di implicazione si vedano ad es. le note a I 447, 449 sgg., 468 sg., 505, 551 sg., II 43 sgg.

[21] Su cui si vedano ad es. *Rhetorica ad Herennium*, IV 67, con il commento di G. Calboli nella sua edizione (Pàtron, Bologna 1969), pp. 429 sgg., e Quintiliano *Institutio oratoria* IX 2, 64-99, su cui cfr. anche A. Leeman, *Orationis ratio. Teoria e pratica stilistica degli oratori, storici e filosofi latini*, trad. it. il Mulino, Bologna 1974 (ed. originale in inglese, Hakkert, Amsterdam 1963), pp. 41 e 478 sg.

[22] Si vedano le note ai singoli passi, in particolare quella a I 213 sgg.

ponendosi piú volte il problema, nei vari settori in conformità con il variare degli argomenti, ci si trova avviati a leggere come intenzionale presupposto d'arte la caratteristica da cui il problema scaturisce. All'interno dei singoli quadri Rutilio ama mettere in campo e sfruttare una o piú gamme semantiche funzionali al suo soggetto: ne risultano sottili venature lessicali omogenee, che in quanto insiemi concettuali indurranno nel lettore – ne sia o no consapevole – una particolare sintonia con ciò che è trattato. Cosí il motivo della sorte agisce nel proemio, quello della pittura è in rilievo nel ritratto di Protadio, quello della generazione regola la descrizione delle saline [23]. Altrove le serie di parole obbediscono a un presupposto antitetico di fondo: il fuoco e l'acqua alle Terme del Toro, slancio e caduta a Populonia, stanchezza contro riposo per Falesia [24].

Tutto ciò fa di quella di Rutilio un'arte di cesello, che si esprime soprattutto nella raffinata elaborazione di un particolare, nel gusto aristocratico dei giochi formali (si aggiungano le assonanze allitterative o lo sfruttamento del peso sillabico di certi vocaboli [25]).

Maggiore fascino hanno però esercitato nei secoli – siamo ormai quasi al quinto dalla riscoperta – altre caratteristiche del poemetto. Ad esempio il ricorrere di un tema romantico come quello delle rovine, o il delicato realismo con cui sono fermati lineamenti del paesaggio: marine, cieli, luoghi di incantevole pace, albe. Sfondi su cui si animano le manovre delle imbarcazioni, le voci dei marinai o il corteo che cantando rientra da una battuta di caccia in cui un grosso cinghiale ha fatto le spese delle more imposte al viaggio dal cattivo tempo.

Ma come si concluse il viaggio, e cosa accade dopo? Possiamo solo affidarci a ipotesi. È lecito pensare che Rutilio sia arrivato a destinazione e che laggiú si sia dedicato in seguito alla redazione definitiva del poemetto, confortato magari dagli appunti già presi un tempo, e assistito dai suoi libri, oltre che dal vigile sentimento della nostalgia. Una volta che ne ebbe ottenuto il desiderato nitore e se ne vide soddisfatto, pensò alla sua diffusione. Ne promosse la riproduzione in piú esemplari, destinati in

[23] Si vedano I 1-34, 217-36, 541 sgg., 475-90 (particolarmente 483 sg.) e relative note.

[24] Si vedano I 249-76, 399-414, 371-98 e relative note.

[25] Sull'allitterazione si vedano Doblhofer I p. 44 e II *passim*. Per lo sfruttamento del peso sillabico dei vocaboli si veda I 628 (con nota) e cfr. I 450.

primo luogo agli amici della sua cerchia, ed è verosimile che un giorno abbia organizzato nella sua villa una grande festa, adeguata cornice a una prima recitazione. Possiamo immaginarci in questo party tardolatino una sorta di *vernissage*, e che da quella occasione di rinnovati incontri, di gioia e distensione muova la tradizione manoscritta del poemetto, che mette capo ai testimoni oggi superstiti.[26]

Simili episodi non dovevano essere infrequenti nella vita letteraria dell'epoca. Uno in particolare richiama l'attenzione perché coinvolge, negli stessi anni e a quanto pare nella stessa area geografica che ci interessa, un personaggio di rango, probabilmente un latifondista con un passato di alto funzionario statale, versato nelle lettere e nelle discussioni di filosofia. È documentato da una curiosa commedia anonima, il *Querolus*, che rifacendosi di lontano all'*Aulularia* di Plauto, racconta di un signore un po' avaro e scorbutico che un parassita e alcuni complici tentano di raggirare, ma che – contrariamente agli schemi della commedia antica – potrà alla fine 'rinsavire', prevalere e farsi beffe di chi aveva tentato di ingannarlo. Bene, nella prefazione l'autore presenta questa sua opera come un divertimento destinato alle riunioni conviviali (*fabellis atque mensis*) e si augura che la declamazione (*lectio*) possa piacere alla compagnia (*collegium*) che gli fa da pubblico. Ma soprattutto la dedica al suo patrono, ringraziandolo per la *honorata quies* che gli ha procurato, grazie alla quale ha potuto comporre serenamente, e ne lascia affiorare, oltre al profilo già ripercorso, il nome: *Rutilius*[27]. Forse ci si

---

[26] Si veda la *Nota al testo*.
[27] La questione della precisa datazione del *Querolus*, da alcuni ritenuto anteriore al *De reditu suo*, nonché della possibile identificazione del suo dedicatario *Rutilius* con Rutilio Namaziano è molto discussa e viene brevemente ripresa nell'articolo citato a nota 12. Si vedano Corsaro 1965 pp. 7 sgg. e 75 sg., Lana pp. 74 sgg. e *Analisi del «Querolus»*, Giappichelli, Torino 1979, pp. 39 sgg. Contrario all'identificazione con il nostro Rutilio è W. Süss, *Ueber das Drama Querolus sive Aulularia*, in «Rheinisches Museum für Philologie», 91, 1942, pp. 72 sgg. Favorevoli sono invece Boano (1948); S. Cavallin, *Bemerkungen zu Querolus*, in «Eranos», 49, 1951, pp. 137-58; J. Kueppers, *Zum Querolus (p. 17.7 - 22 R.) und seiner Datierung*, in «Philologus», 123, 1979, pp. 303-23 (che data la commedia fra 410 e 417). La Chadwick (1955: favorevole all'identificazione e propensa a una datazione 420-30), fra i tratti che fanno del *Querolus* un'opera destinata a un pubblico aristocratico ne ricorda uno in particolare che risulta in comune con Rutilio: «the absence of women» (p. 139; cfr. Süss p. 60); a p. 140 il fatto che né in Rutilio né nel *Querolus* figuri alcun esplicito riferimento al cristianesimo viene ascritto a «Roman etiquette». È in ge-

offre qui un ritaglio di quella che fu la vita di Rutilio Namaziano nei suoi restaurati possedimenti, dopo il ritorno. Ma l'incertezza dell'identificazione sfuoca l'immagine, invitando alla dissolvenza.

ALESSANDRO FO

nerale notevole il quadro tracciato dalla Chadwick circa questo *Rutilius* e i suoi amici che fecero da pubblico al *Querolus*, quadro chiuso da queste parole: «a happy chance has thus preserved for us an evening with a Gallo-Roman house-party». Per un rapido panorama si veda G. Lana, *Rassegna critica di studi sul «Querolus» dal 1800 al 1979*, in «Bollettino di studi latini», 15, 1985, pp. 114-21.

Quadro storico-cronologico

Questo prospetto, per forza di cose schematico, di vicende spesso complicate, segue fondamentalmente la ricostruzione degli avvenimenti proposta da Stein pp. 172-271 e Jones pp. 183-246, tenendo presenti anche Courcelle 1964 pp. 15-144, Lana *passim*, Doblhofer I pp. 17-22, Marchetta pp. 143-215.

395   Il 17 gennaio l'imperatore Teodosio muore a Milano, lasciando imperatori i due figli Arcadio, circa diciottenne, per l'Oriente, e per l'Occidente Onorio (augusto già dal 393), di soli dieci anni, affidato alla tutela del generale di origine vandalica Stilicone. Questi sostiene gli sia stata affidata da Teodosio anche la tutela di Arcadio – controllato dal prefetto del pretorio per l'Oriente Rufino – e ciò inaugura un periodo di contrasti fra le due *partes imperii*, in particolare per il controllo e l'amministrazione dell'Illirico. Intanto il capo dei Visigoti Alarico, verso il marzo, si ribella, saccheggia la penisola balcanica, giunge a minacciare Costantinopoli, per ripiegare poi di nuovo verso occidente. Stilicone muove contro di lui in Tessaglia, ma sembra venga fermato da manovre politiche: Arcadio gli ingiunge di congedare le truppe dell'Oriente ancora in forza presso di lui dai tempi della battaglia del Frigido (394). Stilicone le invia a Costantinopoli sotto la guida del generale goto di sua fiducia Gainas, che con i suoi soldati riesce a uccidere Rufino (in novembre), cui subentra come plenipotenziario il vecchio eunuco Eutropio.

396   Alarico mette nuovamente a ferro e fuoco la Grecia: prende Atene, distrugge Corinto, devasta il Peloponneso.

397   Nell'estate, con una spedizione nel Peloponneso, Stilicone torna ad affrontare Alarico, ma l'ostilità di Eutropio fa sí che Alarico venga addirittura nominato *magister militum per Illyricum*. In Africa il *magister utriusque militiae* Gildone si ribella, tagliando i rifornimenti granari a Roma, ma la

QUADRO STORICO-CRONOLOGICO

sua insurrezione, ben vista e forse favorita da Eutropio, viene presto repressa (primavera 398).

399 L'eunuco Eutropio è nominato console, fatto inaudito che la *pars Occidentis* si rifiuta di riconoscere: un'eco dello scandalo è nei due libri della sarcastica invettiva di Claudiano *In Eutropium*. Una insurrezione degli Ostrogoti di Tribigildo provoca la caduta di Eutropio (luglio), con la successiva esecuzione per alto tradimento.

400 A giocare il ruolo politico preminente è ora nella *pars Orientis* Eudoxia, la moglie di Arcadio, proclamata augusta il 9 gennaio: le sue posizioni antigermaniche inducono Gainas a un'alleanza con Tribigildo e alla rivolta. Forte di un cospicuo esercito, impone alla corte le sue condizioni ed entra in Costantinopoli. Le sue truppe sono molto malviste dalla popolazione, sí che la notte fra 11 e 12 luglio una loro goffa manovra innesca tafferugli che sfociano in un massacro di *foederati*: contro Gainas, scampato all'eccidio, viene inviato ancora una volta un generale goto, Fravitta, che lo sconfigge. Gainas verrà ucciso; Fravitta, premiato con il consolato (401), sarà successivamente accusato di tradimento e liquidato.

401 Mentre Stilicone affronta in Norico e in Rezia attacchi di Vandali e di Alani, Alarico, forse a corto di viveri, marcia sull'Italia. In novembre assedia Aquileia e conquista la *Venetia*; assedia quindi Milano, dove spera di catturare Onorio: Stilicone, per affrontarlo, raccoglie rinforzi da Gallia e Britannia, sguarnendo di truppe il confine del Reno.

402 Ultimate le operazioni in Rezia, e arruolati come *foederati* i barbari ivi sconfitti, Stilicone vince Alarico prima sull'Adda, allontanandolo da Milano, e quindi a Pollenza, il 6 aprile, giorno di Pasqua. In seguito a un trattato, Alarico si ritira verso l'Istria, ma successivamente (forse nell'estate del 403) attacca Verona. Nuovamente sconfitto e posto in fuga, viene circondato da Stilicone, che però rinuncia al massacro, forse nella speranza di servirsi dei Visigoti per le sue contese con l'impero d'Oriente. Frattanto la corte d'Occidente si trasferisce da Milano alla piú sicura Ravenna.

404 Onorio, venuto a Roma dove aveva celebrato un trionfo alla fine dell'anno precedente, vi riveste il suo sesto consolato e vi soggiorna alcuni mesi, per tornare a Ravenna verso l'estate.

QUADRO STORICO-CRONOLOGICO

405 Una nuova orda di varie tribú germaniche, sotto la guida dell'ostrogoto Radagaiso, giunge ad affacciarsi in Italia del Nord con grandi devastazioni e seminando il panico: diretta su Roma, assedia Firenze. Stilicone opera una leva eccezionale, anche di barbari (Alani, Visigoti e Unni) e schiavi.

406 Sui colli di Fiesole Stilicone sconfigge Radagaiso, molti dei cui uomini sono uccisi o catturati e arruolati nell'esercito romano (sembra circa 12 000). Si volge quindi all'Illirico: nominatovi Alarico *magister militum*, gli ordina di occupare l'Epiro e di attendere le truppe in arrivo per mare dall'Italia. Ma proprio a fine anno (31 dicembre) comincia una nuova grande invasione.

407 Orde di Vandali, Alani, Svevi, con altre tribú barbare varcano il confine del Reno nei pressi di Magonza e dilagano in Gallia con gravi devastazioni. L'esercito di Britannia nomina una serie di usurpatori, fra cui Costantino III, che passa in Gallia nel tentativo di arginare i barbari, ma con scarso successo. La Britannia prende a staccarsi dal corpo dell'impero, mentre iniziano già forse in questo frangente moti separatisti nell'Armorica. Stilicone ferma le iniziative intraprese con Alarico, ma questi, dopo aver ripiegato sulle Alpi Giulie, pretende una remunerazione di 4000 libbre d'oro: umiliazione cui il senato di Roma, nonostante l'indignazione, dovrà decidere di sottostare. Il 15 novembre Stilicone fa sottoscrivere a Onorio una legge dai forti contenuti antipagani; è forse in questa occasione che vengono fatti bruciare i Libri Sibillini (cfr. Rutilio II 51 sgg.; Stein p. 251).

408 Mentre la situazione peggiora (Costantino III estende il suo potere sulla Spagna, con il figlio Costante – proclamato cesare – e il generale Geronzio), giunge in Occidente la notizia della morte di Arcadio. In una serie di conflitti di corte sul da farsi, Stilicone – che avrebbe voluto recarsi a Costantinopoli, inviando Alarico contro Costantino – perde credito, e il consigliere di Onorio, il *magister officiorum* Olimpio, ne provoca la caduta: dopo vicende drammatiche che lo vedono rifiutare l'aiuto dei propri contingenti armati, il 22 o 23 agosto viene ucciso e bollato di tradimento, soprattutto per non aver annientato Alarico e per aver seguito una politica conciliativa e di arruolamento nei confronti dei barbari. Le truppe romane si volgono al massacro dei *foederati* barbari e delle loro famiglie: sembra che

circa 30 000 soldati disertino e raggiungano Alarico, il quale chiede a Onorio di potersi stanziare in Pannonia. Olimpio oppone un secco rifiuto, Alarico cala rapidamente in Italia e verso ottobre assedia una prima volta Roma. Il senato ne ottiene la partenza con forti somme e la promessa di intercedere presso l'imperatore in favore delle trattative cui Alarico tiene; questi si ritira in Etruria con una forza di circa 40 000 uomini.

409 Vandali, Svevi e Alani passano in Spagna, mentre gli usurpatori prendono a lottare fra di loro. I Burgundi attaccano l'Armorica, ma gli abitanti li sconfiggono, e poi scacciano i magistrati romani e si proclamano indipendenti; forse questa rivolta è seguita da sollevazioni di schiavi e *coloni* contro i loro padroni (Jones p. 241): moti che paiono proseguire le rivolte sociali dette dei *bagaudae* (cioè «vagabondi», da una parola celtica) innescatesi in quelle zone già nel III secolo. Ad essi sembrano riferirsi testimonianze del *Querolus* e dello stesso Rutilio, allorché ricorda gli interventi restaurativi di Esuperanzio (I 213 sgg., con nota). Nuove trattative di Alarico con il prefetto del pretorio Giovio, succeduto a Olimpio ai vertici del potere, falliscono per l'altezzoso atteggiamento di Onorio, e Alarico pone un secondo assedio a Roma e si elegge un proprio imperatore nella persona del *praefectus Urbi* Attalo, costringendo il senato a ratificarne la nomina.

410 Le trattative con Ravenna ristagnano, lo stesso Attalo è poco docile: Alarico lo depone (luglio), sperando invano che ciò costituisca un buon presupposto per un'intesa con Onorio. Alla fine decide per un terzo assedio di Roma, e il 24 agosto entra in città dalla porta Salaria e la saccheggia per tre giorni con incendi e violenze. Poi piega verso sud, distruggendo Capua e Nola. Molti Romani fuggono verso le isole, l'Africa, l'oriente e la Terra Santa. Alarico muore a Cosenza, gli succede il cognato Ataulfo: al suo seguito sono Attalo e la sorellastra di Onorio Galla Placidia, catturata durante il sacco di Roma. I Goti non riescono a passare in Sicilia e, rinunciando all'idea di raggiungere l'Africa, risalgono l'Italia.

411 Geronzio, che era insorto, dopo aver lasciato in Spagna un proprio imperatore (Massimo: fuggirà in seguito fra i Vandali e sarà catturato e ucciso nel 418), batte Costante e lo uccide (a inizio anno), per assediare quindi Costantino III in

QUADRO STORICO-CRONOLOGICO   XXIII

Arles. Sopraggiungono i generali di Onorio, Flavio Costanzo e Ulfila; Geronzio fugge in Spagna (vi muore in un ammutinamento), Costanzo prende Arles e cattura Costantino III (estate), ottenendo la carica di *magister utriusque militiae*. Ma nel frattempo a Magonza viene proclamato un nuovo imperatore: il gallo Giovino, pagano, la cui insurrezione rappresenta forse «un tentativo particolarista dell'aristocrazia gallica» (Lana p. 72, con Stein pp. 363 sg.; cfr. qui la nota a Rutilio I 307 sgg.), ma è sostenuta anche da barbari (Burgundi, Alani, Franchi, Alemanni). Intanto i Visigoti di Ataulfo risalgono la penisola, devastando e saccheggiando l'Italia meridionale e occidentale (cfr. Rutilio I 36 sgg).

412 Ataulfo all'inizio dell'anno, forse per accordi intercorsi con Onorio, entra in Gallia. Prende contatti con l'usurpatore Giovino, ma nascono dissapori allorché questi nomina coimperatore il proprio fratello Sebastiano (e non Attalo o forse Ataulfo stesso). È forse anche già del 412 la ribellione di Eracliano, *comes* in Africa, che taglia il grano all'Italia e aspira all'impero. In quest'anno Rutilio è forse *magister officiorum*.

413 Tramite Claudio Postumo Dardano, prefetto del pretorio per le Gallie, Ataulfo si accorda con Onorio impegnandosi a eliminare Giovino e Sebastiano; li sconfigge, e Giovino sarà giustiziato da Dardano in persona verso maggio-giugno. Ma l'adempimento dei patti incontra difficoltà: i Romani, forse ostacolati dalle conseguenze della rivolta africana (repressa verso la metà dell'estate), non inviano ad Ataulfo i rifornimenti di grano da lui reclamati; questi, a sua volta, continua a trattenere come prigioniera Galla Placidia. Ataulfo assedia allora Marsiglia, che però resiste sotto il comando di Bonifacio (il quale poi subentrerà a Eracliano in Africa); in autunno riesce invece a prendere Narbona, dove pone il suo quartier generale, e Tolosa (ne fuggono esponenti della nobiltà locale, come l'amico di Rutilio Vittorino: I 493 sgg.), mentre Bordeaux si arrende senza combattere. Nel 413 o 414 Rutilio è *praefectus Urbi*.

414 Ataulfo sposa il 1º gennaio Galla Placidia in Narbona, con cerimoniale romano e grande fasto. Quindi, forse allo scopo di farsi assegnare l'Aquitania, fonda in Bordeaux una corte imperiale per il suo usurpatore Attalo, nuovamente proclamato imperatore. Contemporaneamente (gennaio)

Flavio Costanzo entra in carica come console con quartier generale ad Arles: con un blocco navale rende impossibili i rifornimenti granari per Ataulfo, che si vede costretto a ripiegare in Spagna. Inizia l'esodo con saccheggi e incendi, di cui fanno le spese i territori narbonesi (quindi anche i possedimenti di Rutilio: I 19 sgg.) e soprattutto quelli di Bordeaux. L'ultima a essere evacuata è Narbona, fra fine 414 e inizio 415.

415 Ataulfo si insedia a Barcellona e ha un figlio da Galla Placidia (Teodosio, che però muore poco dopo): verso l'agosto viene ucciso a Tarragona, e, dopo il breve regno di Sigerico (assassinato nel giro di una settimana), il suo successore Vallia cerca accordi con Costanzo. La Gallia è ormai sgombra e relativamente al sicuro; vi persistono solo moti bagaudici contro cui è probabilmente attivo Esuperanzio (si veda al 409; altri collocano il suo operato attorno al 417). Sembra datare al 415 la ricostruzione delle mura di Albenga (cfr. *Appendice*). Alcuni studiosi ritengono che il viaggio di Rutilio cada nell'autunno-inverno di quest'anno.

416 All'inizio dell'anno si viene a un accordo fra Romani e Visigoti: Costanzo ottiene la restituzione di Galla Placidia e l'impegno dei Visigoti a combattere in Spagna i Vandali e gli Svevi; Vallia ottiene contributi in frumento e promesse di stanziamento. Attalo, abbandonato a se stesso, fugge e viene intercettato in mare da navi di Costanzo; esibito nel trionfo che Onorio celebra a Roma in primavera per le vittorie sugli usurpatori, viene quindi mutilato e relegato a Lipari. Dal 1° marzo Costanzo figura insignito del prestigioso titolo di *patricius*. Vari studiosi datano al 416 il viaggio di Rutilio.

417 Mentre Onorio (per l'undicesima volta) e Costanzo (per la seconda) entrano in carica come consoli, i Visigoti di Vallia decimano gli Alani e distruggono i Vandali Silingi (i superstiti passeranno in Africa con i Vandali Asdingi di Genserico nel 429). Costanzo sposa Galla Placidia. La tesi oggi più in voga colloca nell'autunno di quest'anno il viaggio di ritorno di Rutilio.

418 I Visigoti, pacificata la Spagna, vengono condotti da Vallia nelle terre della *Aquitanica secunda* loro destinate, e il loro insediamento si perfeziona sotto il successore Teoderico I, probabilmente secondo le norme dell'*hospitalitas* fissate da

una legge di Arcadio (6 febbraio 398): cessione ai nuovi arrivati di un terzo dei beni, ivi compresi – a quanto pare – schiavi e *coloni* (Stein p. 268).

420 Costanzo riveste il terzo consolato.

421 L'8 febbraio Flavio Costanzo e Galla Placidia sono proclamati augusti, e il loro figlioletto Placido Valentiniano *nobilissimus puer*. Il 2 settembre Flavio Costanzo muore.

QUADRO STORICO-CRONOLOGICO XXVI

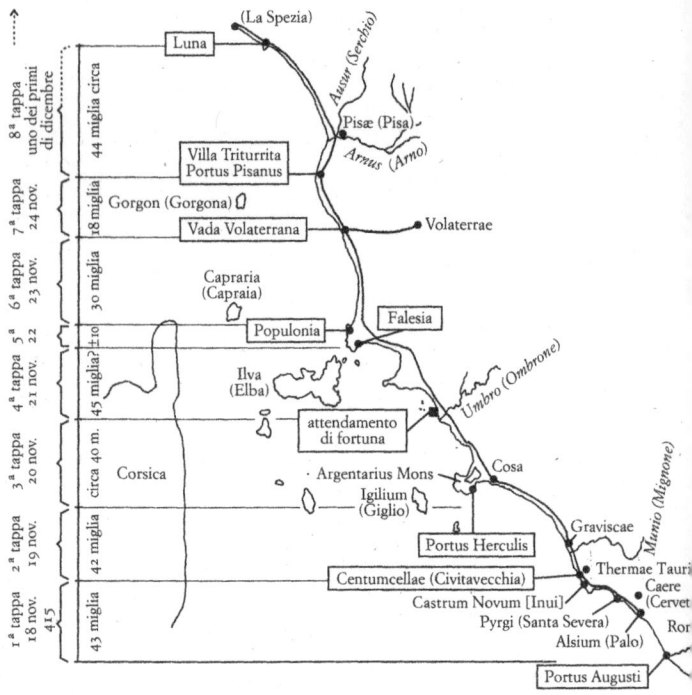

L'itinerario di Rutilio. Nella prima cartina date e computo in miglia seguono la ricostruzione di Italo Lana, che colloca il viaggio nel 415 (cfr. pp. VIII sg.)

QUADRO STORICO-CRONOLOGICO   XXVII

IL RITORNO

Liber I

* * * * *

velocem potius reditum mirabere, lector,
    tam cito Romuleis posse carere bonis.
Quid longum toto Romam venerantibus aevo?
    Nil umquam longum est, quod sine fine placet.
5 O quantum et quotiens possum numerare beatos,
    nasci felici qui meruere solo,
qui Romanorum procerum generosa propago
    ingenitum cumulant urbis honore decus!
Semina virtutum demissa et tradita caelo
10   non potuere aliis dignius esse locis.
Felices etiam, qui proxima munera primis
    sortiti Latias obtinuere domos!
Religiosa patet peregrinae Curia laudi
    nec putat externos, quos decet esse suos;
15 ordinis imperio collegarumque fruuntur
    et partem genii, quem venerantur, habent,
quale per aetherios mundani verticis axes
    concilium summi credimus esse dei.
At mea dilectis fortuna revellitur oris
20   indigenamque suum Gallica rura vocant.
Illa quidem longis nimium deformia bellis,
    sed quam grata minus, tam miseranda magis.
Securos levius crimen contemnere cives:
    privatam repetunt publica damna fidem.
25 Praesentes lacrimas tectis debemus avitis,
    prodest admonitus saepe dolore labor,

Libro primo

Il ritorno

... anzi ti stupirai, lettore, che io faccia ritorno cosí in breve,
   che tanto presto possa privarmi dei beni di Roma.
È troppo lungo venerare Roma tutta una vita?
   Non dura mai troppo a lungo ciò che piace senza fine.
5 Oh, quanto e quante volte potrei contare felice
   chi per sua sorte è nato in questa terra beata
e, stirpe nobile dei grandi Romani,
   cumula onori: la discendenza e il luogo.
I semi di virtú, trasmessi quaggiú dal cielo
10   non sarebbero caduti altrove in suolo piú degno.
Felice anche chi – dono subito secondo –
   per suo destino è venuto a vivere nel Lazio!
La venerabile Curia si apre ai meriti degli stranieri
   e non ritiene estraneo chi è degno di appartenerle:
15 partecipando ai poteri dell'ordine e dei colleghi
   egli cosí partecipa del Genio venerato,
come attraverso i poli eterei del cielo
   crediamo viga il consiglio del sommo dio.
Ma la mia sorte mi strappa via dalla terra amata,
20   mi richiamano i campi di Gallia, dove nacqui.
E sono, è vero, sfigurati dalle lunghe guerre,
   ma, quanto meno attraenti, tanto piú destano compianto.
È una mancanza lieve trascurare i propri conterranei, se al sicuro;
   la sventura di tutti richiede l'aiuto di ognuno;
25 presenti, dobbiamo lacrime ai tetti aviti,
   giova il lavoro che acquista sempre nuove forze dal dolore.

nec fas ulterius longas nescire ruinas,
  quas mora suspensae multiplicavit opis.
Iam tempus laceris post saeva incendia fundis
30 vel pastorales aedificare casas.
Ipsi quin etiam fontes si mittere vocem
  ipsaque si possent arbuta nostra loqui,
cessantem iustis poterant urgere querelis
  et desideriis addere vela meis.

35 Iamiam laxatis carae complexibus urbis
  vincimur, et serum vix toleramus iter.
Electum pelagus, quoniam terrena viarum
  plana madent fluviis, cautibus alta rigent:
postquam Tuscus ager postquamque Aurelius agger
40 perpessus Geticas ense vel igne manus
non silvas domibus, non flumina ponte coercet,
  incerto satius credere vela mari.
Crebra relinquendis infigimus oscula portis,
  inviti superant limina sacra pedes.
45 Oramus veniam lacrimis et laude litamus,
  in quantum fletus currere verba sinit:

«Exaudi, regina tui pulcherrima mundi,
  inter sidereos, Roma, recepta polos!

LIBRO PRIMO

Né è concesso piú oltre ignorare le lunghe rovine
    moltiplicate da un soccorso sospeso.
È tempo di costruire, dopo i feroci incendi, sui fondi
    laceri
30   anche soltanto casette da pastori.
Che se le stesse fonti, anzi, dare voce,
    se i nostri arbusti potessero parlare,
con giusti pianti mi stringerebbero mentre tardo
    mettendo al mio desiderio le vele.

L'addio

35 E già, sciolto l'abbraccio della città amata,
    siamo piegati, e a stento ci rassegnamo al ritardato
    viaggio.
Si sceglie il mare, perché le vie di terra,
    fradice in piano per i fiumi, sui monti sono aspre
    di rocce:
dopo che i campi di Tuscia, dopo che la via Aurelia,
40   sofferte a ferro e fuoco le orde dei Goti,
non domano piú le selve con locande, né i fiumi
    con ponti,
è meglio affidare le vele al mare, sebbene incerto.
Molti baci posiamo sulle porte della città, lasciandola
    e controvoglia, ecco, i piedi superano la soglia
    sacra.
45 Ne chiediamo perdono con lacrime e offrendo
    in sacrificio lodi,
    per quanto lascia fluire le parole il pianto:

Roma

«Prestami ascolto, bellissima regina del mondo
    interamente tuo,
    accolta fra le celesti, Roma, volte stellate.

IL RITORNO

Exaudi, genitrix hominum genitrixque deorum;
50   non procul a caelo per tua templa sumus.
Te canimus semperque, sinent dum fata, canemus:
    sospes nemo potest immemor esse tui.
Obruerint citius scelerata oblivia solem
    quam tuus ex nostro corde recedat honos:
55 nam solis radiis aequalia munera tendis,
    qua circumfusus fluctuat Oceanus.
Volvitur ipse tibi, qui continet omnia, Phoebus
    eque tuis ortos in tua condit equos:
te non flammigeris Libye tardavit harenis,
60   non armata suo reppulit Ursa gelu;
quantum vitalis natura tetendit in axes,
    tantum virtuti pervia terra tuae.
Fecisti patriam diversis gentibus unam,
    profuit iniustis te dominante capi;
65 dumque offers victis proprii consortia iuris,
    urbem fecisti, quod prius orbis erat.

Auctores generis Venerem Martemque fatemur,
    Aeneadum matrem Romulidumque patrem.
Mitigat armatas victrix clementia vires,
70   convenit in mores nomen utrumque tuos.
Hinc tibi certandi bona parcendique voluptas:
    quos timuit superat, quos superavit amat.
Inventrix oleae colitur vinique repertor
    et qui primus humo pressit aratra puer;
75 aras Paeoniam meruit medicina per artem,
    fretus et Alcides nobilitate deus:
tu quoque, legiferis mundum complexa triumphis
    foedere communi vivere cuncta facis,
te, dea, te celebrat Romanus ubique recessus
80   pacificoque gerit libera colla iugo.
Omnia perpetuos quae servant sidera motus
    nullum viderunt pulchrius imperium.

Prestami ascolto, tu madre degli uomini, madre degli dèi:
50   grazie ai tuoi templi non siamo lontani dal cielo.
Te cantiamo e canteremo, sempre, finché lo concedano
           i fati,
    nessuno può essere in vita e dimentico di te.
Potrà piuttosto scellerato oblio affondare il sole
    prima che il tuo splendore svanisca dal nostro cuore,
55 perché diffondi grazie pari ai raggi del sole
    per ogni terra, fino all'Oceano che ci fluttua
           intorno.
Per te si volge lo stesso Febo che tutto abbraccia
    e i suoi cavalli, sorti da te, in te ripone;
non ti fermò, sabbia di fuoco, la Libia,
60   né ti respinse, armata del suo gelo, l'Orsa:
quanto si estese fra i poli, propizia alla vita, la natura
    tanto si aprí la terra al tuo valore.
Hai fatto di genti diverse una sola patria,
    la tua conquista ha giovato a chi viveva senza leggi:
65 offrendo ai vinti l'unione nel tuo diritto
    hai reso l'orbe diviso unica Urbe.

Riconosciamo tuoi capostipiti Venere e Marte,
    la madre degli Eneadi e dei Romulidi il padre,
la violenza delle armi è raddolcita dalla clemenza usata
           nella vittoria,
70   entrambi i nomi esprimono il tuo cuore;
di qui la tua buona gioia dello scontro come del perdono,
    vincere chi si è temuto, amare chi si è vinto.
Colei che inventò l'olio, colui che scoprí il vino
    sono adorati, e il ragazzo che primo premé al suolo
           l'aratro;
75 ottenne altari con l'arte di Peone la medicina
    e, forte della sua nobiltà, è dio l'Alcide:
cosí anche tu, che abbracci il mondo con trionfi
           che portano leggi
    e fai che tutto viva sotto un comune patto.
Te, dea, celebra te, romano, ogni angolo della terra
80   portando sul libero collo un pacifico giogo.
Tutte le stelle nelle loro orbite eterne
    non hanno visto mai impero piú bello.

Quid simile Assyriis conectere contigit armis
   Medi finitimos cum domuere suos?
85 Magni Parthorum reges Macetumque tyranni
   mutua per varias iura dedere vices.
Nec tibi nascenti plures animaeque manusque,
   sed plus consilii iudiciique fuit:
iustis bellorum causis nec pace superba
90   nobilis ad summas gloria venit opes.
Quod regnas minus est quam quod regnare mereris;
   excedis factis grandia facta tuis.

Percensere labor densis decora alta trophaeis,
   ut si quis stellas pernumerare velit,
95 confunduntque vagos delubra micantia visus:
   ipsos crediderim sic habitare deos.
Quid loquar aerio pendentes fornice rivos,
   qua vix imbriferas tolleret Iris aquas?
Hos potius dicas crevisse in sidera montes:
100 tale Giganteum Graecia laudat opus?
Intercepta tuis conduntur flumina muris,
   consumunt totos celsa lavacra lacus,
nec minus et propriis celebrantur roscida venis
   totaque nativo moenia fonte sonant;
105 frigidus aestivas hinc temperat halitus auras
   innocuamque levat purior unda sitim.
Nempe tibi subitus calidarum gurges aquarum
   rupit Tarpeias hoste premente vias;
si foret aeternus, casum fortasse putarem:
110 auxilio fluxit, qui rediturus erat.
Quid loquar inclusas inter laquearia silvas,
   vernula qua vario carmine ludat avis?
Vere tuo numquam mulceri desinit annus
   deliciasque tuas victa tuetur hiems.

Ne avevano congiunto uno simile gli Assiri
    quando i Medi piegarono i loro confinanti?
85 I grandi re dei Parti e i tiranni Macedoni
    si conquistarono gli uni gli altri con sorti alterne.
Né tu, nascendo, avevi piú animi e braccia
    ma piú saggezza e piú discernimento:
per guerre giuste e una pace non superba
90   la tua nobile gloria ha attinto la piú alta potenza.
Tu regni e, ciò che vale ancor di piú, meriti il regno:
    tutte le grandi imprese superi con le tue.

Enumerare i tuoi monumenti elevati e ricchi di trofei
    sarebbe come voler contare ogni singola stella.
95 I templi splendono e, a cercare di ammirarli,
        confondono gli occhi,
    sono cosí, a quanto credo, le stesse dimore degli dèi.
E come dire dei rivi sospesi su volte cosí alte nell'aria
    che a stento Iride potrebbe levarne l'arco d'acqua?
Queste piuttosto diresti montagne cresciute fino agli
        astri:
100 vanta la Grecia una tale fabbrica da Giganti?
Fiumi son catturati e rinchiusi dai tuoi edifici,
    superbe terme sfruttano interi laghi,
né mancano vene tue proprie a frequentare
    le mura roride: risuonano di fonti native,
105 cosí che un fresco soffio tempera l'aria in estate
    e una sorgente piú pura lenisce la sete inoffensiva.
E certo per te un improvviso fiotto di acque calde
    ruppe la via della rupe Tarpea mentre avanzava
        il nemico:
fosse durato per sempre potrei forse crederlo un caso,
110 fluí in tuo aiuto invece, per poi riscomparire.
E come dire dei boschi racchiusi fra i tetti a riquadri
        di portici
    dove, di casa, gli uccelletti scherzano con vari canti?
Senza venire mai meno, la tua primavera addolcisce
        l'anno
    cosí che, vinto, tutela le tue delizie l'inverno.

115 Erige crinales lauros seniumque sacrati
    verticis in virides, Roma, recinge comas;
aurea turrigero radient diademata cono
    perpetuosque ignes aureus umbo vomat.
Abscondat tristem deleta iniuria casum,
120   contemptus solidet vulnera clausa dolor.
Adversis solemne tuis sperare secunda,
    exemplo caeli ditia damna subis:
astrorum flammae renovant occasibus ortus;
    lunam finiri cernis, ut incipiat.
125 Victoris Brenni non distulit Allia poenam,
    Samnis servitio foedera saeva luit,
post multas Pyrrhum clades superata fugasti,
    flevit successus Hannibal ipse suos.
Quae mergi nequeunt, nixu maiore resurgunt
130   exiliuntque imis altius acta vadis;
utque novas vires fax inclinata resumit,
    clarior ex humili sorte superna petis.
Porrige victuras Romana in saecula leges
    solaque fatales non vereare colos,
135 quamvis sedecies denis et mille peractis
    annus praeterea iam tibi nonus eat.
Quae restant, nullis obnoxia tempora metis,
    dum stabunt terrae, dum polus astra feret;
illud te reparat, quod cetera regna resolvit:
140   ordo renascendi est crescere posse malis.

Ergo age sacrilegae tandem cadat hostia gentis,
    submittant trepidi perfida colla Getae.
Ditia pacatae dent vectigalia terrae,
    impleat augustos barbara praeda sinus;

15 Solleva il volto e i suoi allori, e torna a cingere
   il bianco del tuo sacro capo in chiome, Roma, verdi.
Splenda dalla corona turrita il diadema d'oro,
   fuochi perenni irraggi l'aureo scudo:
Aver cancellato l'affronto cancelli la triste caduta,
20   saldi lo spregio del dolore solidamente per sempre
      la ferita.
È tua tradizione sperare dalle sventure fortune
   e affronti danni che ti arricchiscono, a modello
      del cielo:
tornano a nascere, ad ogni tramonto, le fiamme
      degli astri,
   vedi la luna calare per ricrescere.
25 Brenno vinceva, ma l'Allia non differí il castigo,
   servi, i duri Sanniti hanno scontato i vergognosi patti;
dopo molte sconfitte, vinta, hai saputo scacciare Pirro,
   lo stesso Annibale ha pianto i suoi trionfi.
Ciò che non può affondare riemerge con forza maggiore
30   balzando su dalle profondità ancora piú in alto,
e come quando inclinata assume nuove forze la torcia,
   piú risplendente, già volta a terra, ora tendi alle altezze.
Protendi leggi immortali nei secoli futuri e romani
   e non temere, tu sola, i destini filati dalle Parche
35 benché, compiuti sedici volte dieci, e mille anni,
   ancora il nono per te già volga alla fine:
né gli altri prossimi potranno mai mettere capo
      a un termine
   finché saranno salde le terre e in cielo gli astri.
È ciò che guasta gli altri regni a rinforzarti:
40   rinasci perché dai tuoi danni sai trarre forza
      e crescita.

Pertanto su, cadano alfine in sacrificio i nemici
      sacrileghi:
   i Goti perfidi pieghino tremando il collo.
Pacificate, le terre ti diano ricchi tributi,
   barbara preda ricolmi il tuo nobile seno.

145 aeternum tibi Rhenus aret, tibi Nilus inundet
    altricemque suam fertilis orbis alat,
quin et fecundas tibi conferat Africa messes,
    sole suo dives, sed magis imbre tuo.
Interea et Latiis consurgant horrea sulcis
150   pinguiaque Hesperio nectare prela fluant.
Ipse triumphali redimitus arundine Thybris
    Romuleis famulas usibus aptet aquas
atque opulenta tibi placidis commercia ripis
    devehat hinc ruris, subvehat inde maris.

155 Pande, precor, gemino pacatum Castore pontum,
    temperet aequoream dux Cytherea viam,
si non displicui, regerem cum iura Quirini,
    si colui sanctos consuluique patres.
Nam quod nulla meum strinxerunt crimina ferrum,
160   non sit praefecti gloria, sed populi.
Sive datur patriis vitam componere terris,
    sive oculis umquam restituere meis,
fortunatus agam votoque beatior omni,
    semper digneris si meminisse mei».

165 His dictis iter arripimus; comitantur amici.
    Dicere non possunt lumina sicca «vale».
Iamque aliis Romam redeuntibus haeret eunti
    Rufius, Albini gloria viva patris,
qui Volusi antiquo derivat stemmate nomen
170   et reges Rutulos teste Marone refert.
Huius facundae commissa palatia linguae;
    primaevus meruit principis ore loqui.

LIBRO PRIMO

45 Per te in eterno ari il Reno, per te il Nilo inondi
   e il mondo fertile nutra la sua nutrice;
e del suo sole, ma piú della tua pioggia, ricca
   l'Africa ammassi per te feconde messi.
Sorgano intanto granai per i solchi del Lazio
50 e largo scorra dai torchi il nettare di Esperia.
Lo stesso Tevere trionfalmente coronato di canne
   pieghi le docili acque alla vita di Roma
e a te porti fra le placide sponde opulenti traffici
   qui, giú dalla campagna; lá, su dal mare.

55 Apri, ti prego, un mare pacato dai due Dioscuri
   e Citerea mia guida mitighi la via sull'acqua,
se non ti spiacqui allorché ho governato le leggi
      di Quirino,
   se onorai e chiamai a consiglio i sacri padri:
poiché, se mai un delitto mi ha costretto a ricorrere
      alla spada,
60 questo non torni a gloria del prefetto, ma del popolo.
Sia che mi spetti finire nelle mie patrie terre la vita,
   sia che mai tu mi venga invece restituita agli occhi,
io mi dirò fortunato e felice al di là di ogni altro
      desiderio
   se crederai per sempre di ricordarti di me».

Rufio Volusiano

65 Dette queste parole ci avviamo, accompagnati al porto
      dagli amici.
   Gli occhi non possono dire addio senza pianto.
Gli altri ripartono già per Roma, resta con me che
      parto
   Rufio, gloria vivente di suo padre Albino,
che dall'antica discendenza di Voluso deriva il nome
70 riproducendo, lo attesta Virgilio, i sovrani Rutuli.
Alla sua lingua eloquente si affida il palazzo
   e merita cosí giovane di porre le sue parole sulle
      labbra imperiali.

Rexerat ante puer populos pro consule Poenos:
  aequalis Tyriis terror amorque fuit.
175 Sedula promisit summos imitatio fasces:
  si fas est meritis fidere, consul erit.
Invitum tristis tandem remeare coegi;
  corpore divisos mens tamen una tenet.

Tum demum ad naves gradior, qua fronte bicorni
180   dividuus Tiberis dexteriora secat.
Laevus inaccessis fluvius vitatur harenis;
  hospitis Aeneae gloria sola manet.
Et iam nocturnis spatium laxaverat horis
  Phoebus Chelarum pallidiore polo.
185 Cunctamur tentare salum portuque sedemus
  nec piget oppositis otia ferre moris,
occidua infido dum saevit gurgite Plias
  dumque procellosi temporis ira cadit.
Respectare iuvat vicinam saepius urbem
190   et montes visu deficiente sequi,
quaque duces oculi grata regione fruuntur,
  dum se, quod cupiunt, cernere posse putant.
Nec locus ille mihi cognoscitur indice fumo,
  qui dominas arces et caput orbis habet
195 (quamquam signa levis fumi commendat Homerus,
  dilecto quotiens surgit in astra solo),
sed caeli plaga candidior tractusque serenus
  signat septenis culmina clara iugis.
Illic perpetui soles, atque ipse videtur,
200   quem sibi Roma facit, purior esse dies.
Saepius attonitae resonant circensibus aures,
  nuntiat accensus plena theatra favor;
pulsato notae redduntur ab aethere voces,
  vel quia perveniunt, vel quia fingit amor.

Dapprima, ragazzo, reggeva proconsole i popoli Punici,
  ebbero i Tirii per lui in ugual modo amore e timore.
175 Il suo zelo perseverante gli promette la carica piú alta,
  se è lecito confidare nei meriti sarà console.
Infine triste forzai lui, restio, a ritornare:
  divisi i corpi, un solo animo ci stringe.

Attesa in porto

Allora infine vado alle navi, per dove il Tevere,
180 che si apre in fronte bicorne, solca i campi a destra.
Il braccio di sinistra, inaccessibile per troppa sabbia,
    viene evitato;
  accolse Enea, gli resta questa sola gloria.
E già aveva sciolto piú spazio alle ore notturne
  Febo nel cielo, piú pallido, delle Chele.
185 Esitiamo a tentare il mare, e aspettiamo in porto
  e non rincresce la quiete imposta dal rinvio
mentre le Pleiadi al tramonto infuriano sul mare infido
  e mentre l'ira del momento procelloso cade:
è bello volgersi ancora, spesso, a Roma vicina
190 e con lo sguardo che viene meno seguire i monti;
dove mi guidano, gli occhi godono dei luoghi cari
  ed ecco sembra che, ciò che bramano, lo vedano.
Né riconosco da un filo di fumo il punto
  che segna il centro del mondo, le mura sovrane
195 (benché l'indizio di un lieve fumo commendi Omero
  se sorge agli astri dalla terra che ami):
ma una zona piú luminosa in cielo, e un tratto sereno
  segna le sette splendenti vette dei colli.
Là sono eterni soli, e ancora piú terso
200 appare il giorno che Roma crea per sé.
Di piú e di piú, stordito, avverto il chiasso dei giochi,
  acclamazioni improvvise dicono pieni i teatri,
l'aria, percossa, mi rende voci note,
  volino qui davvero o sia, a plasmarle, l'amore.

205 Explorata fides pelagi ter quinque diebus,
    dum melior lunae fideret aura novae.
Tum discessurus studiis urbique remitto
    Palladium, generis spemque decusque mei.
Facundus iuvenis Gallorum nuper ab arvis
210   missus Romani discere iura fori,
ille meae secum dulcissima vincula curae
    filius affectu, stirpe propinquus habet;
cuius Aremoricas pater Exuperantius oras
    nunc postliminium pacis amare docet,
215 leges restituit libertatemque reducit
    et servos famulis non sinit esse suis.

Solvimus aurorae dubio, quo tempore primum
    agnosci patitur redditus arva color.
Progredimur parvis per litora proxima cymbis,
220   quarum perfugio crebra pateret humus;
aestivos penetrent oneraria carbasa fluctus,
    tutior autumnus mobilitate fugae.
Alsia praelegitur tellus Pyrgique recedunt,
    nunc villae grandes, oppida parva prius.
225 Iam Caeretanos demonstrat navita fines:
    aevo deposuit nomen Agylla vetus.
Stringimus *** et fluctu et tempore Castrum:
    index semiruti porta vetusta loci.
Praesidet exigui formatus imagine saxi
230   qui pastorali cornua fronte gerit.
Multa licet priscum nomen deleverit aetas,
    hoc Inui Castrum fama fuisse putat,
seu Pan Tyrrhenis mutavit Maenala silvis,
    sive sinus patrios incola Faunus init;

Palladio e Esuperanzio

205 Quindici giorni esplorammo la sicurezza del mare
    finché fidasse nella luna nuova un vento migliore.
Allora mi accingo a partire e rimando alla città
    e agli studi
    Palladio, vanto e speranza della mia casa.
Giovane eloquente: dalle terre di Gallia da poco
210   l'hanno inviato a Roma perché ne apprenda il diritto.
Porta con sé dolcissimi vincoli del mio amore,
    stretto congiunto per stirpe, figlio per affetto.
Suo padre Esuperanzio ora insegna all'Armorica
    l'amore per il ritorno della pace esiliata.
215 Restituisce le leggi, ripristina la libertà
    e non permette che si sia servi dei propri servi.

Prime località avvistate

Salpiamo all'alba, in una luce ancora irrisolta,
    quando il colore, da poco tornato sui campi,
        li lascia scorgere.
Tenendoci stretti alla costa avanziamo con piccole
    barche
220   cui spesso la terra a rifugio apra insenature.
D'estate escano in mare aperto le vele dei grossi
    carichi,
    d'autunno è piú cauto disporre di un'agile fuga.
Si scorre dinanzi alla terra di Alsio, e Pirgi retrocede,
    un tempo piccoli villaggi, ora gran ville.
225 Già il marinaio addita i confini di Cere:
    col tempo Agilla ha deposto il nome antico.
Stringiamo Castro *** dal mare e dagli anni:
    semidistrutto, ne resta a segnale una porta vetusta.
In forma di una piccola statua in pietra lo presidia
230   colui che ha corna sulla fronte pastorale.
Secoli hanno cancellato il vecchio nome,
    però si crede che fu questo il Castro d'Inuo
sia che coi boschi Tirreni Pan abbia mutato il Menalo,
    sia che Fauno si inoltri per i recessi dove è nato
        e vive.

235 dum renovat largo mortalia semina fetu,
    fingitur in Venerem pronior esse deus.

Ad Centumcellas forti deflectimus Austro;
    tranquilla puppes in statione sedent.
Molibus aequoreum concluditur amphitheatrum
240   angustosque aditus insula facta tegit;
attollit geminas turres bifidoque meatu
    faucibus artatis pandit utrumque latus.
Nec posuisse satis laxo navalia portu:
    ne vaga vel tutas ventilet aura rates,
245 interior medias sinus invitatus in aedes
    instabilem fixis aera nescit aquis,
qualis in Euboicis captiva natatibus unda
    sustinet alterno brachia lenta sono.

Nosse iuvat Tauri dictas de nomine Thermas,
250   nec mora difficilis milibus ire tribus.
Non illic gustu latices vitiantur amaro
    lymphaque fumifico sulphure tincta calet:
purus odor mollisque sapor dubitare lavantem
    cogit, qua melius parte petantur aquae.
255 Credere si dignum famae, flagrantia taurus
    investigato fonte lavacra dedit,
ut solet excussis pugnam praeludere glebis,
    stipite cum rigido cornua prona terit,
sive deus faciem mentitus et arma iuvenci
260   noluit ardentis dona latere soli,

LIBRO PRIMO

235 Poiché con larghezza di prole rinnova le stirpi mortali
eccolo, il dio è ritratto pronto a abbandonarsi
a Venere.

Centocelle

Piegammo su Centocelle con un forte Austro,
le navi oziano tranquillamente in rada.
Con moli è chiuso l'anfiteatro d'acqua
240 e un'isola artificiale ripara gli angusti accessi:
slancia torri gemelle, e lungo i due passaggi
allarga, a stringerne le bocche, entrambi i lati.
Né bastan le celle navali disposte nel seno del porto:
perché il volubile vento non batta le navi pur sicure
245 il golfo piú interno, invitato fin proprio in mezzo
alle case,
ignora con acque ferme le instabili arie;
come succede a Cuma, quando si nuota, e l'onda
prigioniera
sostiene le braccia che si piegano a battere
colpi alterni.

Le Terme del Toro

Ci va di visitare le Terme che prendono nome dal toro
250 né troppo tempo o fatica costa inoltrarsi tre miglia.
Là le sorgenti non sono viziate da un gusto amaro
né il loro specchio si scalda turbandosi per zolfo
fumante.
Odore puro e sapore dolce, per chi si bagna,
lasciano incerto quale ne sia l'uso migliore.
255 Se si può credere alla fama, dobbiamo i bagni ardenti
a un toro che ha portato la fonte allo scoperto
scalciando in aria zolle, come fa quando prelude
allo scontro
e a testa bassa sfrega le corna su un duro tronco;
o forse un dio non volle nascosti i doni del suolo
bruciante
260 e mentí fattezze ed armi di giovenco

qualis Agenorei rapturus gaudia furti
    per freta virgineum sollicitavit onus.
Ardua non solos deceant miracula Graios:
    auctorem pecudem fons Heliconis habet,
265 elicitas simili credamus origine nymphas,
    Musarum latices ungula fodit equi;
haec quoque Pieriis spiracula comparat antris
    carmine Messalae nobilitatus ager,
intrantemque capit discedentemque moratur
270   postibus adfixum dulce poema sacris.
Hic est qui primo seriem de consule ducit
    usque ad Publicolas si redeamus avos;
hic et praefecti nutu praetoria rexit,
    sed menti et linguae gloria maior inest;
275 hic docuit, qualem poscat facundia sedem:
    ut bonus esse velit, quisque disertus erit.

Roscida puniceo fulsere crepuscula caelo:
    pandimus obliquo lintea flexa sinu.
Paulisper litus fugimus Munione vadosum,
280   suspecto trepidant ostia parva salo.
Inde Graviscarum fastigia rara videmus,
    quas premit aestivae saepe paludis odor,
sed nemorosa viret densis vicinia lucis
    pineaque extremis fluctuat umbra fretis.
285 Cernimus antiquas nullo custode ruinas
    et desolatae moenia foeda Cosae.
Ridiculam cladis pudet inter seria causam
    promere, sed risum dissimulare piget:
dicuntur cives quondam migrare coacti
290   muribus infestos deseruisse lares;
credere maluerim Pygmaeae damna cohortis
    et coniuratos in sua bella grues!

simile a quello che per godere di Europa rapita
   ne scosse il peso di fanciulla per i flutti.
Non vantino solo i Greci miracoli incredibili,
   se si deve la fonte dell'Elicona a un animale;
65 le nostre ninfe si credano scaturite da analoga origine:
   la sorgente delle Muse fu scoperta dallo zoccolo
      di un cavallo.
I suoi stessi spiracoli raffronta agli antri delle Pieridi
   questo terreno, nel carme di Messalla che lo nobilita:
ferma chi entra, trattiene chi si allontana
70   il dolce poema scolpito sopra le sacre porte.
Questi è colui che dal primo console discende
   se risaliamo fra gli avi fino ai Publicola;
questi col solo cenno resse, prefetto, il pretorio,
   ma nell'ingegno e nella lingua ha maggior gloria;
75 questi mostrò quale sede richieda per sé l'eloquenza:
   se solo si vorrà probo, chiunque sarà facondo.

Paludi di Gravisca, topi di Cosa

L'alba brillò rugiadosa nel cielo di porpora:
   spieghiamo oblique le vele, rigonfie al vento;
fuggiamo, allargandoci un poco, le secche alle foci
      del Mignone,
80   le onde alle piccole bocche trepidano malfide.
Quindi scorgiamo i tetti sparsi di Gravisca,
   spesso oppressa d'estate da odori della palude;
però i dintorni boscosi verdeggiano fitti di macchie
   e l'ombra dei pini trema sul margine dei flutti.
85 Vediamo incustodite le antiche rovine,
   le mura diroccate di Cosa deserta:
ed imbarazza esporre fra cose serie la causa ridicola
   dello sfacelo, ma non posso tenere nascosto il riso.
Dicono che un tempo i cittadini, costretti a migrare,
90   abbandonarono le case perché infestate dai topi!
Crederei prima alle disfatte dei Pigmei
   contro le gru confederate per le loro guerre.

Haud procul hinc petitur signatus ab Hercule portus;
  vergentem sequitur mollior aura diem.
295 Inter castrorum vestigia sermo retexit
  Sardoam Lepido praecipitante fugam;
litore namque Cosae cognatos depulit hostes
  virtutem Catuli Roma secuta ducis.
Ille tamen Lepidus peior, civilibus armis
300   qui gessit sociis impia bella tribus,
qui libertatem Mutinensi Marte receptam
  obruit auxiliis urbe pavente novis.
Insidias paci moliri tertius ausus
  tristibus excepit congrua fata reis.
305 Quartus Caesareo dum vult inrepere regno,
  incesti poenam solvit adulterii.
Nunc quoque... sed melius de nostris fama queretur,
  iudex posteritas semina dira notet.
Nominibus certos credam decurrere mores?
310   Moribus an potius nomina certa dari?
Quidquid id est, mirus Latiis annalibus ordo,
  quod Lepidum totiens reccidit ense malum.

Necdum decessis pelago permittitur umbris;
  natus vicino vertice ventus adest.
315 Tenditur in medias mons Argentarius undas
  ancipitique iugo caerula curva premit.
Transversos colles bis ternis milibus artat,
  circuitu ponti ter duodena patet,
qualis per geminos fluctus Ephyreius Isthmos
320   Ionias bimari litore findit aquas.
Vix circumvehimur sparsae dispendia rupis
  nec sinuosa gravi cura labore caret;

Porto Ercole

Puntiamo sul porto che ha nome da Ercole, non lontano;
  la brezza segue piú tenue il giorno che declina.
295 Fra i resti di un accampamento il discorso ritesse
  la fuga precipitosa di Lepido in Sardegna:
infatti dal lido di Cosa scacciò i consanguinei nemici
  Roma, seguendo il valore del suo comandante Catulo.
Peggiore tuttavia quel Lepido che al tempo dei triumviri
300 levò le armi empie in guerre civili
e che la libertà, riconquistata a Modena,
  schiacciò con nuove truppe, a terrore dell'Urbe.
Un terzo osò macchinare insidie contro la pace:
  subí il destino che compete ai malfattori.
305 Un quarto, mentre strisciando mirava al regno dei Cesari,
  pagò la pena del suo incestuoso adulterio.
Ed anche ora... ma dei nostri si occuperà meglio la 'fama,
  saranno i posteri a bollare, giudici, i sinistri semi.
Devo pensare che dai nomi derivino fissi costumi?
310 O nomi fissi ai costumi, piuttosto, ci si trovi a dare?
Comunque sia, negli annali del Lazio è una serie mirabile
  che tante volte ricorra, armato di spada, un flagello
    Lepido.

Difficoltà attorno all'Argentario

L'ombra notturna ancora si ritira e già ci si affida al mare,
  al soffio propizio di un vento dal monte vicino:
315 scende in mezzo alle onde l'Argentario
  e stringe con doppio giogo golfi azzurri.
Per chi traversi riduce i suoi colli a due volte tre miglia,
  tre volte dodici si estende nel suo periplo;
cosí a Corinto, fra flutti gemelli, l'Istmo
320 fende con spiaggia su due mari le acque ionie.
Stentiamo a aggirare la rupe e i suoi sparsi macigni,
  sinuoso affanno non privo di molte fatiche:

mutantur totiens vario spiramina flexu:
    quae modo profuerant vela, repente nocent.

325 Eminus Igilii silvosa cacumina miror,
        quam fraudare nefas laudis honore suae:
    haec proprios nuper tutata est insula saltus
        sive loci ingenio seu domini genio,
    gurgite cum modico victricibus obstitit armis
330   tamquam longinquo dissociata mari.
    Haec multos lacera suscepit ab urbe fugatos,
        hic fessis posito certa timore salus.
    Plurima terreno populaverat aequora bello
        contra naturam classe timendus eques;
335 unum mira fides vario discrimine portum
        tam prope Romanis, tam procul esse Getis.

    Tangimus Umbronem; non est ignobile flumen,
        quod tuto trepidas excipit ore rates:
    tam facilis pronis semper patet alveus undis,
340   in pontum quotiens saeva procella ruit.
    Hic ego tranquillae volui succedere ripae,
        sed nautas avidos longius ire sequor.
    Sic festinantem ventusque diesque reliquit:
        nec proferre pedem nec revocare licet.
345 Litorea noctis requiem metamur harena;
        dat vespertinos myrtea silva focos.
    Parvula subiectis facimus tentoria remis,
        transversus subito culmine contus erat.

cambiando spesso la rotta, varia il vento,
  di colpo le vele, or ora di aiuto, ritornano a danno.

L'Isola del Giglio

25 Ammiro da lontano le cime boscose del Giglio
  che sarebbe empietà defraudare della sua gloria.
Quest'isola da poco ha difeso le sue selve
  – sia stata la natura del luogo o il Genio
    dell'imperatore –
quando si oppose alle armi vincenti col suo breve tratto
30 come se fosse staccata da un mare immenso.
Quest'isola ha accolto i molti fuggiti dall'Urbe straziata:
  qui per gli affranti, deposto il timore, sicura salvezza.
Molte zone di mare aveva distrutto con guerra di terra
  una cavalleria, contro natura, tremenda per nave.
35 Sembra incredibile: un unico porto, con duplice sorte
    è rimasto
  tanto vicino ai Romani, tanto lontano ai Goti.

Attendamento di fortuna

Tocchiamo l'Ombrone: non è un trascurabile fiume,
  bocca sicura per le navi trepidanti,
tanto accessibile è il suo alveo sempre prono
40 quando sul mare si abbattono tempeste.
Io avrei raggiunto questa riva tranquilla,
  ma seguo i marinai, avidi di avanzare.
Cosí mentre mi affretto mi lasciano il vento e il giorno
  né piú procedere si può, né ripiegare.
45 Tracciamo un campo notturno sulla spiaggia,
  un boschetto di mirti offre il fuoco alla sera.
Facciamo piccole tende con i remi
  e un palo di traverso, tetto improvvisato.

Lux aderat: tonsis progressi stare videmur,
    sed cursum prorae terra relicta probat.
Occurrit Chalybum memorabilis Ilva metallis,
    qua nihil uberius Norica gleba tulit,
non Biturix largo potior strictura camino
    nec quae Sardonico cespite massa fluit.
Plus confert populis ferri fecunda creatrix
    quam Tartesiaci glarea fulva Tagi.
Materies vitiis aurum letale parandis,
    auri caecus amor ducit in omne nefas,
aurea legitimas expugnant munera taedas
    virgineosque sinus aureus imber emit,
auro victa fides munitas decipit urbes,
    auri flagitiis ambitus ipse furit.
At contra ferro squalentia rura coluntur,
    ferro vivendi prima reperta via est;
saecula semideum, ferrati nescia Martis,
    ferro crudeles sustinuere feras;
humanis manibus non sufficit usus inermis,
    si non sint aliae ferrea tela manus.
His mecum pigri solabar taedia venti,
    dum resonat variis vile celeuma modis.

Lassatum cohibet vicina Falesia cursum,
    quamquam vix medium Phoebus haberet iter;
et tum forte hilares per compita rustica pagi
    mulcebant sacris pectora fessa iocis:

L'Isola d'Elba: il ferro e l'oro

Era giorno. Avanzando a remi ci sembriamo fermi,
350   ma la terra che scivola indietro prova il progresso della prua.
Incontro ci viene l'Elba, famosa per i metalli dei Calibi:
    non sono piú fertili in ferro le terre del Norico,
né superiore è la fusione stretta nel largo forno dai Biturigi,
    né la massa che fluisce dalle zolle di Sardegna.
355 Dona al mondo di piú la feconda fattrice di ferro
    che non la bionda ghiaia del tartesiaco Tago.
L'oro mortale: materia per ogni perversione!
    L'amore cieco dell'oro trascina a ogni empietà.
Regali d'oro espugnano gli onesti matrimoni
360   e pioggia d'oro compra i seni virginali.
La fedeltà vinta dall'oro tradisce città fortificate,
    è con le infamie dell'oro che infuria l'ambizione.
Il ferro invece coltiva i campi selvaggi,
    col ferro fu scoperta la prima via di vita.
365 L'età dei semidei, all'oscuro del ferrato Marte,
    col ferro ha sostenuto gli attacchi delle fiere.
L'impiego inerme non basta alle mani umane,
    se armi in ferro non siano nuove mani.
Con queste cose fra me consolavo la noia per il vento pigro
370   mentre lagnosa in vari modi risuonava la cantilena
    che dà il ritmo ai rematori.

Falesia: Osiride e i Giudei

Falesia, vicina, ci accolse provati dal viaggio
    sebbene il sole non fosse a metà cammino.
E volle il caso che allora, ilari, i villaggi per gli incroci campestri,
    lenissero con feste sacre gli animi stanchi:

375 illo quippe die tandem revocatus Osiris
    excitat in fruges germina laeta novas.
Egressi villam petimus lucoque vagamur;
    stagna placent saepto deliciosa vado,
ludere lascivos inter vivaria pisces
380   gurgitis inclusi laxior unda sinit.
Sed male pensavit requiem stationis amoenae
    hospite conductor durior Antiphate:
namque loci querulus curam Iudaeus agebat,
    humanis animal dissociale cibis.
385 Vexatos frutices, pulsatas imputat algas
    damnaque libatae grandia clamat aquae.
Reddimus obscenae convicia debita genti,
    quae genitale caput propudiosa metit,
radix stultitiae, cui frigida sabbata cordi,
390   sed cor frigidius religione sua;
septima quaeque dies turpi damnata veterno
    tamquam lassati mollis imago dei.
Cetera mendacis deliramenta catastae
    nec pueros omnes credere posse reor.
395 Atque utinam numquam Iudaea subacta fuisset
    Pompeii bellis imperiisque Titi!
Latius excisae pestis contagia serpunt
    victoresque suos natio victa premit.

Adversus surgit Boreas, sed nos quoque remis
400   surgere certamus, cum tegit astra dies.
Proxima securum reserat Populonia litus,
    qua naturalem ducit in arva sinum.
Non illic positas extollit in aethera moles
    lumine nocturno conspicienda Pharos,

375 perché proprio in quel giorno Osiride, infine rinato,
   risveglia i lieti semi a nuove messi.
Sbarcati, ci dirigiamo a una villa e vaghiamo
   in un boschetto,
   ammiriamo gli stagni dallo specchio racchiuso
   in un modo delizioso:
lascia giocare i pesci arzilli fra i vivai
380   l'onda abbondante dell'acqua imprigionata.
Ma compensò in malo modo il riposo di quella sosta
   d'incanto
   un gestore piú duro, per ospitalità, di Antifate:
amministrava il luogo un accigliato giudeo,
   bestia che si separa dagli uomini nel cibo.
385 Urla e ci addebita cespugli spezzati, alghe sconvolte
   e che, danno enorme!, abbiamo sfiorato un po' d'acqua.
Lo ripaghiamo con gli insulti che spettano a quella gente
   sconcia
   che senza pudore si falcia l'estremità genitale.
Radice di follia, coi sabati frigidi a cuore
390   e il cuore piú frigido ancora delle sue credenze.
Condanna un giorno ogni sei a un letargo infame
   quasi a molle ritratto del suo dio sfinito.
Gli altri deliri e le loro fandonie da banco di schiavi
   chi mai li crederebbe? Ma neanche i bambini!
395 E non avessero mai sottomesso la Giudea
   le armi di Pompeo e l'autorità di Tito!
Recisa, la peste contagiosa può dilagare ora su piú spazio
   ed è il popolo vinto che opprime i vincitori.

Le città muoiono

Avverso si leva Borea, ma anche noi sui remi
400   a gara con lui ci leviamo, e copre gli astri il giorno.
Prossima, Populonia schiude il suo lido sicuro
   portando il golfo naturale in mezzo ai campi.
E qui non alza fino ai cieli le sue moli
   edificate, e luce nella notte, Faro,

405 sed speculam validae rupis sortita vetustas,
    qua fluctus domitos arduus urget apex,
castellum geminos hominum fundavit in usus,
    praesidium terris indiciumque fretis.
Agnosci nequeunt aevi monumenta prioris:
410   grandia consumpsit moenia tempus edax;
sola manent interceptis vestigia muris,
    ruderibus latis tecta sepulta iacent.
Non indignemur mortalia corpora solvi:
    cernimus exemplis oppida posse mori.

415 Laetior hic nostras crebrescit fama per aures,
    consilium Romam paene redire fuit:
hic praefecturam sacrae cognoscimus urbis
    delatam meritis, dulcis amice, tuis.
Optarem verum complecti carmine nomen,
420   sed quosdam refugit regula dura pedes:
cognomen versu veheris, carissime Rufi,
    illo te dudum pagina nostra canit.
Festa dies pridemque meos dignata penates
    poste coronato vota secunda colat;
425 exornent virides communia gaudia rami,
    provecta est animae portio magna meae.
Sic mihi, sic potius placeat geminata potestas:
    per quem malueram, rursus honore fruor.

Currere curamus velis Aquilone reverso
430   cum primum roseo fulsit Eous equo.

405 ma, trovando in sorte gli antichi l'osservatorio
        di una forte rupe
     dove il ripido picco stringe i frutti dòmi,
vi posero una fortezza che fosse di doppio beneficio
        per le genti,
     difesa a terra, segnale per il mare.
Non si possono piú riconoscere i monumenti dell'epoca
        trascorsa,
410   immensi spalti ha consunto il tempo vorace.
Restano solo tracce fra crolli e rovine di muri,
     giacciono tetti sepolti in vasti ruderi.
Non indignamoci che i corpi mortali si disgreghino:
     ecco che possono anche le città morire.

Gioia per Rufio Volusiano

415 Qui un racconto piú lieto si sparge fino a raggiungerci:
     quasi decisi di ritornare a Roma!
La prefettura della sacra Urbe, qui, la apprendiamo
     mio dolce amico affidata al tuo valore.
Come vorrei abbracciarti nel carme tutto il nome,
420   non lo impedisse la dura legge metrica:
entri nel verso col tuo primo nome, amato Rufio,
     con questo già la nostra pagina ti canta.
Celebri un giorno di festa, come fu per la mia casa,
     incoronando le porte, i desideri adempiuti;
425 ornino verdi rami la nostra comune gioia,
     viene elevata una parte grande della mia anima.
Cosí, cosí piuttosto mi allieti il rinnovo della carica,
     se attraverso il mio prediletto la assumo ancora.

Corsica

Caduto Aquilone, curiamo di correre con le vele
430   quando la stella d'oriente brilla sul cavallo rosa.

Incipit obscuros ostendere Corsica montes
    nubiferumque caput concolor umbra levat;
sic dubitanda solet gracili vanescere cornu
    defessisque oculis luna reperta latet.
435 Haec ponti brevitas auxit mendacia famae:
    armentale ferunt quippe natasse pecus,
tempore Cyrneas quo primum venit in oras
    forte secuta vagum femina Corsa bovem.

Processu pelagi iam se Capraria tollit;
440   squalet lucifugis insula plena viris.
Ipsi se monachos Graio cognomine dicunt,
    quod soli nullo vivere teste volunt.
Munera fortunae metuunt, dum damna verentur:
    quisquam sponte miser, ne miser esse queat?
445 Quaenam perversi rabies tam stulta cerebri,
    dum mala formides, nec bona posse pati?
Sive suas repetunt factorum ergastula poenas,
    tristia seu nigro viscera felle tument.
Sic nimiae bilis morbum assignavit Homerus
450   Bellerophonteis sollicitudinibus:
nam iuveni offenso saevi post tela doloris
    dicitur humanum displicuisse genus.

In Volaterranum, vero Vada nomine, tractum
    ingressus dubii tramitis alta lego.
455 Despectat prorae custos clavumque sequentem
    dirigit et puppim voce monente regit.

Prende a mostrarci i monti scuri la Corsica,
   e un'ombra di uguale colore leva nel cielo le cime nuvolose.
Cosí talvolta, in un dubbio, l'arco sottile della luna dilegua
   per chi lo guarda e si sforza, e lo trova, e lo perde.
35 La breve distanza ha accresciuto le invenzioni leggendarie di un racconto:
   la traversò nuotando, dicono infatti, un armento
al tempo in cui per caso venne alle spiagge di Kyrnos
   la prima volta, seguendo un bue fuggito, la fanciulla Corsa.

Monaci: la Capraia

Avanzando nel mare già si vede innalzarsi la Capraia,
40   isola in squallore per la piena di uomini che fuggono la luce.
Da sé con nome greco si definiscono «monaci»,
   per voler vivere soli, senza testimoni.
Della fortuna, se temono i colpi, paventano i doni.
   Si fa qualcuno da sé infelice per non esserlo?
45 Che pazza furia di un cervello sconvolto è mai questa:
   temendo i mali, non sopportare i beni?
O dei misfatti esigono da sé la pena, a se stessi galera,
   o nero fiele ne gonfia i tristi visceri.
Cosí assegnò diagnosi di eccesso di bile Omero
50   alle bellerofontiche ansie ipocondriche.
Colpito infatti dai dardi di un crudele dolore, il giovane
   si dice abbia preso in disprezzo il genere umano.

Secche a Vada Volaterrana, villa di Albino

Entro nel tratto di Volterra, che ha nome giustamente «Vada»,
   seguo un incerto percorso fondo fra le secche.
55 Il marinaio di prua si sporge e dirige il timone ubbidiente
   guardando in acqua, e grida le sue istruzioni a poppa.

IL RITORNO

Incertas gemina discriminat arbore fauces
    defixasque offert limes uterque sudes.
Illis proceras mos est adnectere lauros,
460   conspicuas ramis et fruticante coma,
ut praebente viam densi symplegade limi
    servet inoffensas semita clara notas.
Illic me rapidus consistere Corus adegit,
    qualis silvarum frangere lustra solet.
465 Vix tuti domibus saevos toleravimus imbres:
    Albini patuit proxima villa mei;
namque meus, quem Roma meo subiunxit honori,
    per quem iura meae continuata togae.
Non exspectatos pensavit laudibus annos,
470   vitae flore puer, sed gravitate senex.
Mutua germanos iunxit reverentia mores
    et favor alternis crevit amicitiis:
praetulit ille meas, cum vincere posset, habenas,
    at decessoris maior amore fuit.

475 Subiectas villae vacat aspectare salinas;
    namque hoc censetur nomine salsa palus,
qua mare terrenis declive canalibus intrat
    multifidosque lacus parvula fossa rigat.
Ast ubi flagrantes admovit Sirius ignes,
480   cum pallent herbae, cum sitit omnis ager,
tum cataractarum claustris excluditur aequor,
    ut fixos latices torrida duret humus;
concipiunt acrem nativa coagula Phoebum
    et gravis aestivo crusta calore coit:
485 haud aliter, quam cum glacie riget horridus Hister
    grandiaque adstricto flumine plaustra vehit.
Rimetur solitus naturae expendere causas
    inque pari dispar fomite quaerat opus:
iuncta fluenta gelu conspecto sole liquescunt
490   et rursus liquidae sole gelantur aquae.

LIBRO PRIMO

Distinguono le fauci pericolose due alberi
  e i bordi porgono di qua e di là pali confitti:
vi si congiungono di solito alti allori
60 appariscenti per rami e folte fronde
perché, dov'è fra le simplegadi del denso limo una via,
  chiaro il sentiero serbi intatti i contrassegni.
Là mi forzò a fermarmi un Coro improvviso,
  quale percuote le balze delle selve.
65 A stento un tetto offrí riparo agli acquazzoni:
  si aprí vicina la villa del mio Albino.
È infatti mio, se Roma lo ha congiunto a me negli onori
  continuando in lui la carica della toga già mia.
Con il valore sopperí alla mancanza degli anni necessari,
70 giovane al fiore della vita per età, ma anziano
    in saggezza.
Un rispetto reciproco ha stretto caratteri gemelli
  e l'affetto è cresciuto con scambi di amicizia.
Poteva vincere, e antepose le mie redini alle sue,
  ma per l'amore di chi lo ha preceduto fu piú grande.

Saline

75 Inganno il tempo osservando ai piedi della villa le saline:
  è questo il nome che si assegna a quella salsa palude
in cui discende il mare per canali di terra
  ed una piccola fossa irriga specchi divisi in bacini.
Ma, quando Sirio avvicina le fiamme del suo incendio,
80 l'erba ingiallisce ed ogni campo ha sete,
con chiuse e cataratte è escluso il mare
  perché la torrida terra induri le acque ferme.
Ne nascono coaguli e accolgono in grembo Febo ardente:
  se ne congiunge per il caldo estivo spessa crosta;
85 cosí, rappreso nei ghiacci, irrigidisce l'Istro
  e congelato porta sull'acqua grandi carri.
Indaghi chi da esperto soppesa le forze della natura
  e spieghi in pari causa effetti opposti:
flutti serrati dal gelo si liquefano, visto il sole,
90 e nuovamente per il sole gelano acque fluenti.

O quam saepe malis generatur origo bonorum!
　　Tempestas dulcem fecit amara moram:
Victorinus enim, nostrae pars maxima mentis,
　　congressu explevit mutua vota suo.
495 Errantem Tuscis considere compulit agris
　　et colere externos capta Tolosa lares.
Nec tantum duris nituit sapientia rebus;
　　pectore non alio prosperiora tulit.
Conscius Oceanus virtutum, conscia Thyle
500 　　et quaecumque ferox arva Britannus arat,
qua praefectorum vicibus frenata potestas
　　perpetuum magni foenus amoris habet.
Extremum pars illa quidem discessit in orbem,
　　sed tamquam medio rector in orbe fuit.
505 Plus palmae est illos inter voluisse placere,
　　inter quos minor est displicuisse pudor.
Illustris nuper sacrae comes additus aulae
　　contempsit summos ruris amore gradus.
Hunc ego complexus ventorum adversa fefelli,
510 　　dum videor patriae iam mihi parte frui.

Lutea protulerat sudos Aurora iugales;
　　antemnas tendi litoris aura iubet.
Inconcussa vehit tranquillus aplustria flatus;
　　mollia securo vela rudente tremunt.
515 Adsurgit ponti medio circumflua Gorgon
　　inter Pisanum Cyrnaicumque latus.
Aversor scopulos, damni monumenta recentis:
　　perditus hic vivo funere civis erat.

Vittorino

Oh, quanto spesso il male genera un germe di bene!
  Tempesta amara diede dolce dimora:
infatti Vittorino, della mente mia massima parte,
  qui mi raggiunse, e esaudí i voti di entrambi.
95 Quando Tolosa è caduta, costretto a migrare si è fermato
  nelle terre di Tuscia dove ora venera Lari stranieri.
Né solo nelle sventure la sua saggezza poté splendere,
  con animo non diverso affrontò sorti piú liete.
Conosce bene il suo valore l'Oceano, lo conoscono Tule
100 e le distese dei campi arati dai fieri Britanni,
dove, vicario, moderò le redini della prefettura,
  ottenendone in frutto grande ed eterno amore.
Ed è vero, quella terra si ritrasse fino agli estremi
    margini del mondo,
  ma come il centro del mondo l'ha guidata.
105 A maggior gloria torna l'esser piaciuto a quelle genti
  fra cui spiacere torna a minore vergogna.
Da poco accolto nella sacra corte illustre conte
  per i campi ha rinunciato ai piú alti gradi.
Ci riabbracciammo, ed ingannai con lui i venti contrari:
110 e mi sembrava d'essere già, in parte, in patria.

Monaci: la Gorgona

Gialla, l'Aurora aveva affacciato cavalli ormai tersi;
  la brezza del lido invita a tendere le antenne.
Spinge gli aplustri senza scosse un soffio tranquillo,
  tremano morbide le vele e non forzano la gòmena.
515 Nel mare sorge, cinta dai flutti, la Gorgona
  a mezzo fra le coste di Pisa e le Cirnaiche.
Distolgo gli occhi dagli scogli, monumento
    di una recente sventura:
  era perduto qui, vivo cadavere, un concittadino.

IL RITORNO

Noster enim nuper iuvenis maioribus amplis
    nec censu inferior coniugiove minor
impulsus furiis homines terrasque reliquit
    et turpem latebram credulus exul agit.
Infelix putat illuvie caelestia pasci
    seque premit laesis saevior ipse deis.
Num, rogo, deterior Circaeis secta venenis?
    Tunc mutabantur corpora, nunc animi.

Inde Triturritam petimus: sic villa vocatur,
    quae latet expulsis insula paene fretis;
namque manu iunctis procedit in aequora saxis,
    quique domum posuit, condidit ante solum.
Contiguum stupui portum, quem fama frequentat
    Pisarum emporio divitiisque maris.
Mira loci facies: pelago pulsatur aperto
    inque omnes ventos litora nuda patent.
Non ullus tegitur per brachia tuta recessus,
    Aeolias possit qui prohibere minas,
sed procera suo praetexitur alga profundo
    molliter offensae non nocitura rati;
et tamen insanas caedendo interrigat undas
    nec sinit ex alto grande volumen agi.

Tempora navigii clarus reparaverat Eurus,
    sed mihi Protadium visere cura fuit.
Quem qui forte velit certis cognoscere signis,
    Virtutis speciem corde vidente petat;
nec magis efficiet similem pictura colorem,
    quam quae de meritis mixta figura venit:

LIBRO PRIMO 39

Da poco infatti un giovane nostro, di illustri antenati,
520   né inferiore per censo o matrimonio,
uomini e terre, spinto dalla follia, ha lasciato,
    pratica ignobili latebre, credulo esule.
Pensa, infelice, di lordure voglian nutrirsi le cose
        del cielo
    e si opprime da sé con piú violenza di una vendetta
        degli dèi adirati.
525 Setta peggiore, chiedo, di Circe e i suoi veleni?
    Erano i corpi, ora i cuori, fatti porci.

La Villa Triturrita e il Porto Pisano

Di qui raggiungiamo Triturrita: si chiama cosí una villa
    che si ritrae su una penisola, ricacciati i flutti;
questa esce infatti in mare su massi affiancati dall'uomo
530   e chi vi pose la casa, dapprima ne fondò il suolo.
Restai stupefatto del porto contiguo, che la fama affolla,
    smercio di Pisa e afflusso delle ricchezze del mare.
Splendido aspetto ha il luogo: è battuto dal mare aperto
    e espone nudo il litorale ad ogni vento.
535 Non v'è recesso coperto da braccia sicure di moli
    che siano freno alle minacce di Eolo,
ma si tessono dinanzi al suo fondale lunghe alghe:
    toccano morbide la chiglia e non le nuocciono
mentre, rigandoli, tagliano i flutti rischiosi ed
        impediscono
540   che dal largo si rivolvano alte onde.

Protadio

Limpido, Euro aveva riofferto un momento
        favorevole alle navi,
    ma io ci tenni a visitare Protadio.
Chi lo vuole immaginare a chiari tratti
    veda con gli occhi del cuore la Virtú.
545 Non riuscirà un dipinto a riprodurlo somigliante
    piú del ritratto che risulta dai suoi meriti:

aspicienda procul certo prudentia vultu
   formaque iustitiae suspicienda micat.
Sit fortasse minus, si laudet Gallia civem:
550   testis Roma sui praesulis esse potest.
Substituit patriis mediocres Umbria sedes:
   virtus fortunam fecit utramque parem;
mens invicta viri pro magnis parva tuetur,
   pro parvis animo magna fuere suo.
555 Exiguus regum rectores cespes habebat
   et Cincinnatos iugera pauca dabant:
haec etiam nobis non inferiora feruntur
   vomere Serrani Fabriciique foco.

Puppibus ergo meis fida in statione locatis
560   ipse vehor Pisas, qua solet ire pedes.
Praebet equos, offert etiam carpenta tribunus,
   ex commilitio carus et ipse mihi,
officiis regerem cum regia tecta magister
   armigerasque pii principis excubias.
565 Alpheae veterem contemplor originis urbem,
   quam cingunt geminis Arnus et Ausur aquis.
Conum pyramidis coeuntia flumina ducunt:
   intratur modico frons patefacta solo.
Sed proprium retinet communi in gurgite nomen
570   et pontum solus scilicet Arnus adit.
Ante diu quam Troiugenas fortuna penates
   Laurentinorum regibus insereret,
Elide deductas suscepit Etruria Pisas
   nominis indicio testificata genus.

575 Hic oblata mihi sancti genitoris imago,
   Pisani proprio quam posuere foro.

LIBRO PRIMO

sul volto fermo splende da lungi la saggezza
   mentre il profilo della giustizia ne traluce.
E conterebbe forse meno, fosse la Gallia, dov'è nato,
   a lodarlo:
550 ma può testimoniare per il suo prefetto Roma.
L'Umbria gli ha dato, in cambio di quelli in patria,
   beni modesti,
ma la virtú ne fa sorti non diverse.
Imperturbabile, ha le piccole per grandi cose
   come le grandi ha tenuto un tempo in poco conto;
555 su poche zolle vissero un tempo i re dei re
   e pochi iugeri hanno prodotto i Cincinnati:
cosí ricordano, non inferiori, questi casi
   di Serrano e Fabrizio aratro e fuoco.

Pisa

Lasciate dunque le navi all'ancora al sicuro
560   raggiungo per via di terra la città di Pisa.
Offre i cavalli e le lussuose vetture un tribuno:
   ci lega, già compagni di milizia, mutuo affetto
da che reggevo ministro per gli interni i regii tetti
   e le guardie del pio principe vigili in armi.
565 Contemplo l'antica città che trae le origini dall'Alfeo,
   la cingono l'Arno e l'Ausur con acque gemelle.
Confluendo dan luogo come a una punta di piramide
   sulla cui fronte entra una lingua di terra.
Ma nel comune gorgo mantiene il proprio nome
570   l'Arno, e cosí da solo sbocca in mare.
Prima assai che la sorte compisse l'innesto
   dei Penati di Troia sui sovrani dei Laurenti,
l'Etruria accolse coloni della Pisa che è in Elide
   e attesta quella stirpe con il segno del nome.

Statua del padre

575 Qui mi si offrí l'immagine del mio venerato padre,
   statua che i Pisani han posto nel loro Foro.

Laudibus amissi cogor lacrimare parentis;
  fluxerunt madidis gaudia maesta genis.
Namque pater quondam Tyrrhenis praefuit arvis
580 fascibus et senis credita iura dedit.
Narrabat, memini, multos emensus honores
  Tuscorum regimen plus placuisse sibi:
nam neque opum curam, quamvis sit magna, sacrarum
  nec ius quaesturae grata fuisse magis;
585 ipsam, si fas est, postponere praefecturam
  pronior in Tuscos non dubitabat amor.
Nec fallebatur, tam carus et ipse probatis:
  aeternas grates mutua cura canit,
constantemque sibi pariter mitemque fuisse
590 insinuant natis, qui meminere, senes.
Ipsum me gradibus non degenerasse parentis
  gaudent et duplici sedulitate fovent.
Haec eadem, cum Flaminiae regionibus irem,
  splendoris patrii saepe reperta fides:
595 famam Lachanii veneratur numinis instar
  inter terrigenas Lydia tota suos.

Grata bonis priscos retinet provincia mores
  dignaque rectores semper habere bonos,
qualis nunc Decius, Lucilli nobile pignus
600 per Corythi populos arva beata regit.
Nec mirum, magni si redditus indole nati
  felix tam simili posteritate pater.
Huius vulnificis satira ludente Camenis
  nec Turnus potior nec Iuvenalis erit;
605 restituit veterem censoria lima pudorem
  dumque malos carpit, praecipit esse bonos.
Non olim sacri iustissimus arbiter auri
  circumsistentes reppulit Harpyias?

Piango commosso leggendo le lodi del padre perduto,
　　gioia dolente corse le guance madide.
Mio padre infatti ha governato un tempo i campi Tirreni
580　con i poteri proconsolari dei sei fasci.
E raccontava, ricordo, percorse le molte cariche,
　　che nessun'altra come questa di Tuscia gli fu cara:
ché non la cura, benché grande, del sacro tesoro
　　né aveva preferito il potere di questore;
585　né dubitava a posporre – se è lecito – anche la prefettura
　　nel suo amore cosí forte per i Tusci.
E non sbagliava, tanto amato egli pure dai suoi prediletti:
　　ricambiato, l'affetto canta in versi eterna gratitudine
e come fosse fermo nelle decisioni e insieme mite
590　lasciano impresso ai figli i vecchi, che ricordano.
Gioiscono che anch'io sia giunto a cariche non inferiori
　　e con sollecitudine doppia mi fanno festa.
Ho ritrovato spesso, in viaggio lungo la Flaminia,
　　questa medesima traccia dello splendore paterno:
595　come di un dio venera dunque la fama di Lacanio
　　la Lidia intera, fra tutti i propri nati.

Decio, Lucillo e le Arpie

Grata ai probi, questa provincia mantiene i costumi
　　antichi,
　　degna cosí di governanti sempre probi;
come al presente Decio nobile figlio di Lucillo
600　governa fra le genti di Corito i campi felici.
E non sorprende se, restituito nel magnanimo carattere
　　del figlio,
　　il padre gioisce di una discendenza cosí somigliante;
le satire che ha scritto, musa che gioca e ferisce,
　　né Turno mai supererà, né Giovenale:
605　lima censoria, restaurò il pudore antico
　　mostrando, con i morsi ai malvagi, l'esser probi.
Non ha, da arbitro rettissimo del sacro oro,
　　scacciato un tempo le Arpie strette all'assedio?

Harpyias, quarum discerpitur unguibus orbis,
610 quae pede glutineo, quod tetigere, trahunt,
quae luscum faciunt Argum, quae Lyncea caecum!
    Inter custodes publica furta volant!
Sed non Lucillum Briareia praeda fefellit
    totque simul manibus restitit una manus.

615 Iamque Triturritam Pisaea ex urbe reversus
    aptabam nitido pendula vela Noto,
cum subitis tectus nimbis insorduit aether;
    sparserunt radios nubila rupta vagos.
Substitimus. Quis enim sub tempestate maligna
620 insanituris audeat ire fretis?
Otia vicinis terimus navalia silvis
    sectandisque iuvat membra movere feris.
Instrumenta parat venandi vilicus hospes
    atque olidum doctas nosse cubile canes.
625 Funditur insidiis et rara fraude plagarum
    terribilisque cadit fulmine dentis aper,
quem Meleagrei vereantur adire lacerti,
    qui laxet nodos Amphitryoniadae.
Tum responsuros persultat bucina colles
630 fitque reportando carmine praeda levis.

Interea madidis non desinit Africus alis
    continuos picea nube negare dies.
Iam matutinis Hyades occasibus udae,
    iam latet hiberno conditus imbre Lepus,
635 exiguum radiis, sed magnis fluctibus, astrum,
    quo madidam nullus navita linquat humum;
namque procelloso subiungitur Orioni
    aestiferumque Canem roscida praeda fugit.

Le Arpie, che fanno a pezzi il mondo con gli artigli
  che con le zampe collose strappano via ciò
    che sfiorano,
che san mutare Argo in orbo, Linceo in cieco!
  Volano i furti dei beni pubblici in mezzo ai custodi!
Ma non sfuggí a Lucillo il saccheggio degno di Briareo
  e a tante mani insieme si oppose un'unica mano.

Caccia vicino a Villa Triturrita

E già tornato da Pisa a Triturrita
  volgevo le pendule vele a un nitido Noto:
di colpo il cielo si lordò di nembi,
  le nubi rotte spargevano raggi erranti.
Ci trattenemmo. Chi affronterebbe i flutti pronti
    a rabbia
  con un presagio cosí maligno di tempesta?
Passiamo il tempo degli ozi navali a caccia di fiere
  nelle vicine selve, per muoverci un poco.
Il nostro ospite, alla villa, appresta le attrezzature
  e cagne esperte a sentire gli odori delle tane.
Si abbatte in trappola e nelle reti, rada frode,
  e cade, fulmine di zanne, un cinghiale:
tremendo, anche per il forte Meleagro,
  tale da rompere la stretta di Ercole.
Risuona il corno per l'eco dei colli, allora,
  torniamo, e i canti fanno leggera la preda.

Astri procellosi

Frattanto l'Africo dalle ali madide non cessa
  di negarci continui giorni con nubi di pece.
Già le fradice Iadi col loro tramonto mattutino
  già, coperta dalle piogge invernali, si cela la Lepre,
costellazione di pochi raggi, ma flutti grandi
  con cui nessun navigante lascerebbe la madida terra;
è infatti unita al tempestoso Orione
  e fugge, rorida preda, il cane infuocato.

Vidimus excitis pontum flavescere harenis
640   atque eructato vertice rura tegi,
qualiter Oceanus mediis infunditur agris,
    destituenda vago cum premit arva salo:
sive alio refluus nostro conliditur orbe,
    sive corusca suis sidera pascit aquis.

Vedemmo che il mare ingialliva di sabbie agitate
>> sul fondo
40 ed eruttava le sue cime a coprire i campi;
come l'Oceano, quando si versa in mezzo ai terreni,
>> preme e abbandona con le sue onde incostanti
>> i coltivi:
sia che s'infranga rifluendo da un'altra terra sulla nostra,
>> sia che svanisca in pasto agli astri corruschi.

Liber II

Nondum longus erat nec multa volumina passus,
    iure suo poterat longior esse liber;
taedia continuo timuit cessura labori,
    sumere ne lector iuge paveret opus.
5 Saepe cibis affert serus fastidia finis,
    gratior est modicis haustibus unda siti;
intervalla viae fessis praestare videtur
    qui notat inscriptus milia crebra lapis:
partimur trepidum per opuscula bina ruborem,
10   quem satius fuerat sustinuisse semel.

Tandem nimbosa maris obsidione solutis
    Pisano portu contigit alta sequi.
Arridet placidum radiis crispantibus aequor
    et sulcata levi murmurat unda sono.
15 Incipiunt Appennini devexa videri,
    qua fremit aerio monte repulsa Thetis.
Italiam rerum dominam qui cingere visu
    et totam pariter cernere mente velit,
inveniet quernae similem procedere frondi
20   artatam laterum conveniente sinu.
Milia per longum decies centena teruntur
    a Ligurum terris ad freta Sicaniae;
in latum variis damnosa amfractibus intrat
    Tyrrheni rabies Hadriacique salis.

Libro secondo

Proemio minore

Non lungo ancora, né avvolto in molti giri,
    poteva bene farsi piú lungo il mio libro;
temé la noia di uno sforzo continuo, e che,
    a prendere un'opera
senza mai soste, si spaventasse il lettore.
5 Spesso, coi cibi, smettere tardi apporta nausea
    l'acqua è piú grata, nella sete, a brevi sorsi.
Sembra disporre nel percorso intervalli
    per i viandanti stanchi
la lapide che annota il susseguirsi delle miglia.
Distribuiamo cosí in due distinte operette il rossore
10   che era meglio forse affrontare una volta sola.

Descrizione dell'Italia

Liberi infine dall'assedio tempestoso del mare
    potemmo prendere il largo dal porto di Pisa.
Ci arride placida l'acqua increspata dai raggi
e l'onda mormora, solcata, un lieve suono.
15 Prende a mostrare i suoi clivi l'Appennino
    là dove Teti freme respinta dall'aereo monte.
Chi voglia cingere con gli occhi l'Italia signora
    del mondo
e contemplarla nel suo insieme con la mente
la vedrà svolgersi come una foglia di quercia
20   che sui bordi piega in anse convergenti.
In lunghezza dieci volte cento miglia si estendono
    dalle terre dei Liguri ai flutti di Sicania.
Penetra i fianchi in vari anfratti, rovinosa,
    la rabbia dell'Adriatico e del Tirreno.

IL RITORNO

25 Qua tamen est iuncti maris angustissima tellus,
    triginta et centum milia sola patet.
Diversas medius mons obliquatur in undas,
    qua fert atque refert Phoebus uterque diem;
urget Dalmaticos Eoo vertice fluctus
30   caerulaque occiduis frangit Etrusca iugis.
Si factum certa mundum ratione fatemur
    consiliumque dei machina tanta fuit,
excubiis Latiis praetexuit Appenninum
    claustraque montanis vix adeunda viis.
35 Invidiam timuit natura parumque putavit
    Arctois Alpes opposuisse minis,
sicut vallavit multis vitalia membris
    nec semel inclusit quae pretiosa tulit:
iam tum multiplici meruit munimine cingi
40   sollicitosque habuit Roma futura deos.

Quo magis est facinus diri Stilichonis acerbum,
    proditor arcani quod fuit imperii.
Romano generi dum nititur esse superstes,
    crudelis summis miscuit ima furor,
45 dumque timet, quidquid se fecerat ipse timeri,
    immisit Latiae barbara tela neci.
Visceribus nudis armatum condidit hostem
    illatae cladis liberiore dolo:
ipsa satellitibus pellitis Roma patebat
50   et captiva prius quam caperetur erat!
Nec tantum Geticis grassatus proditor armis:
    ante Sibyllinae fata cremavit opis.
Odimus Althaeam consumpti funere torris,
    Nisaeum crinem flere putantur aves:
55 at Stilicho aeterni fatalia pignora regni
    et plenas voluit praecipitare colos.
Omnia Tartarei cessent tormenta Neronis,
    consumat Stygias tristior umbra faces:

25 Dove la terra è tuttavia piú stretta fra i due mari
  si estende solo centotrenta miglia.
Si svolge obliqua fra le onde opposte una catena di monti
  fra dove un Febo porge e l'altro toglie il giorno.
Con la sua cima a oriente preme i flutti dalmati,
30 rompe, coi gioghi d'occidente, azzurri etruschi.
Se ammettiamo che un disegno preciso informa il mondo
  e tanta macchina fu il progetto di un dio,
a sentinella del Lazio egli ha tessuto l'Appennino,
  barriera che non lascia quasi una via fra le rupi.
35 Temette l'invidia, la natura, e trovò poco
  aver opposto alle minacce del Nord solo le Alpi,
come eresse a riparo degli organi vitali molte membra,
  né rinserrò una volta sola ciò che creò di prezioso.
Già fin da allora si meritò munita di molteplici difese
40 ed ebbe premurosi gli dèi la futura Roma.

Stilicone

Tanto piú grave è il delitto del mostruoso Stilicone
  poiché ha tradito l'arcano dell'impero.
Voleva vivere, da solo, oltre il genere umano
  e il suo crudele furore ha sconvolto il mondo;
45 temendo poi ciò che aveva macchinato onde esser
    temuto
  chiamò armi barbare a colpire al cuore il Lazio.
Nelle viscere nude ha nascosto un nemico armato:
  ne dilagò piú libera la strage introdotta dall'inganno,
ché Roma stessa era là, aperta alle sue scorte vestite
    di pelli
50 già prigioniera prima di essere presa.
E non soltanto ha infierito il traditore con le armi
    dei Goti,
  prima ha bruciato i destini con cui ci aiutò la Sibilla.
Odiamo Altea per il delitto di aver bruciato il tizzone,
  si dice piangano uccelli il capello di Niso,
55 ma Stilicone i pegni fatali di un dominio eterno,
  i fusi pieni volle precipitare.
Cessino tutti i tormenti di Nerone in fondo al Tartaro,
  consumi i fuochi dello Stige un'ombra piú infame.

hic immortalem, mortalem perculit ille,
60   hic mundi matrem, perculit ille suam.

Sed diverticulo fuimus fortasse loquaces;
    carmine propositum iam repetamus iter.
Advehimur celeri candentia moenia lapsu;
    nominis est auctor sole corusca soror.
65 Indigenis superat ridentia lilia saxis
    et levi radiat picta nitore silex;
dives marmoribus tellus, quae luce coloris
    provocat intactas luxuriosa nives.

* * * * *

Questi abbatté una immortale, quegli una mortale:
60   quegli abbatté sua madre, questi la madre del mondo.

Luna

Ma troppo spazio si è forse lasciato alla digressione,
    torniamo ora con i versi al nostro viaggio.
Scivolando veloci veniamo alle candide mura
    cui la sorella che del sole splende assegna il nome.
65 Supera con i suoi massi i gigli ridenti
    e, screziata, irraggia levigato nitore la pietra.
Ricca di marmi è la terra, e con la luce del colore
    sfida sontuosa le inviolate nevi.

Fragmenta

A

].multus solatia pan[is
  ]es..litata Ceres
]ae mos est frumenta reponi
  nub]iferos horrea tuta Notos
5]hiberna Ligustica miles
  m]edium lanea terga suem
]lo dives propola ministrat
  v]enditus aere focus
]li pretio promptaria Bacchum
10 f]luit gratus odore cadus
]praesentia Marcellini
  ni]hil dulcius esse potest
p]rotector saepe tribunus
  ]fuit nuper honore comes
15]llo custode fuerunt
  ]li praedo sagatus erat
].itat mercator avarum
  ]tant monstra minora can[
]s vitanda calumnia lites
20]..<na>ufragiis

I nuovi frammenti

A

Cena con Marcellino

Nei primi due versi, molto malconci, compare Cerere: si parla dunque forse di cibo, certamente di grano, come poi (3-4) dell'uso di riporre le scorte di frumento in depositi che le mantengano al riparo dai venti da sud, i Noti portatori di pioggia. Probabilmente in quanto loro custodi e beneficiari si menzionano quindi i soldati alloggiati in quartieri invernali definiti *Ligustica*, cioè posti in Liguria o comunque ospitanti truppe provenienti da quella regione; all'epoca, la Liguria comprendeva anche Milano, città cui Rutilio si riferisce con un richiamo alla leggenda della scrofa lanuta a metà del corpo: occasione etimologica fornita probabilmente da qualche emblema militare di quel distaccamento (5-6). Siamo evidentemente all'interno di una locanda, con il fuoco e un buon vino tratto dalle dispense e versato in abbondanza da un ricco gestore, sí che a poca distanza da Cerere compare anche un profumato Bacco (7-10).

Ma la maggiore fonte di gioia è un amico, Marcellino, di cui nulla può essere piú dolce (11-12). Ha ricoperto le cariche di *protector* e di *tribunus*, e da poco ha avuto anche il titolo – forse solo onorario – di *comes* (13-14). La sua tutela ha giovato alle popolazioni locali, impedendo soprattutto razzie o prevaricazioni da parte di predoni vestiti di *sagum*, un mantello usato particolarmente dai soldati (15-16). Probabilmente Rutilio ne esponeva i benefici effetti anche nel dominio del commercio (17-18) e in quello dell'amministrazione della giustizia (con le relative contese: 19); ma gli ultimi quattro versi ci offrono indizi troppo labili per favorire una ricostruzione precisa e attendibile.

IL RITORNO 56

B

]unt in propugnacula rupes
    ]l meritum machina tolli[t
]s Tyrias mirari desinat ar[ce]s
    Amp]hionium saxa secuta melos
5]meos Neptunia Troia labores
    ]laudis habet frustra tridente[
]e novae consul Constantius ur[bis
    ].tium consiliumque dedit
belli]gerum trabeis thoraca secu[
10]Latii nominis una salus
    ]invictaque pectora curis
    ]etit Martia palma[virum
]e.mo collegae amplectimu[r
    r]edeat iam geminatus hono[s
15]s sortitus hiatum
    ].ssem grandia gesta loqu[i
]eritis verborum l.... referr[e
    q]uam quod solvere lingua qu[eat
]hostilibus ille recepit

LIBRO SECONDO

B

Ricostruzione di mura: lodi di Costanzo

Grandi massi sono o sono stati innalzati a difesa di una città (1-2). Di fronte a queste rocche, si cessi di ammirare con stupore quelle Tirie, cioè di Tebe, e i massi che le composero spontaneamente, seguendo il meraviglioso suono della lira di Anfione (3-4); e la stessa Troia fortificata da Nettuno non vanti piú le fatiche con cui furono innalzati i suoi baluardi, vanificate poi dal tridente del dio (5-6). Rifondatore della nuova città è stato, con i suoi interventi e consigli, Costanzo, console (7-8), unica salvezza del nome romano sia in corazza militare sia nella trabea consolare (9-10), cuore impenetrabile agli affanni, uso a ottenere la vittoria in guerra (11-12).

Qui Rutilio pare rivolgere a Costanzo, sentito in qualche modo come collega nell'amministrazione di alte magistrature, l'augurio di ottenere ancora una volta il consolato, e un abbraccio, che può essere ideale, magari tramite i versi, o, piú in concreto, legato alla presenza di una sua statua (13-14). Qualsiasi lode è inferiore ai suoi meriti, e le sue grandi imprese non potrebbero venir cantate nemmeno da chi avesse avuto in sorte una bocca immensa (15-19). Riconquistò dalle mani dei nemici...

Note di commento

Libro primo

Il ritorno (1-34).

Il proemio, mentre informa il lettore sulle circostanze del viaggio e le vicende dell'autore, si svolge lungo due assi tematici che rappresentano la dolorosa scissione che si consuma in Rutilio: la Gallia, patria di generazione che sarebbe *nefas* non tornare a soccorrere; Roma, la patria di adozione, terra diletta e superiore a ogni altra nel mondo. Di qui la sottile tramatura che fa del brano a un tempo una giustificazione dell'abbandono di Roma sede di ogni perfezione, e uno scusarsi quasi di non essere invece corsi già prima nelle proprie devastate terre d'origine: ne siamo introdotti a quella atmosfera antitetica che è una delle dimensioni artistiche fondamentali del poemetto. La contrapposizione si affacciava fino dai primissimi versi in parte perduti (si veda all'attuale v. 1), e preparava i due sviluppi specifici rispettivamente dei vv. 5-18 e 19-34.
Rutilio orienta questa sua materia alla costruzione di un esordio carico di elevata sostenutezza e di *pathos*, facendo leva su di un particolare spessore filosofico-religioso e politico. L'epifania di Roma – terra di ogni felicità e di ogni onore – è accompagnata dalla teoria stoica dei *semina virtutum*, dall'evocazione del *genius urbis*, dal parallelo fra egemonia romana (sotto le garanzie del senato, mentre la figura del *princeps* resta sullo sfondo) e divino ordine cosmico. In tutto ciò si innesta il motivo unificante del destino, su cui il proemio fa perno (v. 19) per introdurre la singola sorte dell'autore e le drammatiche vicissitudini storiche che vi sono connesse. Incontriamo cosí immediatamente un'altra tecnica tipica di Rutilio: l'insistenza su determinati campi di idee, tuttavia quasi stemperata fra le maglie di un'espressione molto variata (si veda a 5 sg.). Tanto maggiore rilevanza patetica assume questo tema del destino e della conseguente accettazione della propria sorte (vv. 19 e 36) se il nostro Rutilio è lo stesso cui è dedicato il *Querolus* e di cui si legge appunto nella dedica di questa 'commedia del destino' che era solito ragionare di filosofia e *ridere ... illos, qui fata deplorant sua* (p. 4, linee 10 sg. Corsaro 1964 = p. 3, linee 10 sg. Ranstrand; cfr. Boano pp. 78 sg., Chadwick pp. 140 sg.).

vv. 1-4.
La forma comparativa *potius* e i vv. 3-4, evidente risposta a qualcosa che precedeva, indicano che l'inizio è mutilo di almeno un distico, ma piú probabilmente di due o tre. Non incontrano ormai piú credito altre posizioni, discusse e respinte da Doblhofer 1968 e II pp. 14 sg., come ad esempio intervenire correggendo *potius* (Keene propone *prorsus*), o – in linea con l'ipotesi di un inizio *ex abrupto* – l'idea di Wernsdorf secondo cui *potius* avrebbe potuto riprendere un discor-

NOTE DI COMMENTO 62

so iniziato con il titolo. Che l'inizio del poemetto fosse nel perduto *Bobiensis* alquanto malconcio sembra confermato anche da un altro indizio: l'attuale v. 2 dovette risultare illeggibile a Filippino Bononi che trascriveva il testo nell'attuale codice V, se egli lasciò uno spazio bianco in attesa che vi si cimentasse – come poi fece – il Sannazaro (si veda la *Nota al testo*, paragrafo 1). Che cosa scrisse Rutilio in ciò che è caduto? Qualcosa di simile a quanto ricostruisce cosí Gelsomino 1972 p. 1: «venuto dalla Gallia, per lungo tempo ho dimorato in Roma, ed a Roma volevo restare fino al termine della mia vita. Non ti meravigliare di ciò;...» Giustamente Castorina p. 183 dice troppo schematico il distico composto da Helm p. 1 a titolo di esempio: *in patriam redeo: sero, sed tune reprendes, | divinae quod adhuc me tenet urbis amor*; inoltre, come la ricostruzione prosastica di Zumpt pp. 32 sg., ha il difetto di non contenere l'aggettivo *longus* che sembra imposto da 3 sg. (Doblhofer 1968 pp. 179 sg. e II p. 15) e che tra l'altro istituisce un collegamento fra le due parti di questo proemio (3-4, 21 e 27) e il proemio al libro II (si veda la nota). L'aggettivo *velox* vi si opponeva antiteticamente (con ripresa a 3-4) significando per paradosso la pur sempre eccessiva prontezza del viaggio, non la rapidità con cui si sarebbe svolto come vogliono Lana p. 52 e Castorina p. 140, che pure riporta un eloquente parallelo di Simmaco (*Epist.* I 30), cui Doblhofer II p. 17 aggiunge Pacato (*Paneg.* XII 47), e a cui ritengo si debba accostare anche un rapido tratto dell'importante modello ovidiano *Tristia* I 3, 61 sg. (trascritto alla nota a I 43 sg.). Va infine sottolineato con Doblhofer I pp. 46 sg., II p. 15 e *passim*, che *velox reditus* è perifrasi astratta per non inserire nel contesto la prima persona, e che questo è un uso caratteristico di Rutilio, come confermano altri giri di frase subito sotto (19 sg., 34; cfr. 11-16). Quando ciò non avviene, Rutilio impiega a volte la prima persona singolare, a volte la plurale; soprattutto per la narrazione del viaggio vero e proprio si è pensato che ciò rispecchi una distinzione fra azioni da ricondurre ora a una sfera personale, ora a una sfera collettiva (Keene p. 190, Castorina p. 165, Doblhofer II pp. 95 e 108), ma sono possibili oscillazioni dovute al linguaggio poetico: cfr. il distico di Ovidio appena citato. Nella traduzione, almeno quando la persona è direttamente espressa, ho cercato di mantenermi il piú possibile vicino all'uso dell'originale.

vv. 5-6.

Con il *makarismós* su chi è nato a Roma si affaccia subito un richiamo all'Ovidio dei *Tristia* (III 12, 25 sg.): *O quater et quotiens non est numerare beatum | non interdicta cui licet urbe frui* (cfr. Doblhofer II pp. 18 sg. e sopra, *Introduzione* nota 14 e contesto). Comincia qui il motivo della sorte (6 *meruere... nasci*; 11 sg. *proxima munera primis... sortiti... obtinuere*; 19 *at mea fortuna*). Secondo Doblhofer II p. 21 avremmo gradazione di felicità: piú intensa nei *beati*, un po' meno perfetta nei *felices* del v. 11 in cui il *makarismós* viene ripreso. Il tema ha riscontro nella felicità (che è anche fertilità, feracità) del suolo al v. 6, e si sviluppa nell'altro motivo dell'onore connesso alla vita in Roma

LIBRO PRIMO

(*proceres, generosa propago, ingenitum decus, honos, virtus, dignius*, con 13 sg. *laus* e *decet*).

vv. 9-10

A quanto pare, qui Rutilio si ricollega a una teoria filosofica di origine orientale, passata nello stoicismo e fatta propria da Posidonio, secondo cui l'anima destinata a entrare in un corpo, nel corso della sua discesa dai cieli verso la terra, riceverebbe nella sfera sublunare dei semi destinati a svilupparsi successivamente durante la sua vita (cfr. fra gli altri Cicerone *Tusc.* III 2, *De nat. deor.* II 79, *De fin.* IV 4 e 18, V 18 e 43, Germanico *Phaenom.* 133 sg., Quintiliano II 20, 6, Macrobio *Commentarii* I 11, 6 e 12, 13 sg.). Il motivo di Roma come sede ideale allo sviluppo delle virtú assume per tempo carattere topico. Ampio *dossier* di dati e bibliografia in Doblhofer II pp. 20 sg.

vv. 11-14.

La 'seconda fortuna' è quella di aver avuto in sorte, se non di nascervi, per lo meno di venire ad abitare a Roma, di avervi una dimora; è naturalmente il caso di Rutilio, che allude qui concretamente alla propria casa: cosí Doblhofer, per cui *Latius* significa *tout court* «romano», «di Roma» (II p. 22; ma che traduce, con qualche esagerazione, «die in Rom Heimatrecht erwarben», I p. 89). *Curia* indica sia la sede delle adunanze del senato (la *Curia Iulia*) sia l'assemblea senatoriale stessa.

vv. 15-18.

Versi particolarmente 'densi', che alla luce dei contributi esegetici (Castorina pp. 142 sg., e soprattutto le ricche pp. 23-29 di Doblhofer II) si possono intendere cosí: l'assemblea dei senatori, aperta anche ai 'forestieri' che, come Rutilio, lo meritino, esercita sull'impero romano la propria autorità sotto l'auspicio del *genius* (*urbis Romae*, coincidente con il *genius populi Romani*), esattamente come la forza unificatrice (*concilium*) del sommo dio governa dalle regioni eteree l'intero cosmo; ma la parola *concilium* evoca il *concilium deorum*, il consiglio degli dèi presieduto da Giove, cosicché nell'operato del dio supremo rientrano tutte le singole volontà divine che presiedono ai vari aspetti del mondo, e il parallelismo con la situazione del senato è completo. Diverse posizioni sul *genius* (da intendersi come *Genius Senatus*) nell'articolo della Senis. Interessante quanto aggiunge Doblhofer II p. 27 sulla cristianizzazione del tema pagano (e particolarmente sfruttato in senso panegiristico) del raffronto fra consiglio dei senatori – con o senza *princeps* – e *concilium deorum*: cfr. anche Brown p. 127. Nella traduzione, giocando sull'ambiguità della parola italiana «consiglio», ho cercato di salvare sia l'immagine del collegio necessaria alla similitudine, sia l'idea stoica di un principio divino unificatore cui secondo gli interpreti Rutilio si sarebbe riferito (cfr. Castorina p. 142). Un gioco analogo sarebbe del resto nelle stesse intenzioni di Rutilio a parere di Doblhofer II p. 28.

NOTE DI COMMENTO

vv. 19-20.

At mea... fortuna innesta, nella continuità (tema della sorte), il nuovo tema, che viene chiuso come in una cornice da 34 *desideriis ... meis* (Doblhofer II pp. 32 sg.; cfr. sopra, nota a 1-4, al fondo). La condizione di *indigena* (20) si contrappone a quelle di *peregrinus* e di *externus* profilate nella prima parte (13 sg.). Sulle ragioni del ritorno si è talora ritenuto che Rutilio sia stato reticente (cfr. Gagliardi p. 129): secondo Della Corte 1980 pp. 89 sg. e 98, esso sarebbe in realtà dovuto alla necessità di essere presente in caso di spartizioni di terre e di beni a truppe di *foederati* barbari per estensione del diritto di *hospitalitas* (cfr. Lana p. 53) o anche per fronteggiare sollevazioni di tipo bagaudico; altri ha pensato che rientrasse in patria per l'impossibilità di far procedere oltre in Roma la propria brillante carriera amministrativa.

vv. 21 sgg.

Il cenno alle guerre rinvia alle invasioni del 406-407 e degli anni 412-414. Si veda il *Quadro storico-cronologico*.

vv. 27 sgg.

Rutilio sembra lavorare a una serie terminologica che dipinga lunghi spazi di tempo: 27 *ulterius*, 28 *mora suspensae... opis* (cfr. Castorina p. 144), 29 *iam tempus*, 33 *cessantem*; cfr. 26 *saepe* e anche 27 *longas ruinas*.

vv. 31-32.

Assistiamo qui a uno dei tanti episodi della 'onnipotenza virgiliana' presso gli autori tardolatini, che va inquadrato nel particolare ruolo svolto dalla memoria delle ecloghe nei ricordi delle devastazioni e degli esproprii rurali conseguenti alle invasioni (un tema che merita di essere approfondito). Rutilio evoca a sfondo la prima ecloga (vv. 38 sg.): *Tityrus hinc aberat. Ipsae te, Tityre, pinus | ipsi te fontes, ipsa haec arbusta vocabant* (cfr. anche Merone p. 25, Doblhofer II p. 32, Ferrari p. 29). È notevole per la tecnica allusiva di Rutilio l'attenzione alla scelta verbale del modello: qui *vocare* si muta in *mittere voces*; cfr. i casi commentati ai vv. I 223, I 233, I 526.

L'addio (35-46).

Un breve raccordo collega la presentazione delle ragioni del viaggio al cosiddetto 'inno a Roma' che segna contemporaneamente l'addio alla città, l'inizio del 'ritorno' e – nel senso specificato oltre – la sua prima tappa. Rutilio si rassegna definitivamente alla partenza e forse, una volta presa la decisione, si sente addirittura insofferente di ulteriori dilazioni (si veda al v. 36). Probabilmente, per un viaggio 'di trasloco' come il suo (Della Corte 1980 pp. 90 sg.) sarebbe stato comunque preferibile il mare, sia per i costi che per la comodità (cfr. anche Casson 1978 pp. 47 e 103), ma se anche Rutilio vi fosse stato costretto da tali circostanze, i principî di decoro cui si informa il poemetto non gli avrebbero in ogni caso consentito di segnalarcele in questi termini. Può darsi dunque che le devastazioni evocate da Rutilio ci offrano un quadro di motivazioni nell'insieme plausibile, ma incompleto; e

LIBRO PRIMO 65

non è da escludere che Rutilio, insistendovi, abbia voluto soprattutto sfruttare l'occasione di fissare al suo dramma personale – e al suo discorso alla dea Roma – una cornice piú dolente e patetica.

v. 36.

Il verso può essere diversamente interpretato: Rutilio conferma di rassegnarsi infine, anche se malvolentieri, a intraprendere il ritardato viaggio (cosí Vessereau-Préchac e Gelsomino 1972); o esprime invece, una volta presa la decisione, la sua impazienza relativamente al viaggio vero e proprio, e vorrebbe già essere arrivato in patria (i Duff, e Doblhofer I p. 91, con storia della questione a II p. 34, cfr. p. 104; cfr. infine la traduzione di Castorina p. 77, dove si potrebbe intendere anche impazienza nei riguardi d'ogni ulteriore dilazione della partenza: «son vinto del tutto, piú non sopporto il tempo dell'indugiato viaggio»).

vv. 37-38.

«*Terrena viarum*: grecismo, modellato su Virgilio (*Aen.* I, 442 *strata viarum*; VI, 633 *opaca viarum*): aggettivi neutri sostantivati con genitivi partitivi. Cosí, al v. seguente, *plana* ed *alta* (scil. *viarum*)» Castorina p. 145. È tratto frequente in Rutilio: si veda Doblhofer II p. 35.

v. 39.

Tuscus ager significa il territorio toscano, dell'antico popolo dei *Tusci*, cioè l'Etruria, regione che corrispondeva in gran parte all'odierna Toscana. Per il comportamento onomastico di Rutilio in merito si veda Doblhofer II p. 35; cfr. Plinio il Vecchio *Nat. hist.* III 8 (50 sgg.), che è anche una sorta di riepilogo del viaggio rutiliano, visto da nord a sud, e che per comodità del lettore italiano riporto qui parzialmente nella traduzione di G. Ranucci (Einaudi, Torino 1982, p. 407): «Confina con la Liguria la settima regione, che comprende l'Etruria a partire dal fiume Magra; è una regione che spesso ha cambiato nome. In tempi antichi i Pelasgi cacciarono da essa gli Umbri, ma ne furono a loro volta scacciati dai Lidi. Dal nome del re di questi ultimi, gli abitanti dell'Etruria furono detti Tirreni; piú tardi, con parola greca, dal rito del sacrificare ebbero il nome di Tusci. La prima città dell'Etruria è Luni, famosa per il suo porto; vengono poi la colonia di Lucca, lontana dal mare, e, piú vicina ad esso, Pisa, situata fra i fiumi Auser e Arno, fondata dai Pelopidi, o forse dai Teutani, popolazione greca. Seguono Vada Volaterrana, il fiume Cecina, Populonia, un tempo l'unica città etrusca sul mare. Vengono poi i fiumi Prile e Ombrone, navigabile, e, a partire da esso, il tratto di costa dell'Umbria e il porto di Talamone; seguono Cosa, nel territorio dei Volcienti, colonia fondata dal popolo romano; Gravisca, Castro Nuovo, Pirgi, il fiume di Cere e la stessa Cere, 7 miglia all'interno, chiamata Agilla dai Pelasgi che la fondarono; Alsio, Fregene e il fiume Tevere, distante 284 miglia dal Magra». *Aurelius agger* indica la via Aurelia: con netta e intenzionale paronomasia (nonostante Castorina p. 146 *ad loc.*). *Getae* indica originariamente una popolazione della Tracia; ma negli autori tardolatini *Geta*, *Getae*, *Geticus* sono comunemente impiegati con riferimento ai Goti. *Manus*, generalmente interpretato «bande, orde» può voler significare anche «mani, violenze» (cfr. la traduzione dei Duff), e forse l'ambiguità è qui voluta. Sulle devastazioni, probabilmente quelle del 412, cfr. Courcelle 1964 p. 53. Sul tessuto antitetico di questi versi e la *pointe* conclusiva circa la preferibilità del mare – topicamente incerto e rischioso – al v. 42 (da confrontare col 34) si veda Doblhofer II pp. 35-37.

vv. 43 sgg.

Il distico porta Rutilio fino sull'orlo del viaggio: nell'esametro è ancora dentro la città, il pentametro lo presenta nell'atto di varcare la soglia. È proprio lí, sulla soglia, che si immagina tenuto il lungo discorso di addio, preghiera, esortazione e lode – il cosiddetto 'inno a Roma' – che subito segue (47-164), e dopo il quale con il movimento di Rutilio verrà immediatamente proseguito con l'uscita definitiva e l'avviarsi al porto: 165 *His dictis, iter arripimus; comitantur amici.* Vengono qui riuniti secondo Doblhofer II pp. 37 sg. (dove sono raccolti i dati) due prediletti *tópoi* dell'addio: il bacio di congedo sugli stipiti o sul suolo e la ritrosia dei piedi a varcare la soglia. Ed è consuetudine a questo punto confrontare il pentametro di Rutilio con Ovidio, *Tristia* I 3, 55 sg.: *ter limen tetigi, ter sum revocatus, et ipse | indulgens animo pes mihi tardus erat.* Ma il campo va senza dubbio allargato: Ovidio cosí continua (57 sgg.) *saepe «vale» dicto rursus sum multa locutus, | et quasi discedens oscula summa dedi. | Saepe eadem mandata dedi meque ipse fefelli, | respiciens oculis pignora cara meis. | Denique «quid propero? Schythia est, quo mittimur – inquam – | Roma relinquenda est. Utraque iusta mora est.* Insomma: non solo l'esitazione dei piedi, ma anche i baci, i discorsi di addio a ciò che si lascia e in particolare alla città abbandonata sempre troppo presto (cfr. la nota al v. 1; al v. 43 le porte sono con evidenza quelle di Roma, e non come in Ovidio quelle della propria casa; cfr. Doblhofer II p. 37) e ai suoi dèi, tutto ciò che è in Ovidio ricorre nuovamente in Rutilio, benché variato in funzione del nuovo contesto. L'esilio di Ovidio è, secoli dopo, l' 'esilio' di Rutilio.

Roma (47-164).

Fermo sulla soglia della città che abbandona, Rutilio le rivolge quel lungo discorso di addio che costituisce il brano piú famoso del poemetto, e – studiatissimo – viene solitamente chiamato l' 'inno a Roma'. Non si possono seguire qui i molti interventi su struttura, modelli, scopi, prospettive ideologiche del passo. Sarà giocoforza restringerci nelle pagine che seguono a qualche nota essenziale a una piú completa comprensione del testo da parte dei non specialisti, rinviando per i particolari alla cospicua letteratura in proposito, e soprattutto al puntuale commento di Doblhofer (II pp. 38-94, con ricca bibliografia; fra gli studi successivi si vedano in particolare Gärtner e Lana 1987).

LIBRO PRIMO 67

Come il resto del poemetto, anche l' 'inno' è suddiviso in piccole sezioni: Rutilio si rivolge a Roma in quanto regina del mondo e dèa (47-66), che spicca fra gli altri dèi benefattori per aver unificato e pacificato il mondo sotto le uniche leggi del piú splendido impero mai sorto (67-92); illustra le sue meraviglie architettoniche e naturali (93-114); la esorta a rifiorire, paradossalmente piú forte dopo i rovesci subiti, come è avvenuto in passato (115-40), augurandole di sottomettere integralmente il nemico barbaro e proiettare nella eterna serie dei secoli futuri la recuperata prosperità economica (141-54); la supplica infine, accanto a Venere e ai Dioscuri, di aprirgli un mare favorevole, se ritiene che egli abbia svolto con correttezza e rispetto i suoi compiti di funzionario, e conclude augurandosi di rimanere per sempre nel suo ricordo (grazie anche a questo addio e al poemetto piú in generale: 155-64). In tutta questa articolata elaborazione, fortemente specificata in senso encomiastico, sono senz'altro intervenuti i retaggi di quella formazione retorica che era di rigore per ogni persona colta e di alta levatura sociale dell'epoca, specie se – come ci appare Rutilio – appassionata di lettere. Tuttavia qui, come altrove (I 399 sgg., II 16 sgg. e 41 sgg.) si è secondo me esagerato nella ricerca degli specifici contatti fra la poesia del *De reditu suo* e la precettistica di scuola relativa alle composizioni epidittiche. Sono fondamentali in tal senso gli studi di Jäger, Schissel-Fleschemberg e da ultimo Doblhofer II, ma a patto che il materiale da loro chiamato in causa venga considerato un semplice punto di riferimento da mantenersi sullo sfondo; non pare che Rutilio, per il tipo di poesia che scrive e per la cultura stessa che vi dimostra, dovesse aver bisogno di ritornare a una compulsazione di manuali (si veda anche Doblhofer II pp. 38 sgg., cui si rinvia per una piú dettagliata trattazione).
Qualche altro aspetto va piuttosto considerato, in breve. Innanzitutto un dato risaputo, che per essere divenuto ovvio (cfr. Schmid 1960 p. 881) è poi caduto quasi in secondo piano: quel rapporto di cui si è appena detto (nota ai vv. 43 sgg.) con l'addio a Roma di Ovidio. Apprezzarlo adeguatamente significa ricondursi a una sfera letteraria piú largamente intesa, a un allineamento quasi romantico con le esperienze del passato, che ci introduce all'aspetto sentimentale di questo brano. Non sappiamo dove e quando fu scritto: se a Roma prima di partire, o a Fiumicino nelle more dell'attesa, o in Gallia a viaggio concluso, luoghi e momenti a cui corrisponderebbero diversi punti di vista. In ogni caso, condensandovi il proprio affetto, e riepilogandovi tutta la propria adesione nei riguardi di un mondo che per lui diviene ormai passato, Rutilio ha fatto di questa immaginata orazione sulla soglia l'espressione di un momento alto della vita. In altri termini, l' 'inno' occupa nel *De reditu suo* lo stesso posto che Roma occupò nella vita di Rutilio. E se ogni località incontrata lungo il viaggio darà luogo a una sua digressione, quale spazio mai sarà richiesto da quella cui Rutilio consacrerebbe, potendo, tutti i suoi giorni (4 sg.)? Il cosiddetto inno risponde a questo interrogativo. Ma considerarlo appunto un 'inno' fa sí che lo si senta come un che di esterno e

quasi di estraneo al resto; mentre Roma è innanzitutto la 'prima tappa' del viaggio, e la digressione che le compete non è eccezionale, ma rientra nel piano del libro secondo una giusta proporzione. Tanto grande Roma, tanto proporzionalmente diffuso ne sarà il riflesso nel diario; eccezionale ne sarà tutt'al piú il carattere formale, l'assetto cioè di diretta allocuzione a edifici, a idee e memorie storiche e personali precipitate in un individuo nome di città e divinità (è il cosiddetto *Du-Stil* della preghiera: si veda Doblhofer II p. 38). Ci offre una analogia la distanza che separa la vignetta di Roma da quelle delle altre località nella *Tabula Peutingeriana*. (Anche questo monumento cartografico sopporta, per un diverso rispetto, una lettura 'romantica', se osservato come quadro di un mondo e dei suoi beni fermato, subito prima delle grandi invasioni, in una sospensione astratta, cosí che viene a partecipare di una luce attonita e irreale).

vv. 47 sgg.

Si comincia con la preghiera di ottenere ascolto e esaudimento per quanto Rutilio dirà nel seguito (cfr. Doblhofer II p. 41). Al v. 48 l'ordine delle parole riproduce l'ordine celeste: Roma figura a metà verso, in centro fra i *siderei poli* in cui è stata accolta quale divinità, cosí come peraltro è centro in terra di tutte le zone abitate, con le quali ha portato a coincidere la propria sovranità (55-62; cfr. v. 564 e relativa nota).

vv. 53-62.

L'amore di Rutilio per Roma si esprime attraverso la particolare figura dell'*adýnaton* (cfr. Virgilio *Ecl.* I 59-63; bibliografia in Doblhofer II p. 45): si potrà dimenticare l'esistenza del sole (cosa impossibile) prima che non quella di Roma. Del resto gli ambiti del sole e di Roma coincidono (55-56: si ricordi che l'Oceano per gli antichi circondava da ogni lato l'insieme delle terre abitate o *oikouménē*, sebbene Roma finisca per essere superiore al sole stesso, dato che questo compie il suo ciclo per lei (57: si veda Castorina p. 148): Roma coincide col mondo intero sia lungo l'asse est-ovest (58), sia lungo quello che corre dalle zone meridionali (simboleggiate dalla *Lybia*: 59) a quelle settentrionali (indicate tramite la costellazione dell'Orsa: cfr. Ovidio *Tristia* III 11,7 e III 4,47 sg., Claudiano *Get.* 134 sg., e qui oltre II 31 sgg.). In altre parole, Roma collima (politicamente) con l'ambito fisicamente reso vitale dal sole e dalla natura fra i quattro opposti limiti dell'*oikouménē* (gli *axes*; cfr. Claudiano *Stil.* III 138 sg., e Castorina p. 149, Doblhofer II pp. 45-48).

vv. 63-66.

L'idea dell'espansione coincidente con la civilizzazione dei popoli sottomessi e la loro conglomerazione in un'unica entità governata da un unico diritto (cfr. 77 sg.) è espressa nei quattro versi piú celebri del poema. Tra i punti di riferimento nella tradizione siano ricordati: per il gioco paronomastico *urbem-orbis* (piuttosto comune: bibliografia in Doblhofer II pp. 49 sg.) Ovidio *Fasti* II 683 sg. *gentibus est aliis tellus data limine certo: | Romanae est spatium urbis et orbis idem*; per lo

LIBRO PRIMO 69

sviluppo dei concetti Claudiano *Stil.* III 150 sgg. Alcuni ritengono che Rutilio sia tornato sulla paronomasia a I 503 sg. (dove correggono *rector in urbe*: cosí Doblhofer) e al v. 7 dell'epigrafe di Albenga (Della Corte 1980; la si veda qui in *Appendice*). A 64 sg. *iniustis* gioca etimologicamente con *consortia iuris*.

vv. 66-72.

Inizia la seconda sezione dell' 'inno', riguardante Roma come dea fra gli dèi (cfr. 49 sg.). Si comincia col presentare quali fondatori della stirpe romana Venere, che con Anchise generò Enea, e Marte, che unendosi a Ilia generò Romolo e Remo: per questo, secondo Doblhofer, Rutilio starebbe qui sviluppando il *tópos* retorico del *génos* (la lode in base alla nobiltà di ascendenza). Sembra rilevante il modello dell' "inno a Venere" che apre il *De rerum natura* di Lucrezio (per 71 *voluptas* e 79 *te, dea, te* si veda Doblhofer II pp. 52 e 54). Per l'interpretazione del v. 70 si veda Bertotti p. 121 nota 74, mentre i vv. 71 sg. sviluppano il celebre monito di Anchise *tu regere imperio populos, Romane, memento* | (*hae tibi erunt artes*), *pacisque imponere morem,* | *parcere subiectis et debellare superbos* (Virgilio *Aen.* VI 851-53; si veda Doblhofer II p. 52).

vv. 73-76.

Viene ora presentata una breve rassegna di dèi ed eroi venerati per il loro carattere di benefattori dell'umanità: Minerva per aver rivelato l'olio (cfr. Virgilio, *Georg.* I 18 sg.), Bacco per il vino (cfr. Ovidio *Am.* I 3, 11 e *Fasti* II 329), Trittolemo per aver diffuso su incarico di Cerere le arti della coltivazione del grano (cfr. Virgilio *Georg.* I 19). Al nome di Peone il compito di rappresentare la medicina: è infatti il medico degli dèi in *Iliade* V 401 e 899 sg., *Odissea* IV 232, Virgilio *Aen.* VII 769 e XII 401 (con la stessa misurazione prosodica di Rutilio; cfr. anche *Epigr. Bob.* 1, 4), successivamente identificato con Asclepio e Apollo. E infine Ercole, l'Alcide (da Alceo, padre di Anfitrione: cfr. a I 628), la cui divinità riposa sulla *nobilitas* di stirpe e imprese (cfr. la *Nota al testo*; è uno dei piú celebri eroi culturali). In cima all'elenco dei benefattori sta, dopo gli dèi e gli uomini divinizzati, la città divinizzata: Roma stessa, per i meriti illustrati ai vv. 76-80 (cfr. 61-66).

vv. 81-86.

Lo spunto di partenza è nel *Carmen saeculare* di Orazio (9-12): *alme sol, curru nitido diem qui* | *promis et celas aliusque et idem* | *nascis, possis nihil urbe Roma* | *visere maius*. Quell'augurio è considerato qui realizzato, e su ciò si innesta l'idea della comparazione con i precedenti *imperia* succedutisi nell'egemonia. Il concetto è topico, e Rutilio lo sviluppa attingendo a luoghi comuni, con tratto molto vicino a Claudiano *Stil.* III 163-67 che accosta all'avvicendamento Atene-Sparta-Tebe quello Assiri-Medi-Persiani-Macedoni-Romani: dati e bibliografia in Doblhofer II pp. 57-60. Ai vv. 85 sg., se il senso generale resta chiaro, non è però del tutto agevole comprendere a cosa di preciso Rutilio abbia voluto riferirsi: gli studiosi ritengono che par-

NOTE DI COMMENTO

lando di Parti egli abbia inteso sia questi che i Persiani (Dario, sconfitto da Alessandro Magno; *magni reges* sarebbe un'eco del titolo ufficiale dei sovrani persiani: ὁ μέγας βασιλεύς), e parlando di Macedoni sicuramente Alessandro, ma anche i suoi Diadochi di Siria che combatterono con alterne fortune i sovrani Parti; donde le *variae vices*, il vicendevole prevalere degli uni sugli altri (Helm p. 9, i Duff p. 771, Doblhofer II p. 59).

vv. 87-92.

Oltre ai commenti, si vedano specificamente su questi versi Schmid 1960 pp. 882 sgg., con il rinvio a Virgilio *Aen.* X 375 sg., e Lana 1987 pp. 119 sg. Dissento però dall'opinione comune secondo cui al v. 87 si allude a Properzio II 3, 23 sg. *non tibi nascenti primis, mea vita, diebus | candidus argutum sternuit omen Amor?*; e da quella di Schmid p. 879 che inclina a considerare il poemetto un «centone»: cfr. Bartalucci 1965 pp. 31 sg. e 35.

vv. 93-98.

Rutilio passa a trattare le bellezze di Roma, sviluppando secondo Doblhofer il punto topico della lode ἀπὸ κόσμου τῆς πόλεως Per l'espressione *decora alta* cfr. Virgilio *Aen.* I 429, II 448: si parla qui dei monumenti, certo con riferimento anche agli archi di trionfo, oltre che ai templi; per i vari riscontri nella poesia precedente, in particolare in Stazio, si veda Doblhofer II pp. 62 sgg., con ampia bibliografia anche sugli acquedotti e le terme di cui piú oltre.

vv. 99 sgg.

Inizia qui una serie di iperboli, dotate però di riscontro oggettivo nella realtà. Il primo distico paragona gli acquedotti alle montagne che i Giganti sovrapposero le une alle altre per dare la scalata all'Olimpo (si veda la *Gigantomachia* di Claudiano, *Carm. min.* 53, 66 sgg.); vanno confrontati due passi dei *Fasti* di Ovidio: I 307 sg. *sic petitur caelum: non ut ferat Ossan Olympus, | summaque Peliacus sidera tangat apex*; V 553-55 *debebat in urbe | non aliter nati Mars habitare sui. | Digna Giganteis haec sunt delubra tropaeis* (si parla del tempio di Marte Ultore: cfr. i vv. 93 e 96 di Rutilio). A mio parere la variazione in Ovidio ha un sapore agonistico nei riguardi della Grecia (per il quale cfr. anche I 262 sgg.): opto cosí per il punto interrogativo al v. 100, con Castorina p. 154 e contro Doblhofer II p. 65. Per i fiumi (l'Aniene, il *rivus Herculaneus*, il *Curtius* e il *Caeruleus*), i laghi (l'*Alsietinus*, il *Sabatinus*, il *Sublacensis*), le fonti di cui ai 100-6, si vedano Castorina pp. 154 sg. e Doblhofer II pp. 65-67. Per il non facile v. 98 si veda Bartalucci 1965 pp. 31 sg. (con i passi ivi citati): «giova ricordare che per gli antichi l'arcobaleno aspirava con le sue corna l'acqua del mare, dei fiumi e delle fonti, e la trasmetteva alle nubi, perché queste poi la restituissero alla terra in forma di pioggia. Non si può parlare di tautologia, giacché il poeta ha avuto presenti le fasi del fenomeno: *imbriferae aquae* saranno le 'acque apportatrici di pioggia', cioè destinate a ricadere in pioggia».

LIBRO PRIMO

vv. 107-10.
La leggenda di Giano che aiuta i Romani facendo sgorgare dalla rupe Tarpea una fonte di acqua bollente che ferma i Sabini di Tito Tazio è narrata da Ovidio *Fasti* I 257 sgg., *Met.* XIV 775 sgg. e Macrobio *Saturn.* I 9, 17-18.

vv. 111-12.
Rutilio allude alle lussuose ville dotate di giardini che sono veri e propri boschetti attraversati da porticati (con soffitti a riquadri: i *laquearia*), in cui gli uccelletti che vi si trovano di casa (come gli schiavi nati nella casa in cui prestano servizio i genitori: i *vernulae*) scendono a scherzare dagli alberi. Cfr. Orazio *Epist.* I 10, 22 e *Carm.* III 10, 5 sgg., Tibullo III 3, 13 sgg., Nepote *Att.* 13, 2; cfr. la *Nota al testo* e Doblhofer II pp. 69 sg.

vv. 115-16.
Il distico (su cui si veda la *Nota al testo*) avvia una nuova sezione: Rutilio invita Roma a risorgere dopo la disfatta (il *tristis casus* del v. 119 sarà il sacco del 410), come è già avvenuto in precedenti occasioni; cfr. Claudiano *Get.* 50 sgg. e 77, Prudenzio *C. Symm.* I 425. Per Doblhofer II pp. 400 e 71 sarebbe qui sviluppato il precetto retorico delle lodi in base alle imprese e alle virtú (ἀπὸ πράξεων καὶ ἐπιτηδεύσεων).

vv. 117-18.
Roma è presentata con la corona muraria, o turrita, tratto caratteristico delle personificazioni di città – che già ricorre per lei in Lucano I 128 *turrigero canos effundens vertice crines* – arricchita di un diadema d'oro; *aureus* è anche lo scudo (per cui cfr. Virgilio *Aen.* X 271), il cui perpetuo splendore ribadisce il tema dell'eternità della città.

vv. 121 sgg.
Viene qui riservato ampio spazio al tema topico dell'invincibilità di Roma e del suo essere riuscita a superare, quasi facendosene piú forte (si veda Doblhofer II pp. 81-83) le peggiori disfatte; tradizionali anche gli esempi addotti: Brenno, il condottiero dei Galli Senoni, che dopo aver assediato Roma fu sconfitto al fiume Allia (387-386 a. C.); l'episodio delle Forche Caudine (321 a. C.) con i Sanniti, poi definitivamente sottomessi; l'invasione di Pirro re dell'Epiro, sconfitto a Benevento (275 a. C.); il caso di Annibale, infine piegato, nonostante avesse ottenuto vittorie come quella di Canne (216 a. C.). I vari paralleli in Doblhofer II pp. 75-77. Con fine costruzione, lo stesso verso 121 incaricato di proporre il motivo si apre sulle «sventure» (*adversa*) per chiudersi con le «fortune» (*secunda*). Per lo spunto di 129 sg. cfr. Orazio *Carm.* IV 4, 65.

vv. 135-36.
Rutilio data il proprio viaggio all'anno 1169 dalla fondazione di Roma, ma non è agevole precisare in base a quale era effettuasse il computo. Sono possibili quattro soluzioni: in base all'era varroniana avremmo 1169 − 753 = 416; in base all'era catoniana e dei Fasti ufficiali 1169 − 752 = 417; in base all'era di Solino 1169 − 751 = 418; e infine può essere avvenuto che calcolasse in base all'era varroniana, ma commettendo un errore di computo ricorrente anche presso altri au-

NOTE DI COMMENTO

tori fra cui il contemporaneo Orosio: Varrone poneva la fondazione di Roma al 21 aprile dell'anno III della sesta olimpiade, cioè del 753 a. C., ma poiché gli anni olimpici non collimano con quelli solari, ma si estendono dal luglio al giugno successivi circa, poteva accadere che riferendosi alla serie degli anni solari si prendesse a riferimento quello in cui cadeva la prima metà dell'anno olimpico, presentando un conto accresciuto di un'unità rispetto all'indicazione che si sarebbe voluta dare. Nel nostro caso 1169 − 754 = 415. Sulla dibattutissima questione si vedano Carcopino, Lana (particolarmente pp. 54 sgg.), Cameron, Doblhofer I pp. 35 sgg., Corsaro 1981 cap. 1.

vv. 141 sgg.

Secondo Doblhofer II pp. 40 e 83 comincia qui una sezione conclusiva compatta, l'epilogo, dove verrebbe ulteriormente sviluppato il punto delle virtù e imprese di Roma capitale del mondo lavorando su un *tópos* subalterno, quello degli *emolumenta imperii*, fino al raccordo con la preghiera finale. Altri editori preferiscono pensare, come egli stesso segnala, a una articolazione diversa. In particolare, mentre i vv. 141-54 gravitano ancora – benché con carattere riepilogativo – nell'orbita di quanto precede, i vv. 155-64 sembrano staccarsene nettamente, introducendo la vera e propria preghiera per l'ottenimento di un viaggio senza incidenti e il sigillo autobiografico conclusivo. L'augurio finale è quello di sottomettere definitivamente i nemici e di poter fruire della prosperità economica che compete a colei che unifica e nutre il mondo (146, con i commenti di Castorina p. 162 e Doblhofer II p. 86). Il Reno e il Nilo rappresentano per metonimia le rispettive regioni.

vv. 141-42.

I *Getae* (cfr. al v. 40) vengono figuratamente designati quali vittima sacrificale (*hostia*) a punizione della profanazione operata ai danni della *sacra urbs* (sono *sacrilega gens*: si vedano Knoche pp. 137 sg. e Doblhofer II p. 84; cfr. Cameron p. 38). Aldo Bartalucci mi ha richiamato in proposito Ovidio *Fasti* I 335 sg. *victima, quae dextra cecidit victrice, vocatur;* | *hostibus a domitis hostia nomen habet*; da qui la leggera libertà della traduzione. Secondo Ussani 1910 p. 361 il pentametro non sottintende «al giogo», ma «alla scure».

vv. 147-48.

Com'è noto, la maggior parte dei rifornimenti granari per la popolazione della città di Roma proveniva dall'Africa (si veda Doblhofer II p. 86). Rutilio aggiunge che il sole e la fecondità dell'Africa possono produrre i loro frutti grazie alle piogge che provengono dal nord, cioè da Roma: cfr. in proposito già Lucano III 69 sg., IX 420 sgg. e Stazio *Theb.* VIII 410 sg.

v. 150.

Mentre secondo Damm Rutilio avrebbe inteso qui riferirsi all'olio, si ritiene comunemente che egli accenni invece al vino: cfr. Tibullo I 1, 9 sg. *et pleno pinguia musta lacu*, Stazio *Silv.* II 2, 99 *madidas Baccheo nectare rupes*, Properzio IV 6, 73 *vina prelis elisa Falernis*.

LIBRO PRIMO

vv. 151-54.

Rutilio presenta il Tevere incoronato di canne, secondo un tratto tradizionale utilizzabile anche per altri fiumi (cfr. Ovidio *Met.* IX 2 sg. per l'Acheloo), e soprattutto sotto la suggestione di un celebre passo virgiliano (*Aen.* VIII 31 sgg.): allinea tuttavia questa corona alla corona (di alloro) che portano i trionfatori, per accostare alla sovranità di Roma su tutte le altre città quella del Tevere su tutti gli altri fiumi. Sul problema ortografico relativo al nome del fiume, si veda la fine disamina di Bartalucci 1980 p. 414, che conclude: «la forma grecizzata si addice al v. 151, ove il fiume è evocato come dio e come trionfatore..., l'italica a 180, ove è semplice riferimento topografico»; cfr. il caso di *Pisaeus* e *Pisanus* (si vedano v. 615 e anche v. 437, con le relative note). Con una particolare raffinatezza, concludendo l'encomio con i traffici che confluiscono in Roma sul Tevere dal corso tradizionalmente placido (Doblhofer II 89), Rutilio si è portato idealmente sulle sue acque fino al porto da cui avrà inizio il vero e proprio viaggio (si vedano Doblhofer II pp. 88-90 e I pp. 45 sg.): se ne può sviluppare la successiva preghiera.

vv. 155-56.

L'invocazione per un mare favorevole viene rivolta alla dea Roma stessa; quindi ai Dioscuri Castore e Polluce, che tradizionalmente proteggevano i naviganti (era uso corrente evocarli entrambi con la menzione di uno solo dei due: si vedano ad es. Orazio *Carm.* III 29, 64 *geminusque Pollux*, Ovidio *Ars* I 746 *geminus... Castor*); e infine a Citerea, cioè Venere (che secondo la leggenda era affiorata dalle spume del mare presso l'isola di Citera). Tutte queste divinità avevano luoghi di culto a Ostia (Roma e i Dioscuri) e nella zona di *Portus Augusti* (Venere, cui era consacrata la cosiddetta isola Tiberina – poi appunto Isola Sacra –, cioè la zona compresa fra la foce del Tevere vero e proprio e la Fossa Traiana: si veda ai vv. 179 sg.): dati e ampia bibliografia in Doblhofer I pp. 45 sg. e II pp. 91 sg.

vv. 157-64.

Viene innanzitutto ricordata la carica di prefetto urbano: questi amministrava il diritto civile (*Quirinus* è il nome assunto da Romolo dopo l'apoteosi; secondo Doblhofer II p. 92 l'espressione sarebbe in rapporto anche con *Quirites*, il nome che designava i cittadini di Roma con riferimento esclusivo ai rapporti civili), convocava in qualità di presidente l'assemblea dei senatori (i *patres*; *consului* – che istituisce gioco di parole con *colui* – va letto nella doppia accezione di «chiamare a consiglio» e di «consultare, chiedere consiglio a»). Il tratto autobiografico viene quindi sviluppato dal passato – la brillante carriera amministrativa riepilogata nella menzione del suo vertice – al futuro: Rutilio non sa se potrà tornare a Roma, ma si riterrà felice se la città si degnerà di ricordarlo. In questo augurio, quasi un *makarismós* che si raccorda con il proemio (5 sgg.), è probabilmente compreso un riferimento alla sopravvivenza letteraria che gli deriverà dal

NOTE DI COMMENTO 74

poemetto, e in particolare proprio dall'inno che, appena concluso, risulta tale da poter sollecitare riconoscenza.

Rufio Volusiano (165-78).

È il momento della partenza. Secondo l'usanza (Gorce pp. 106 sg.; Doblhofer II p. 95), un piccolo corteo accompagna al porto l'amico che va via (165). E già nel pentametro successivo siamo agli addii, rievocati in un semplice *vale*, che con la sua indeterminatezza esprime il distacco reciproco, in una essenzialità che accentua quell'ansia da cose incomplete, «quel che di inespresso che è in ogni congedo» (Ripellino). Terzo verso (167): una asciutta malinconia nel diluguare degli amici verso quell'orizzonte desiderato che Rutilio abbandona, con uno scambio di movimenti consegnato al gioco etimologico; non è Rutilio, in atto di avviare il suo *reditus* (cfr. v. 1), ma sono loro a 'tornare' (*redeuntibus*), mentre Rutilio si allontana dal centro dei suoi interessi e affetti (*eunti*). Nella compostezza di un dettato di *concinnitas* si consuma la dilacerazione. Resta a consolare l'autore un amico in particolare, Rufio, il cui *cognomen* (cfr. 421) è fortemente rilevato a inizio verso e in *enjambement*. Si avvia così il primo dei panegirici degli amici, lucido specchio della mentalità aristocratica di allora. Nel suo spirito tradizionalista Rutilio ama sottolineare il perpetuarsi del valore di padre in figlio (cfr. 575 sgg. e 597 sgg.), Rufio Volusiano mantiene viva nel nome e nei fatti la gloria di Ceionio Rufio Albino (*praefectus Urbi* in un periodo compreso fra il 17 giugno 389 e il 24 febbraio 391: Doblhofer II p. 96), nonché una nobiltà che risale al rutulo Voluso menzionato da Virgilio. La sua eloquenza ne fa un perfetto funzionario, che certo coronerà col consolato la brillante carriera. Alla separazione, una punta d'arguzia fondata sulla contrapposizione unità-divisione, secondo un tipo di antitesi particolarmente caro alla poesia tardolatina (basti pensare a Claudiano) chiude con tratto epigrammatico la breve digressione.

v. 168.

Rufio Antonio Agrypnio Volusiano fu nella prima giovinezza (173 *puer*; verso il 411-412) *proconsul Africae*, poi *quaestor sacri palatii* (a questa o a una carica di *quaestor principis* si riferiscono i vv. 171 sg.: Castorina p. 167, Doblhofer II pp. 97 sg.), *praefectus Urbi* durante il viaggio di Rutilio (vv. 415 sgg.), e *praefectus praetorio Italiae* (Lana pp. 13-15, Doblhofer I p. 26). È controverso se sia stato prefetto urbano una seconda volta nel 421 «come è attestato da un rescritto dell'imperatore Costanzo III a lui indirizzato nella sua qualità di prefetto urbano» (Lana pp. 17 sg., che accetta tale dato, e cui rinvio per tutta la questione). Chi data il viaggio di Rutilio al 417 ritiene che la sua unica prefettura si sia protratta dal novembre 417 al dicembre 418, e che Flavio Costanzo gli abbia inviato il documento in questione nel 418, quando non era ancora imperatore (si veda Doblhofer I p. 26). Ai tempi del proconsolato d'Africa Volusiano fu corrispondente di san-

LIBRO PRIMO 75

t'Agostino e sembra che gli argomenti contro il cristianesimo agitati da lui e dai suoi amici si possano collocare alle radici della risoluzione agostiniana di scrivere il *De civitate Dei*: si vedano, nell'epistolario di Agostino, le lettere 135 (Volusiano ad Agostino), 136 (Marcellino ad Agostino), 132 e 137 (Agostino a Volusiano); cfr. P. Brown, *Agostino d'Ippona*, trad. it. di G. Fragnito, Einaudi, Torino 1971, pp. 300 sgg.

v. 170.
Il poeta dotto inserisce qui addirittura una esplicita citazione del luogo di Virgilio in cui si parla di passaggio del capo rutulo Voluso (*Aen.* XI 463 sg.: si veda *Enciclopedia Virgiliana*, s. v., vol. V, Istituto della Enciclopedia Italiana, Roma 1990). Si coglie qui un vezzo delle famiglie aristocratiche tardoantiche, che erano comunque di nobiltà recente: ricondursi a genealogie mitiche per suffragare la propria antichità; si veda F. Jacques, in aa.vv., *Società romana e impero tardoantico*, vol. I, pp. 131 sg. (cfr. Doblhofer II 96 sg.).

vv. 171-72.
La *pointe* di Rutilio pone in primo piano la facondia dell'amico, cui la bocca imperiale fa quasi da cassa di risonanza: Rufio diviene nientemeno che la *lingua* che parla nell'*os* del *princeps*.

vv. 174-75.
Poeni («punici, cartaginesi») e *Tyrii* (da Tiro, in Fenicia; e quindi «cartaginesi», con riferimento all'origine fenicia di questi ultimi) sono aggettivi poetici per indicare la provincia d'Africa; nel frammento B *Tyrias ar<ce>s* sta invece per «rocche Tebane» (v. 3; si veda la relativa nota). Tramite l'antitesi *terror-amor* viene sviluppato il motivo topico della fermezza nel governo temperata dalla amabilità (si veda Doblhofer II p. 99).

Attesa in porto (179-204).

Raggiunte le navi, Rutilio attende in porto per quindici giorni (cfr. v. 205) che il tempo migliori. L'episodio trova un parallelo nell'attesa di Triturrita che chiude il primo libro, sí che entrambi vengono a fare da cornice al segmento di viaggio che vi è narrato (Doblhofer I p. 34). La dilazione della partenza, scrive Rutilio, non è pesante, offre infatti occasione per rivolgere spesso con nostalgia lo sguardo alla città ancora vicina: il motivo si avvia con il frequentativo *respectare* e cresce fino al vertice dello splendore (*visu deficiente sequi*; *duces oculi... fruuntur*; *cernere*; *nec... cognoscitur indice fumo*, e i giochi di luce di 197-200). Vi subentrano allora altre sensazioni, sembrando a Rutilio di poter cogliere gli applausi e le voci – fra cui anche quelle di amici – dalla gente che si diverte in quel mentre assistendo agli spettacoli. Il sogno non è abbandonato a un delirio fantastico, ma sorvegliato sui confini dalla consueta vigile ragione (192, 199, 204). Tutto si posa sulla parola *amor*, tratto già di per sé significativo; ma forse, in piú, Rutilio ha qui sfruttato un fortunato gioco di parole che fa di *amor* l'inversione speculare di *Roma*: tocco che risulterebbe particolarmente idoneo alla situazione di chi si è voltato per un ultimo saluto a contemplare la città adorata lasciata alle spalle (Kytzler 1972 p. 608 con pp. 23 e 575, cfr. 1985; Doblhofer II pp. 109 e 247; Korzeniewski pp. 546 sg., che sottolinea l'importanza del pentametro palindromo riportato come di antico anonimo da Sidonio Apollinare *Epist.* IX 14, 4: *Roma tibi subito motibus ibit amor*; con diversi criteri – che possono chiamarsi a confronto per i vv. 307-10 – gioca sulla parola *Roma* anche Claudiano *Get.* 546 sg.).

vv. 179-80.

Rutilio si avvia al *Portus Augusti* (o *Romanorum*, o semplicemente *Portus*) fondato a nord della foce del Tevere da Claudio nel 42 d. C., e poi ampliato con il caratteristico bacino esagonale da Traiano nel 106. Era collegato al Tevere da un braccio artificiale (l'odierno canale di Fiumicino) detto *Fossa Claudia* o *Traiana*; è questo il braccio «a destra» (cfr. Bertotti p. 122) di cui scrive Rutilio, mentre quello «sinistro» è il letto originario del Tevere (oggi Fiumara), il solo che Enea si trovò di fronte (Virgilio *Aen.* VII 29-32: vi si noti il particolare *multa flavos harena*), come Rutilio coglie l'occasione di sottolineare di passaggio, con un tratto che – proprio mentre lascia la città – lo ricollega alla saga della fondazione di Roma. I due bracci formano l'Isola Sacra, che era appunto sacra a Venere (cfr. v. 156). Per tutto ciò Doblhofer II pp. 101-3, con ricca bibliografia.

vv. 183-88.

Rutilio dà qui un'indicazione astronomica problematica. Le *Chelae* sono le branche dello Scorpione; ne risulta incerto se con esse si indichi la costellazione dello Scorpione stesso (ne saremmo condotti a un periodo compreso fra il 19 ottobre e il 17 novembre) o invece la costellazione della Bilancia, ad essa congiunta, secondo il comune uso poetico latino (si andrebbe allora dal 19 settembre al 18 ottobre). Per lo Scorpione decide, con notevole rischio, chi data il viaggio al 415, osservando che il dato del tramonto delle Pleiadi conferma la scelta (è attestato per i giorni 24 e 29 ottobre e 9, 10, 11 o 13 novembre): si veda Lana pp. 27-29. Per la Bilancia decide chi data al 417: il tramonto delle Pleiadi (attestato anche per il 30 settembre) sarebbe in Rutilio un tratto puramente ornamentale per indicare il maltempo che vi viene tradizionalmente collegato (si vedano Cameron p. 35, Doblhofer II p. 104). Riepilogo della questione in Doblhofer I pp. 36 sg. (per il 417) e Corsaro 1981 pp. 11 sgg. (per il 415). Il maggior pallore del cielo (v. 184) indica poeticamente l'accorciarsi del giorno. Non credo che *cadere* possa valere con Doblhofer «irrompere, scatenarsi» («hereinbrechen»: I p. 103 e II pp. 104 sg.) né mi pare insostenibile *cadit* assegnando a entrambi i *dum* il valore di «mentre» (come pensa Castorina p. 169, che rende il secondo con «finché»); una (consueta) antitesi oppone l'infuriare della costellazione (*saevit*) al venire meno della tempesta che si realizza progressivamente con l'attesa (*cadit*), facendo coincidere nel verbo, per anfibologia, la sua completa cessazione

LIBRO PRIMO 77

con il completo tramontare degli astri (*cadere* ha appunto anche questo valore).

vv. 189-92.
Il luogo presenta qualche difficoltà interpretativa, soprattutto a causa del v. 191: la proposta di Baehrens di correggere *fruuntur* in *feruntur* è stata giustamente scartata da tutti gli editori; e certamente Frassinetti 1972 si è riallacciato all'esegesi che vi era implicita, ritenendo che a far da *duces* siano i profili dei monti, e costruendo evidentemente *et qua (montes) duces (sunt), oculi fruuntur etc.* La maggior parte degli interpreti ritiene che a far da guida siano gli occhi (notevole il parallelo di *Aetna* 189 *oculique duces rem credere cogunt*; cfr. anche Properzio II 15, 12 e Draconzio *Laudes Dei* III 697), ma non è sempre chiaro come intendano costruita la frase. In base alla traduzione sembra doversi ad esempio ricavare che Castorina interpreti *et qua oculi (sunt) duces, fruuntur*; mentre le versioni di altri (ad esempio i Duff, Vessereau-Préchac, Gelsomino 1972) sembrano presupporre che *qua* dipenda da *respectare iuvat*, cosa non impossibile visti gli usi rutiliani (ripercorribili al relativo lemma dell'*Index* di Doblhofer I, in questo caso non del tutto preciso).

vv. 195-96.
La citazione dalle prime battute dell'*Odissea* (I 57-59: Calipso trattiene Odisseo e cerca di fargli dimenticare Itaca, αὐτὰρ Ὀδυσσεύς, | ἱέμενος καὶ καπνὸν ἀποθρώσκοντα νοῆσαι | ἧς γαίης, θανέειν ἱμείρεται, «ma Odisseo, che desidera di poter riconoscere almeno il fumo della sua terra innalzarsi verso il cielo, vorrebbe morire»; cfr. anche X 29 sg.) si arricchisce di un'allusione, lasciando al lettore dotto il piacere di riconoscere che l'esperienza dell'eroe omerico giunge ai versi rutiliani attraverso le nostalgie di un altro esule, Ovidio: *Pont.* I 3, 33 sg.: *non dubia est Ithaci prudentia; sed tamen optat | fumum de patriis posse videre focis* (cfr. Maaz p. 247; si veda anche sotto, a 201 sg.). Questo non significa necessariamente che Rutilio avesse di Omero solo una conoscenza indiretta; il punto è discusso da Doblhofer I pp. 49-51 (cfr. anche Maaz pp. 241 sg. e nota 47), che mostra come tutti i luoghi omerici ricorrenti in Rutilio gli possano essere giunti per la mediazione della tradizione letteraria successiva, in particolare latina. Resta verosimile che la lettura dei poemi omerici conservasse il suo spazio nella formazione di un aristocratico colto di ambiente pagano; ed essi paiono anzi occupare un posto di rilievo per Rutilio, se si compiace di ricorrervi sistematicamente al termine di ciascuno dei due attacchi al monachesimo (si vedano 439 sgg., 515 sgg. e note); quasi opponendo regolarmente – per esprimersi in termini radicali – a Cristo Omero. Mi sembra inoltre probabile che, accingendosi a un racconto di viaggi, Rutilio abbia posto una particolare attenzione agli *errores* di Odisseo, cosí come mostra di aver ben presenti quelli degli eneadi e di Ovidio, che piú volte ricalca. Secondo Doblhofer (I p. 50) questa particolare citazione di Omero potrebbe dipendere, poi, da una lettura della precettistica retorica per la poesia d'occasione, ad esempio da Menandro retore, che ne raccomanda l'impiego per il *syntaktikòs*

NOTE DI COMMENTO

lógos. L'ipotesi rientra in quella che mi pare una generale sopravvalutazione della possibile presenza di simili insegnamenti nel *De reditu suo* (si veda sopra, ai vv. 47-164). Se in ogni caso, e nonostante l'evidente precedente ovidiano, Rutilio, che non è certo un semplice poeta d'occasione asservito agli schemi, può aver letto il retore Menandro, non si capisce perché non dovrebbe aver letto anche direttamente Omero. A mio parere restano i poeti, non i retori di scuola, il punto di riferimento fondamentale del poemetto.

vv. 201 sgg.

Anche questi versi hanno sollevato incertezze in connessione con la questione della datazione. Chi si schiera per il 415 sottolinea che, se nel periodo dell'anno interessato cadevano vari ludi circensi, la menzione dei *theatra* restringe drasticamente la scelta, potendo Rutilio riferirsi solamente ai ludi plebei, che si svolgevano alla sua epoca per cinque giorni attorno alle idi di novembre (Lana pp. 31 sg., Corsaro 1981 pp. 16 sg.). I sostenitori del 417 sostengono che Rutilio abbia inteso riferirsi solo a giochi circensi, e che comunque il dato degli applausi, sicuramente non udibili a tale distanza, è un tratto di fantasia e non va tenuto in alcun conto (Cameron p. 34). Non va dimenticato che per questi versi ha grande rilievo un modello ovidiano: *Tristia* III 12, 23 sg. *scaena viget, studiisque favor distantibus ardet:* | *cumque tribus resonant terna theatra foris* (cfr. al v. 195). Tuttavia resta ampiamente possibile che Rutilio abbia lavorato di immaginazione, ma in margine a dati concreti di cui era al corrente (cfr. Corsaro 1981 pp. 18 sg., con riepilogo della questione).

Palladio e Esuperanzio (205-15).

La piccola compagnia di Rutilio si assottiglia ancora. Dopo il grosso degli amici, dopo Rufio Volusiano, ritorna a Roma anche Palladio, di cui siamo messi al corrente solo ora che si congeda. Comparendo nella galleria dei personaggi notevoli, l'amico e parente va a formare una coppia di statue col padre, Esuperanzio, mentre Rutilio resta ormai solo coi familiari piú stretti e tutte le sue cose dinanzi al suo viaggio. E anche in questo caso si afferma nitidamente il valore esemplare della coppia: il padre è un alto funzionario militarmente impegnato nella restituzione dell'ordine sociale (il *postliminium pacis*), il figlio un giovane brillante che è venuto a formarsi con zelo e impegno alle fonti stesse di quel diritto che il padre ristabilisce (cfr. Lana p. 74). A ciò si aggiunge una terza dimensione, una 'profondità', poiché Palladio è anche figlio – per affetto – di Rutilio stesso.

vv. 205-6.

L'indicazione dell'attesa della luna nuova ha assunto un notevole peso nel dibattito sulla datazione del viaggio: si vedano Lana pp. 27 sgg. e 85 sgg. e Cameron (cfr. nota a vv. 633-38).

v. 208.

Si è cercato variamente di identificare questo Palladio parente di Rutilio; fra le varie, non comprovabili ipotesi si è pensato al Palladio Rutilio Tauro Emiliano autore di un *Opus agriculturae* (si vedano Dalmasso, Castorina p. 172, Doblhofer I p. 24). Non siamo in grado di precisare che tipo di parentela esattamente lo legasse a Rutilio. Sembrerebbe trattarsi di una parentela piuttosto stretta, se questi lo dice speranza e decoro della sua stirpe; la mancanza di ulteriori specificazioni potrebbe lasciar pensare che essa procedesse da quel ramo femminile che, come è noto (cfr. Doblhofer I p. 24), appare nel poemetto programmaticamente escluso da ogni menzione. Credo che l'espressione *studiis urbique remitto* istituisca un gioco sul nome di Palladio (cfr. al v. 213), che evoca Pallade Atena, dea tutelare della sapienza e degli *studia*, e la sua celebre statua, il *Palladium* che – già garanzia della integrità di Troia (Virgilio *Aen.* II 164 sgg.) – i Romani sostenevano di aver ereditato per merito di Numa, e di custodire nel tempio di Vesta (Floro *Epit.* I 1 [2], 3; cfr. anche il Servio Danielino *ad Aen.* VII 188 e Doblhofer II p. 281 in calce al v. 255 di Rutilio). Mentre Keene p. 193 pensò che Palladio potesse esser venuto a salutare Rutilio non fra gli amici di cui sopra (169 sgg.), ma in un momento successivo, Doblhofer II p. 111 ritiene che Rutilio abbia distinto gli amici (di cui l'ultimo a congedarsi è Rufio Volusiano) dai parenti (l'ultimo a lasciarlo è Palladio). Può essere, ma va sottolineato come Rutilio lavori 'in negativo'; li ricorda solo all'addio, non prima, cosí come non fa parola di coloro che restano insieme a lui. Non darei quindi molto rilievo alla presunta contraddittorietà fra 207 sg. e 167-78.

vv. 213 sgg.

Di Esuperanzio sappiamo solo da Rutilio: è un suo parente che al tempo del viaggio riveste nelle Gallie un'alta carica (a quanto pare militare, come *dux tractus Aremoricani et Nervicani*, cfr. Stein p. 269) che lo autorizza a fare fronte ai disordini dell'Armorica, la zona nord-occidentale che corrisponde oggi all'incirca a Bretagna e Normandia; a sedare cioè moti separatisti iniziatisi attorno al 408, cui pare si intrecciassero rivolte sociali di coloni e schiavi contro i grandi proprietari terrieri (cfr. v. 216) – le sollevazioni che si usano indicare con il termine di *Bacaudae*, e cui si riferisce anche un celebre passo del *Querolus* (p. 32, linee 14 sgg. Corsaro = p. 17, linee 11 sgg. Ranstrand). Su tutto ciò, oltre a Jones pp. 240 sg., si vedano Lana pp. 74 sgg. e Doblhofer I pp. 24 sg., II pp. 113 sg., cui si rinvia anche per la discussione delle proposte di identificare Esuperanzio con un corrispondente di Girolamo (*Epist.* 145) o con il Giulio Esuperanzio autore del *De Marii Lepidi ac Sertorii bellis civilibus*, oggi generalmente respinte. Non si sa nulla di preciso sugli eventuali successi di Esuperanzio; i moti bagaudici di Armorica non paiono comunque totalmente sedati, se ancora nel 435 avviano focolai di rivolta sotto la guida di Tibattone (Jones pp. 242 sg.). Doblhofer (II p. 113) si chiede se Rutilio impieghi il nome *Exuperantius* quasi come un nome parlante, giocando sul verbo *exsuperare* «vincere» che ne è radice etimologica: l'ipotesi mi pare convincente, data l'inclinazione di Rutilio per simili elaborazioni, palese in alcuni casi (234 *Inuus*, 281 *Graviscae*, 293 *Portus Herculis*, 263 sgg. *aítion* delle *Thermae Taurinae*, 169 sg. perifrasi per *Volusianus*, 273 il riferimento erudito per *Valerius Messalla*, 299 e 312 per i Lepidi, il gioco su *Mediolanum* nel fr. A, v. 6) e congetturabile con buone probabilità in altri (208 *Palladius*, 243 menzione dei *navalia* per *Centumcellae*, 505 *Victorinus*, forse 307 sgg. *Postumus Dardanus*, nonché 518 a proposito della Gorgona: si veda in merito la *Nota al testo*, paragrafo 2; cfr. al v. 227 per *Castrum* e a 285-90 per *Cosa*). In *postliminium* Rutilio doveva sentire l'originario valore giuridico di rientro in patria con ogni diritto dopo l'esilio o la prigionia (Castorina p. 173; contro Doblhofer II p. 114).

Prime località avvistate (217-36).

All'alba, la partenza per la prima giornata di navigazione (18 novembre 415; o 29 ottobre 417 secondo la cronologia seguita da Cameron e Doblhofer, che riporto nel seguito: Carcopino p. 254 era per il 31 ottobre, ipotesi preferita anche da Bartalucci 1980 p. 404), da *Portus* a *Centumcellae* passando davanti a *Alsium*, *Caere*, *Pyrgi*, *Castrum Novum* ('*Inui*'), per un totale di 43 miglia (si veda Lana p. 117). Le prime località che scorrono lungo il litorale si potrebbero dire fasciate di tempo; il passo accumula sul tratto di costa il peso di una lunghissima serie di anni, stendendo quasi una coltre di polvere, di vetusto prestigio, sui pochi nomi e le rovine che affiorano: 224 *nunc... prius*, il v. 226 (si veda Castorina p. 175), 227 *tempore*, 228 *vetusta*, il v. 231. In questa prospettiva di sguardo a distesa sulle epoche trascorse assumono particolare rilevanza i richiami allusivi alle grandi fonti poetiche, con le relative chiose dotte accumulate dagli esegeti antichi. Sia ricordato qui nei suoi tratti essenziali un luogo che Rutilio si pose certo davanti preliminarmente al viaggio o perlomeno al resoconto di esso, cioè il catalogo dei contingenti etruschi intervenuti al fianco di Enea in Virgilio (*Aen.* X 162 sgg.), dove ricorrono molti dei luoghi da Rutilio costeggiati: 168 *quique urbem liquere Cosas...*; 172 sgg. *sescentos illi dederat Populonia mater | expertos belli iuvenes, ast Ilva trecentos | insula inexhaustis Chalybum generosa metallis...*; 179 sg. *hos parere iubent Alpheae ab origine Pisae | urbs Etrusca solo...*; 183 sg. *qui Caerete domo, qui sunt Minionis in arvis, | et Pyrgi veteres intempestaeque Graviscae*.

Il tempo e le rovine, con Virgilio quale guida poetica e manuale di geografia storica che offre occasioni per intarsi preziosi; su questo sfondo il quadretto affaccia alla conclusione un che di vitale e durevole, animando la solitudine attonita dei fotogrammi che slittano indietro silenziosi al trascorrere della nave: la statua di un dio lubrico e priapico che, nelle solitudini, sta a ricordarci il perpetuarsi delle generazioni.

LIBRO PRIMO

vv. 218-22.

Rutilio specifica innanzitutto di aver optato per un viaggio a piccole tappe lungo la costa con una flottiglia di *cymbae* (erano barche adatte alla navigazione e al trasporto fluviali, non all'alto mare, di media dimensione, dotate di vele e remi: si vedano Gorce pp. 100 sg., Vessereau pp. 12 sg., Lana p. 106, Castorina pp. 173 sg. che rinvia a I 179, e L. Casson, *Harbour and River Boats in Ancient Rome*, in «Journal of Roman Studies», 25, 1965, pp. 31-39, con illustrazioni), piuttosto che per un viaggio d'alto mare su una grossa oneraria, che lungo la rotta normale – da *Portus* attraverso le Bocche di Bonifacio – avrebbe richiesto d'estate e con navigazione regolare tre giorni (Casson 1978 pp. 112 sg.). L'*autumnus* cominciava per i Romani l'11 agosto e si protraeva fino al 9 novembre: si veda Lana p. 37 nota 98, con discussione dei luoghi rutiliani (cfr. I 634); si ricordi che Rutilio viaggia in periodo di cosiddetto *mare clausum*, cioè in quella fase dell'anno in cui era sconsigliabile – non già obbligatorio – affidarsi al mare (da ottobre a maggio circa: si vedano Casson 1978 p. 120 e E. de Saint Denis, *Mare clausum*, in «Revue des études latines», 25, 1947, pp. 196-214, con ineccepibile dimostrazione, tuttora trascurata da Paglieri p. 92). Doblhofer II p. 116 richiama l'attenzione sulla doppia antitesi estate contro autunno e penetrazione in alto mare contro fuga; ritiene anche che i parenti piú prossimi di Rutilio non viaggiassero con lui, altrimenti egli li avrebbe menzionati: di questo non mi sembra si possa essere sicuri.

vv. 223-24.

Sulle località che Rutilio non cita (ad esempio *Lorium* e *Fregenae*), su *Alsium* (oggi Palo) e *Pyrgi* (accanto all'odierna Santa Severa), come in genere sul tema delle rovine, già caro ad Avieno (*Ora maritima* 270 sgg., 476 sgg., 509 sgg., 527 sgg.) e su altri passi classici dove si confrontano l'*ora* e l'*allora* si veda Doblhofer II pp. 117-19. Sull'apparente imprecisione per cui la citazione di Pirgi precede quella dei *Caeretani fines*, mentre Cere è piú a sud di Pirgi e 4 km circa nell'interno, si vedano Lana pp. 108 sgg., Castorina p. 175: Rutilio ha estrapolato il segmento geografico e lo ha disposto sui vv. 223-26 secondo un diverso ordine mentale, accostando Alsio e Pirgi in quanto unite dal motivo 'un tempo villaggi, ora solo serie di grandi ville' (un verso celebre e molto citato: si vedano Merone 1950 pp. 153 e 156, Lana p. 109 nota 25, Castorina p. 175) e staccando Cere, come a sottolinearne la collocazione all'interno e meglio applicarvi la relativa variazione erudita. Va notato che il primo distico riservato alla descrizione della vera e propria navigazione (224 sg.) si riallaccia strettamente al momento in cui gli eroi di Virgilio lasciano la Tracia (*Aen.* III 72): *provehimur portu terraeque urbesque recedunt*. Cosí, secondo i moduli sofisticati della implicazione, il momento vero e proprio di uscire dal porto non è da Rutilio descritto, ma mantenuto fra le pieghe del dettato e lasciato da cogliere a chi fosse in grado di operare immediatamente l'accostamento poetico a quegli altri *exilia* (*Aen.* III 4: tutto l'inizio del libro va tenuto presente), a integrazione e completamento del quadro quasi in un dittico. Cfr. anche Maaz pp. 237 sg., che per il v. 225 chiama in causa *Aen.* III 690 sg.

vv. 225-26.

Il nome di città sollecita come al solito Rutilio, questa volta non nella direzione di un gioco etimologico, ma in quella di una precisazione storica: e non è difficile cogliere cosa l'abbia provocata. Si è già visto come *Caere* (oggi Cerveteri: dati e bibliografia in Doblhofer II pp. 119 sg.; si aggiunga il primo volume della pubblicazione *Caere* a cura del C.N.R. e del Ministero per i Beni Culturali e Ambientali: M. Cristofani e G. Nardi, *Il parco archeologico*, con un contributo di M. A. Rizzo, C.N.R., Roma 1988) ricorra nel catalogo virgiliano ad *Aen.* X 183; Rutilio non può certo trascurare che in un altro passo Virgilio vi si riferisce con il vecchio nome (*Aen.* VIII 478-80): *haud procul hinc saxo incolitur fundata vetusto | urbis Agyllinae sedes, ubi Lydia quondam | gens, bello praeclara, iugis insedit Etruscis* (cfr. anche VII 652 *Agyllina ... ex urbe*). Così i due nomi (e le due memorie virgiliane) si ripartiscono equamente il distico.

vv. 227-28.

Rutilio nomina ora *Castrum*, cioè *Castrum Novum* non lontano dall'attuale Santa Marinella, dove oggi è Torre Chiaruccia; ne restano rovine, parzialmente sommerse: si veda Doblhofer II p. 121 con bibliografia. Come ha mostrato Lana pp. 113 sgg., Rutilio non si è confuso qui con il *Castrum Inui* a sud di Roma, nei pressi di Ardea (così Vessereau p. 259 nota 1); ma ha proprio inteso dire che *Castrum Novum* si sarebbe un tempo chiamato *Castrum Inui*, rifacendosi a una posizione erudita a lui coeva. Infatti, commentando Virgilio *Aen.* VI 775 *Pometios Castrumque Inui Bolamque Coramque*, Servio scrive *una est in Italia civitas, quae Castrum Novum dicitur: de hac autem ait 'Castrum Inui', id est Panos, qui illic colitur*. Secondo Doblhofer, Rutilio ha qui impiegato una terminologia di carattere militare (228 *porta*; 229 *praesidet*) e ciò renderebbe particolarmente plausibile l'integrazione <*expugnatum*> proposta da Baehrens (cfr. la *Nota al testo*); il gioco sarebbe effettivamente in linea con le tecniche da Rutilio predilette.

vv. 229 sgg.

Lana conclude la sua analisi chiedendosi se la statua di *Inuus* a *Castrum Novum* non sia in realtà «una bella invenzione di Rutilio» (p. 116), a partire dal dato erudito cui si è rifatto. La cosa resta a rigore possibile nonostante le obiezioni di Castorina p. 177; questi sottolinea che forse *Castrum Novum* era stato «fondato proprio dagli abitanti di *Castrum Inui*, i quali vi avrebbero naturalmente portato il loro culto per Inuo». Di fatto non possiamo stabilire se la statua vi fosse realmente, se Rutilio ne fosse al corrente per altra via, cosa abbia effettivamente potuto scorgere dal mare, colorando magari con la dottrina qualche rovina appena intravista. Ciò che resta comunque evidente è che, cogliendo lo spunto contingente, Rutilio vi ha ricama-

LIBRO PRIMO

to attorno una pagina di preziosismo. Lo si comprenderà meglio avendo sott'occhio il seguito dello scolio serviano sopra citato: *Inuus autem latine appellatur, graece* Πάν: *item* Ἐφιάλτης *graece, latine Incubo: idem Faunus, idem Fatuus, Fatuclus. Dicitur autem Inuus ab ineundo passim cum omnibus animalibus, unde et Incubo dicitur.* A 231 sg. Rutilio recupera – in parallelo con quanto fatto per Cere a 225 sg. – il dato 'storico' riflesso dalla prima parte dello scolio; a 233 sg. lavora sui dati della seconda parte. L'identificazione del dio *Inuus* si configura in una tipica alternativa *seu-sive*; nell'esametro compare Pan, individuato come greco dalla menzione del monte Menalo, in Arcadia, a lui sacro (cfr. Virgilio *Georg.* I 17 e *Ecl.* VIII 22 sgg.); il pentametro propone antiteticamente quale indigeno il dio *Faunus*. Inoltre, nell'esametro il verbo *mutare* rinvia immediatamente il lettore scaltro all'inizio dell'ode I 17 di Orazio, dove il dio parimenti «muta» il monte arcade Liceo (il Menalo ha il vantaggio di allitterare) con quello sabino vicino alla villa del poeta (1 sg. *velox amoenum saepe Lucretilem* | *mutat Lycaeo Faunus*); nel pentametro, il verbo *init* – con raffinatezza tanto piú sofisticata in quanto il nome del dio è proprio quello oraziano *Faunus* – rinvia all'etimo riportato da Servio *Inuus ab ineundo* (cfr. Doblhofer II p. 123, dove per *sinus patrios* si richiama anche il confronto con Ovidio *Met.* VI 608 *Maenaliosque sinus*).

Centocelle (237-48).

Il primo giorno di viaggio ha lasciato scorrere dinanzi agli occhi le varie località offrendo spunti per variazioni dotte o preziose che ricapitolano come nello spazio di una miniatura le tecniche predilette di Rutilio. Gli stessi giochi a 'espandere' il senso di nomi e parole, lo stesso gusto di elaborare temi semantici venati di contrasti e collegati da passaggi sofisticati si coglie nel dittico dedicato a quella sera: l'approdo a un porto tranquillo, un'escursione tonificante alle Terme.

v. 237.

Poiché l'Austro è vento da sud, e dunque in teoria favorevole alla navigazione di Rutilio, si è imposta l'interpretazione di Lana pp. 116 sg. che attribuisce all'ablativo un valore concessivo: «pur con un forte vento del sud» (traduce Castorina p. 95), Rutilio fa scalo a Centocelle, per visitare le Terme del Toro (Lana) o per l'assenza di scali migliori nel tratto immediatamente successivo (Castorina; si veda anche Doblhofer II p. 124). Ho scelto una resa piú indeterminata, non essendo del tutto convinto; mi resta l'impressione che Rutilio avrebbe espresso piú chiaramente una simile congiuntura (cfr. 321-24, 341 sgg., 541 sg.), e che in *forti Austro* possa comunque intendersi un che di minaccioso (pericolosità di un vento troppo violento, o conseguente agitazione del mare) che troverebbe la sua canonica contrapposizione nel quadro di tranquillità del pentametro.

vv. 239 sgg.

Storia e descrizione del porto di *Centumcellae* – ritratto ancora in co[s]truzione da una lettera di Plinio il Giovane (VI 31, 15 sgg.) – in Dobl[](hofer II pp. 124 sgg., con ampia bibliografia (cfr. anche Maaz pp. 23[9] sg.). Stilisticamente parlando, al tema della bipartizione (due ingres[]si, due lati dell'isola, due torri) si intreccia l'antitesi fra il *pandere utrumque latus* e l'*artare fauces* che ne risulta (cfr. una analoga antites[i] a 317 sg.). Come ricorda Doblhofer (II p. 126), si ritiene che il port[o] derivi il nome dal grande numero di *navalia* (le νεώσοικοι dei Greci letteralmente le «case per navi»), detti anche *cellae*. Non mi sembr[a] improbabile che lo stesso Rutilio, chiamando in causa i *navalia* gio[] casse su questa etimologia, secondo un tipo di elaborazione poetic[a] che apparenta l'insieme *Centumcellae-navalia* con quello *Castrum Inui - Faunus init* considerato sopra (a 231 sgg.). Accanto alle *cellae* stanno in fondo al porto anche le *aedes*, cioè le case vere e propri[e] (Castorina p. 179 con Helm p. 23), in mezzo alle quali l'insenatur[a] viene infatti «invitata»: una scelta lessicale assai indicativa dello spi[]rito di finezza con cui Rutilio cesella i suoi versi, lavorando su armo[]nici spesso sciupati in traduzioni-glossa.

vv. 247-48.

Da un'antitesi (instabili arie contro acque ferme) scaturisce una simi[]litudine, che chiama in causa i placidi specchi di Cuma (colonia d[i] Calcide in Eubea, donde l'aggettivo doppiamente dotto, in quanto cumula al tratto erudito l'allusione a Virgilio *Aen.* VI 2 *Euboicis Cumarum adlabitur oris*). L'improvvisa apparizione della città campan[a] è notevole per vari rispetti: con Baia e Pozzuoli era fra i luoghi di va[]canza prediletti dall'aristocrazia romana, da quella società, cioè, ch[e] è il principale destinatario del poemetto (vivace un capitolo di Casson 1978 al riguardo: pp. 110 sgg.; per l'elegia che il Sannazaro scrisse sulle rovine di Cuma si veda Merone 1950 p. 157). Secondo me qui Rutilio affaccia quasi di soppiatto, fra le trame di una sofisticata elaborazione letteraria, il concreto ricordo di gradevoli momenti passa[]ti; e mi piace accogliere per *natatus* il valore proprio di «nuotate», non quello eccezionale di «piscine» che verrebbe ad assumere qu[i] secondo Castorina (pp. 97 e 179) e Doblhofer II p. 128 («außer Zweifel»: ivi il rinvio a E. Mehl, *Antike Schwimmkunst*, Heimeran, München 1927). Se poi Rutilio pensi a bagni termali (com'è piú probabile[;] e cfr. Schuster II pp. 152 sg.) o invece di mare, non saprei precisare ulteriormente. È un fatto che però di Cuma erano celebri le terme, e co[]sí ecco che il distico, mentre chiude il brano su Centocelle, viene a introdurre per associazione di idee la elaborazione successiva, relativa alle Terme del Toro. Ponendomi da un punto di vista genetico, mi spingerei anzi a supporre che proprio l'imminenza di questo episo[]dio abbia suggerito a Rutilio come finale la sorprendente similitudine che aggetta su momenti di spensieratezza e di svago attinti forse a un passato comune a lui e ai suoi amici.

LIBRO PRIMO

Le Terme del Toro (249-76).

La menzione di Cuma, luogo di vacanza amato dall'aristocrazia romana, prepara l'episodio della visita alle *Aquae Tauri* o *Thermae Taurinae* (oggi Terme del Toro; ne restano rovine: Doblhofer II pp. 128 sg.), elaborato quanto ad articolazione interna. Il gusto di Rutilio per la variazione sinonimica si applica ai temi dell'acqua (*latices, lympha, aquae, investigato fonte, lavacra, freta, fons, nymphas*) e del fuoco (*flagrantia, ardentis dona... soli*; cfr. *spiracula*, nel senso di «atmende Pören»: Schmid 1961 p. 214) finché non entra in campo l'*aition* delle Terme, con il connesso motivo degli animali (*taurus, faciem... et arma iuvenci, pecudem, ungula equi*), che porta a dire della fonte delle Muse sull'Elicona. Può allora agevolmente inserirsi la digressione sulla poesia di Messalla, che piega a sua volta in un piccolo encomio poetico di Messalla stesso, giocato fra arti del governo e arti dell'intelletto. Valerio Messalla apparteneva alla cerchia di Simmaco, che gli indirizza dodici lettere (*Epist.* VII 81-92) in cui trova modo di lodarne cultura ed eloquenza, e di citarne la carica di *praefectus praetorio* (nel 399-400). Vanta nobiltà di nascita, sebbene sia una esagerazione (cfr. sopra, a I 170) la sua pretesa discendenza da quel Valerio Publicola che, una volta che L. Tarquinio Collatino ebbe rinunciato all'incarico, venne a formare con L. Giunio Bruto la prima coppia di consoli (Livio II 2, 11 e 8, 1; si vedano Doblhofer I 26, II 134 sg.).

vv. 249 sgg.

L'espressione *nosse iuvat* lascia pensare che Rutilio visiti per la prima volta le Terme del Toro; queste peraltro dovevano essere ai suoi tempi famose, e in particolare nella sua cerchia, se Messalla vi aveva dedicato il carme di cui oltre, e si trovano celebrate anche in uno degli *Epigrammata Bobiensia* (n. 38) che sviluppa in termini vicini a quelli di Rutilio il tema del contrasto acqua-fuoco, peraltro ampiamente prevedibile (cfr. anche Claudiano *Carm. min.* 26 = *Aponus*; si veda Doblhofer II pp. 130 e 133 sg.): per questo punto Schmid 1961.

vv. 257-62.

L'immagine del toro ha notevoli precedenti poetici in Virgilio *Georg.* III 232 sgg. (cfr. 255 sg.) e *Aen.* XII 103 sgg. e in Lucano II 601 sgg. La seconda alternativa ci riconduce al mito di Zeus che, mutatosi in toro, rapisce Europa figlia di Agenore re di Fenicia, portandola in groppa attraverso i flutti fino a Creta (Orazio *Carm.* III 27, 25 sgg.; Ovidio *Met.* II 846 sgg.).

vv. 263 sgg.

L'*aition* sull'origine delle Terme, ricavato dal loro nome – che però derivava forse da un qualche personaggio di nome *Taurus* ad esse collegato: Ussani 1910 pp. 361 sg., Schmid p. 236 nota 5, Doblhofer II p. 129 –, evoca il celebre *aition* della fonte Ippocrene in Beozia, che sgorgò per un colpo dello zoccolo di Pegaso, ed era sacra alle Muse, dette anche *Pieriae* o *Pierides* (cosí come si usa l'aggettivo *Pierius* per ciò che a loro si riferisce: v. 267) a causa del loro legame, variamente specificato dal mito, con il personaggio di Pieros. L'Italia ha dunque un suo prodigio da contrapporre a quello quasi incredibile esibito dalla Grecia (cfr. sopra al v. 100). Indipendentemente da come si sciolga il nodo dell'interpretazione di *quoque* al v. 267 (ho seguito Doblhofer; Keene p. 198 e Castorina p. 183 preferiscono collegarlo ad *ager*) doveva trattare questo punto la stessa composizione di Messalla affissa ai *sacri postes* (è incerto se si alluda all'ingresso delle Terme o di qualche loro particolare edificio: a un Ninfeo pensa Schmid 1961 p. 242; cfr. Doblhofer II p. 134). Siamo al momento in cui il discorso slitta dalle Muse all'amico poeta. Il giro di frase rutiliano, con *ager* per soggetto, potrebbe secondo me lasciar pensare che in quella composizione fosse lo stesso *ager* a prendere la parola e a raccontare la propria vicenda (non necessariamente *ager* sta qui per Messalla stesso, come vuole Doblhofer II p. 133, il quale ritiene potesse figurare nel carme la parola *nobilis*).

vv. 271 sgg.

Il panegirico di Messalla copre tre distici anaforicamente aperti da *hic*; l'ultimo ripropone la celebre sentenza di Catone (*Ad fil. Marc.* fr. 14, cfr. Doblhofer II p. 135) *orator est, Marce fili, vir bonus dicendi peritus*. L'importanza di essere *bonus* torna in Rutilio I 597 sg. e 606; ai *boni* si contrappongono i *mali*: si veda 606, e cfr. il caso dei Lepidi (vv. 312 e 308).

Paludi di Gravisca, topi di Cosa (277-92).

Comincia, con una delle caratteristiche albe, il secondo giorno di navigazione (19 novembre 415 o 30 ottobre 417): da Centocelle Rutilio scorre davanti alla foce del Mignone, Gravisca e Cosa – tutte località menzionate da Virgilio nel catalogo dei contingenti Etruschi che si uniscono a Enea –, e approda a Porto Ercole dopo aver percorso circa 50 miglia (Lana p. 118).

v. 279.

Il *Munio* è l'odierno Mignone; cfr. Doblhofer II pp. 136 sg.

vv. 281-84.

Gravisca è oggi Porto Clementino (bibliografia in Doblhofer II p. 137). Il nome offre a Rutilio lo spunto per uno dei suoi tipici giochi eruditi. In Virgilio, con riferimento appunto ai dintorni paludosi, si legge *intempestaeque Graviscae*, «e la malsana Gravisca» (*Aen.* X 184); il commento di Servio riporta questa notizia: *intempestas ergo Graviscas accipimus pestilentes secundum Plinium in naturali historia* [rinvio che però non ha riscontro nell'opera cosí come ci è pervenuta] *et Catonem in originibus, ut intempestas intellegas sine temperie, id est tranquillitate: nam, ut ait Cato, ideo Graviscae dictae sunt, quod gravem aerem sustinent*. Rutilio, che probabilmente conosce il commento di Servio (cfr. al v. 236), ed è in ogni caso al corrente dell'etimologia, 'sviluppa' l'aggettivo *gravis* «pesante» nel verbo *premit* «schiaccia, opprime», porgendo cosí il dato erudito solo fra le righe

LIBRO PRIMO 87

ai suoi lettori piú accorti. Ancora una volta egli si attende da questi giochi preziosi lo stesso piacere del riconoscimento, lo stesso compiacimento per la decifrazione di un tratto 'segreto', che il suo lettore può provare nell'identificare il rinvio a un particolare passo della tradizione poetica precedente, ovvero ciò che comunemente si definisce un episodio di arte allusiva. Per l'immagine dei pini che si rispecchiano nell'acqua si vedano i paralleli in Doblhofer II p. 138; *ad Aen.* VIII 96 *viridisque secant placido aequore silvas* Servio ci conserva un frammento, forse di Tiberiano, su cui Mattiacci pp. 206-8 (e 61 e 90 con altri riscontri); da vedere una sorta di esasperazione comica del motivo nella *Storia vera* di Luciano (42).

vv. 285-90.

Dalla città 'morente' di Gravisca a quella 'morta' di Cosa (vicino all'odierna Ansedonia nei pressi di Orbetello; dava il nome di *Cosanus* sia al porto successivamente chiamato *Herculis* sia al monte che poi prese nome *Argentarius*: Castorina pp. 185 e 189, Doblhofer II pp. 138 sgg., con bibliografia). Sul suo spopolamento a causa dei topi non abbiamo altre fonti; qui Rutilio, in mancanza di altri dati, si sarebbe rifugiato nel favoloso, ma offrendo prova di un suo atteggiamento critico razionalistico (Boano p. 67 e Doblhofer II p. 140). Forse la scelta lessicale *causam* a chiudere il v. 287 intende istituire un gioco di parole con il toponimo *Cosa* collocato a chiudere il pentametro subito precedente.

vv. 292-93.

Il motivo della guerra fra le gru e il popolo africano dei Pigmei (cioè «alti un pugno») aveva probabilmente ai tempi di Rutilio un carattere proverbiale. Risale all'inizio del III libro dell'*Iliade* (vv. 1-7); fra gli autori latini si vedano in particolare Giovenale XIII 167-70 e Claudiano *Gild.* 474-76. Il v. 292 intende anche sottolineare probabilmente il carattere bellicoso che si riteneva fosse proprio delle gru: si veda Doblhofer II p. 142.

Porto Ercole (293-312).

La seconda giornata di viaggio si conclude al *Portus Cosanus* o *Portus Herculis* (oggi Port'Ercole). Anche qui lo sfondo pare occupato da rovine (cfr. Doblhofer II p. 143), ma l'attenzione di Rutilio, che liquida rapidamente anche l'*aítion* del nome, cade principalmente su di un tema politico: se dobbiamo prenderlo in parola, il luogo gli suggerisce di ripercorrere con qualcuno dei suoi innominati compagni di viaggio le vicende della stirpe dei Lepidi. Ne viene in realtà un'invettiva che ha per bersaglio uno, o forse piú membri, dei Lepidi a lui contemporanei. Il tessuto elegiaco si apre allo sfogo vituperativo, come già era avvenuto per l'Ovidio dell'esilio (si veda l'*Ibis*, in particolare vv. 43 sg.), e come si tornerà a fare piú oltre (I 381 sgg., 439 sgg., 515 sgg., 607-12, II 14). Alcuni studiosi sottolineano come Rutilio si dimostri molto bene informato, fino nei particolari, delle vicende di questa *gens* tradizionalmente di parte popolare (Lana p. 66, Castori-

NOTE DI COMMENTO 88

na p. 187): forse Rutilio, già prima del viaggio o comunque in vista della stesura del poemetto, raccolse piú approfondite notizie circa alcuni particolari geografici o antiquari sui quali intendeva intrattenersi. Su questa invettiva e sull'identificazione del quinto Lepido è fondamentale Lana pp. 61-73 (con tavola genealogica della *gens*); cfr. anche Doblhofer II pp. 143 sgg., con apparato di fonti e bibliografia, e nuova attenzione ad alcuni giochi letterari sui quali forse sono possibili ulteriori progressi (si veda qui la nota a 307 sgg.). Cfr. infine lo specifico intervento di Fisher.

vv. 295 sgg.

A fornire il pretesto per la digressione è la vicenda di M. Emilio Lepido, padre del secondo e nonno del terzo dei Lepidi qui attaccati, cosí riepilogata da Castorina (p. 185): «fu console nel 78 a. C.: dichiarato nemico pubblico per aver tentato di abolire la costituzione aristocratica di Silla, marciò su Roma, ma fu battuto da Catulo (!'altro console) e da Pompeo. Inseguito e costretto a imbarcarsi precipitosamente (proprio a Porto Ercole) per la Sardegna, in quest'isola finí la vita».

vv. 299 sgg.

Il secondo Lepido, figlio del primo, è il triumviro: insieme con i suoi colleghi Antonio e Ottaviano, però non nominati, Rutilio ne fa innanzitutto un colpevole di guerre civili in generale. Secondo Doblhofer si allude alla guerra contro i cesaricidi, e in tal caso si potrebbe scorgere già qui una prima traccia dello spirito 'repubblicano' di Rutilio, filo-senatorio e scarsamente simpatizzante con la figura dell'imperatore. Tratto subito confermato dal riferimento alla guerra di Modena: le forze del senato, con cui si era schierato Ottaviano, guidate dai consoli Irzio e Pansa (periti nello scontro decisivo) sembravano aver riacquistato la *libertas* sconfiggendo Antonio, non fosse intervenuto appunto Lepido a portargli in appoggio le proprie truppe al fiume Argenteo (29 maggio 43 a. C.); Ottaviano e Antonio lo costrinsero infine a ritirarsi in disparte con la carica di *pontifex maximus*. Notevole che, come chiarisce Doblhofer (II p. 144 e I p. 43) Rutilio stia qui giocando con il nome: *Lepidus peior* è una sorta di contraddizione in termini (vagamente allitterante *-epi- / pei-*) se si pon mente al significato dell'aggettivo *lepidus* cui il nome proprio si riconnette, cioè «amabile, piacevole, garbato». Il *calembour* prepara l'acutezza su cui si chiude l'intera sezione (v. 312). Mi pare invece non vi siano nel testo appoggi sufficienti per leggere la serie dei Lepidi come una *climax* di crescente degenerazione (Doblhofer II p. 145).

vv. 303-4.

Il terzo Lepido suole essere identificato nel M. Emilio Lepido figlio del secondo: la sua congiura contro Ottaviano nel 31 a. C. fu sventata da Mecenate, che cosí *inmane novi ac resurrecturi belli civili extinxit initium*, mentre Lepido *male consultorum poena exsolvit* (Velleio Patercolo II 88, 1). La tesi di Lana pp. 64-66, secondo cui potrebbe trattarsi invece del L. Emilio Paolo console nell'1 d. C. è stata respinta da Castorina pp. 186 sg. e Doblhofer II p. 146. Va notato il taglio con cui

LIBRO PRIMO 89

sono presentati i misfatti del terzo e del quarto Lepido: essi sarebbero infatti rivolti direttamente contro la figura del *princeps*, e pertanto non perfettamente congruenti con l'ideologia aristocratico-senatoria che pare informare l'invettiva (cfr. Doblhofer II pp. 145 sg.), ma Rutilio ne mette invece in rilievo rispettivamente l'attentato alla pace e l'aspetto di ambizione delittuosa e immorale.

vv. 305-6.
Il quarto è quel M. Emilio Lepido che sposò la sorella di Caligola, Drusilla, ma fu accusato di averne violate anche le altre due sorelle Agrippina e Livilla. Era inoltre loro consanguineo in quanto Agrippina maggiore, loro madre, era sorella della madre di Lepido, Giulia (si veda Doblhofer II p. 146). Fu giustiziato nel 39 d. C. per cospirazione contro l'imperatore.

vv. 307 sgg.
Come si è detto, la digressione mira a attaccare uno o piú membri dei Lepidi contemporanei di Rutilio. Si tende a ritenere che il bersaglio sia in realtà un unico specifico personaggio, e questo quinto Lepido viene pressoché unanimemente individuato in Claudio Postumo Dardano: resta un margine di incertezza, invero assai sottile, che chiama in causa quale candidato subito secondo il di lui fratello Claudio Lepido. Su tutta la questione si veda Lana pp. 71 sgg. Dardano fu prefetto del pretorio per le Gallie durante la crisi dell'usurpazione di Giovino, che era insorto nel 411 contro Onorio a Magonza (proprio nella provincia di cui, in anni difficili da precisare, fu *consularis* suo fratello Claudio). Riuscí a staccare i Visigoti da Giovino e, con un atto di politica 'stiliconiana', li fece combattere per Onorio contro l'usurpatore. Ataulfo catturò Giovino e lo inviò a Dardano, che lo giustiziò di sua mano e avviò una sanguinosa repressione nei riguardi di quegli aristocratici Galli che lo avevano appoggiato. Il suo operato doveva dunque renderlo inviso a Rutilio e alla sua cerchia (un'importante eco di tale avversione si legge in Sidonio Apollinare *Epist.* V 9, 1 ... *cum in Constantino inconstantiam, in Iovino facilitatem, in Gerontio perfidiam, singula in singulis, omnia in Dardano crimina simul execrarentur*). A queste ragioni politiche se ne potevano aggiungere di religiose, essendo Dardano un cristiano, corrispondente epistolare di Girolamo e Agostino, e forse addirittura incline a farsi monaco (cosí Fisher, che attribuisce a queste motivazioni un ruolo particolarmente importante). Rutilio non nomina esplicitamente il personaggio esecrato; si è pensato che ciò dipenda da ragioni di prudenza e opportunità politica, ma potrebbero essere intervenute anche altre motivazioni. Come si è visto, l'aposiopesi – tratto indubbiamente piú fine di un attacco diretto – provoca un effetto di risonanza piú ampio, atto a coinvolgere nell'onta l'intera famiglia; e fra l'altro, se il principale bersaglio era Dardano, il suo nome non presentava quell'immediato raccordo alla *gens* dei *Lepidi* su cui Rutilio – indipendentemente dalla 'autenticità' della discendenza (cfr. Doblhofer II p. 147) – ha fondato tutta la sezione. Ma mi chiedo se Rutilio, che è cosí appassionato di giochi sui nomi (di località, di divinità, di amici) non abbia la-

NOTE DI COMMENTO   90

sciato proprio qui, che intenzionalmente ci tace un nome, e che poggia una delle sue arguzie proprio sulla connessione fra nomi e indole, un qualche indizio cifrato tale da orientare ulteriormente la decrittazione, rendendola letterariamente ancora piú godibile. Per quanto so vedere, mi sembra che da questo punto di vista le scelte espressive del testo potrebbero venire incontro all'identificazione con Claudio Postumo Dardano: i versi chiave offrono *iudex posteritas semina dira notet* e subito sotto – nel distico che 'ragiona' sulla connessione di nomi e costumi (per la relativa tradizione si veda Doblhofer II pp. 148-50; e ivi p. 148 circa l'opposizione di *semina dira* a I 19 *semina virtutum*) – l'ultima parola è *dari*. Sembra quasi che Rutilio abbia voluto far trasparire il nome cesellandone i segmenti iniziali nel tessuto formale: POST(*umus*) in *posteritas*, DAR(*danus*) in *dari* (che è anche anagramma di 308 *dira*, in linea con 312 *malum Lepidum*). È solo un'ipotesi di lettura, a conforto della quale si vedano tuttavia i casi richiamati alla nota a I 213 sgg. (cfr. anche *Introduzione*, nota 22 e contesto).

vv. 311-12.

L'esametro evoca nettamente il celebre verso virgiliano *Quidquid id est, timeo Danaos et dona ferentis* (*Aen.* II 49), con chiara perequazione allusiva fra *Lepidi* e *Danai*. Il pentametro suggella l'invettiva con una arguzia ben chiarita da Doblhofer II pp. 150 sg. (dove è conseguentemente respinta l'interpretazione *Lepidum* = *Lepidorum* e ribadita l'esegesi di *reccidit* già di Helm, per cui si veda Bartalucci 1968 p. 95): *lepidum malum*, cioè «deliziosa disgrazia», è una battuta a effetto di taglio ossimorico che trova la sua 'spiegazione' nel fatto che *lepidum* è simultaneamente anche *Lepidum*. Nei *Saturnalia* di Macrobio (II 3, 13 sgg.) Simmaco riferisce: *idem Cicero... de M. Lepido lepidissime cavillatus est*; purtroppo però la lacunosità del testo non ci consente di apprezzare quella antica battuta sul triumviro (si veda Doblhofer II p. 150)

Difficoltà attorno all'Argentario (313-24).

Comincia la terza giornata di viaggio (20 novembre 415 o 31 ottobre 417) che porterà Rutilio ad aggirare il monte Argentario, e ad approdare poco oltre il fiume Ombrone, nella zona dell'odierna Pineta del Tombolo, dopo circa 40 miglia di navigazione (Lana pp. 118-21, Castorina p. 189). Gli spunti poetici sono la grande mole dell'Argentario con le difficoltà sollevate dal periplo, e l'isola del Giglio intravista in lontananza. Nel loro sviluppo Rutilio dispiega molta marina (313 *pelagus*, 315 *undas*, 316 *caerula curva*, 318 *ponti*, 319 *per geminus fluctus Ephyreius Isthmos*, 320 *bimari litore* e *Ionias aquas*, 329 *gurgite*, 330 *mari*, 333 *aequora*, 335 *portum*) e quasi ogni termine utile per «alture, monti, colli» (314 *vertice*, 315 *mons Argentarius*, 316 *ancipiti iugo*, 317 *transversos colles*, 321 *sparsae dispendia rupis*, 325 *silvosa cacumina*, 327 *saltus*), lasciando ancora una volta l'impressione che queste serie

LIBRO PRIMO

omogenee obbediscano a un'intenzione di colorare un determinato quadro con appropriate gamme specifiche.

vv. 313-14.

Il brano precedente si apriva con l'immagine del giorno declinante accompagnato da una brezza piú gentile; qui, come a *pendant*, l'aurora è presentata con un graduale ritirarsi delle tenebre di fronte al sole che torna, mentre spira dall'Argentario un vento mattutino.

vv. 315-16.

Rutilio è il primo ad attestare il nome moderno dell'Argentario: cfr. a 285-90; i commentatori concordano nel ravvisare in *ancipiti iugo* un riferimento alle due cime del monte, quella a sud sopra Port'Ercole, e il Monte Telegrafo a nord, sopra Porto Santo Stefano, nonché nel sottolineare che Rutilio avrebbe esagerato la lunghezza del periplo, che assomma a circa due, non tre dozzine di miglia (Castorina pp. 189 sg., Doblhofer II pp. 152 sg. con bibliografia).

vv. 319-20.

L'Istmo di Corinto: Rutilio non impiega la forma latina *Isthmus*, ma quella greca *Isthmos*, sentita come piú precisa e a un tempo preziosa, e indica Corinto con un aggettivo già virgiliano (*Georg.* II 464), ricavato dal suo antico nome Éfira (*Ephyre*). Per l'uso di *Ionias* anche per le acque del mar Egeo si vedano Zumpt p. 124, Keene p. 202, Doblhofer II p. 153.

L'Isola del Giglio (325-36).

Rutilio chiama in causa l'Isola del Giglio, lontana al largo dell'Argentario, per ricordare come si sia sottratta alle devastazioni barbariche, e come anzi sia servita di rifugio per coloro che fuggivano dalla sconvolta città di Roma. Si è discusso su quali siano gli eventi cui Rutilio avrebbe inteso precisamente riferirsi: se alla prima calata di Alarico su Roma nel 408, se al sacco del 410, o alla marcia dei Visigoti (ora guidati da Ataulfo), dal meridione dell'Italia verso la Gallia, nel 412 (si vedano Lana pp. 40 sg., Castorina p. 191, Corsaro 1981 p. 31). Pur non rimanendo escluso che Rutilio abbia potuto riferirsi anche ad altri episodi, o anche piuttosto in generale un po' a tutti i casi analoghi di quegli anni drammatici, credo che il suo punto di riferimento centrale sia senz'altro qui il sacco di Roma. Sulle fughe davanti alle incursioni dei barbari, e in particolare in occasione del sacco del 410, le fonti ci offrono varie testimonianze. Si cercò scampo in Sardegna, in Corsica, in Sicilia, in Africa, in oriente; né mancò chi, disperando di potersi salvare, si tolse la vita (Courcelle 1964 pp. 60 sgg., 75; Doblhofer II p. 157). Dove fu il nostro funzionario e poeta in quei frangenti? La domanda può parere oziosa, ma mi chiedo se non si possa affacciare l'ipotesi che anche lo stesso Rutilio fosse proprio fra quei romani che trovarono rifugio al Giglio. Di fronte al silenzio delle altre fonti su questo particolare ruolo giocato dall'isola, sta il caldo encomio di Rutilio (331 sg., 335 sg., e soprattutto 326): con esso potrebbe aver inteso sciogliere un debito personale di gratitudine. È appena il caso di rilevare che i principî di decoro che governano il poemetto gli avrebbero impedito in ogni modo di ricordare apertamente una fuga propria o di persone a lui vicine. Ma una digressione come quella che leggiamo, inserita con naturalezza nell'itinerario poetico, si presta senza detrimenti a serbare ringraziamento a un luogo accogliente e provvidenziale, consegnandone riconoscente memoria, a nome di tutti, alla posterità. In questo caso, alcuni dei suoi amici non avranno mancato di integrare con le proprie informazioni o esperienze la lacunosa oggettività del documento. Se l'ipotesi coglie almeno in parte nel segno – richiamo il carattere di cerchia della poesia rutiliana – assume nuovo rilievo anche il virgilianismo del v. 332, su cui anche i commenti piú ricchi di *loci similes* curiosamente non hanno insistito: vi si perequano ancora una volta i casi delle vittime delle invasioni e degli antichi eneadi. In altre parole, verremmo a scoprire fra le righe che gli esuli in fuga (ma meglio: in esilio) da Troia in fiamme non sono altri che Rutilio e i suoi.

v. 328.

Doblhofer II p. 157 osserva che questa sarebbe l'unica menzione dell'imperatore (cfr. I p. 27), ma una menzione dell'imperatore cristiano operata secondo una mentalità pagana, essendo condotta tramite un riferimento al suo *genius* (cfr. I p. 30, e II pp. 25 sg. a commento del v. I 16). Appare meno probabile l'ipotesi, sostenuta da altri, che Rutilio pensi qui al genio del padrone dell'isola.

v. 332.

La scelta dell'aggettivo *fessi* rinvia secondo me alla situazione di Enea e dei suoi compagni afflitti per le vicissitudini di Troia e spossati, nel corpo e nell'animo, dalle peregrinazioni marine che ne conseguirono: cfr. Virgilio *Aen*. III 78 *haec* [scil. *tellus*] *fessos tuto placidissima portu | accipit*, III 85, 276, 568 (da accostare qui, poco oltre, a Rutilio I 343), V 41, 614 sgg., 717; cfr. I 178 e III 710. Sull'importanza dell'archetipo di Troia, cosí come fissato da Virgilio, nel modo tardoantico di guardare alle invasioni si veda Courcelle 1976.

vv. 333-34 sg.

Il luogo appare problematico, considerata anche la scarsa competenza nautica dei Visigoti (Courcelle 1964 p. 115). Rutilio intende portare il finale sulla mirabile – e forse quasi provvidenziale (cfr. il *genius*, di 328, combinato con *fraudare nefas* a 326) – eccezionalità della salvezza dell'isola, e l'andamento fortemente antitetico (si veda Castorina p. 192) comporta probabilmente qualche esagerazione.

Attendamento di fortuna (337-48).

È uno dei passi piú suggestivi del poemetto; intorno a poche coordinate essenziali si lasciano radunare le varie immagini di quella sera:

l'esitazione all'Ombrone, l'approdo forzato, le faccende per alzare il campo, le tende fatte coi remi, il taglio dei mirti per il fuoco. Troppo bello per essere vero, è stato sostenuto da alcuni: Rutilio qui si sta inventando tutto, lavora di pura fantasia (Paschoud 1978 pp. 323 sg.). Ci possiamo effettivamente aspettare una certa elaborazione letteraria (secondo Maaz p. 240 agisce qui il modello di Virgilio *Aen.* III 509-11), sebbene non mi paia che Rutilio si sia poi molto abbandonato al pittoresco. Non vedo tuttavia molte ragioni per respingere quanto racconta, né trovo una maggiore scaltrezza nell'accettare curiose illazioni come quella secondo cui la vera ragione per cui Rutilio avrebbe voluto fermarsi all'Ombrone fu – «no doubt» – il mal di mare (Norwood p. 36, Doblhofer II p. 160; e come scordarne, per inciso, l' 'epidemia' di cui in Bartoli 1969 p. 217?)

v. 338.

Si può cogliere qui l'occasione per segnalare la nota ricercatezza di Rutilio nella costruzione del verso, giacché Doblhofer II p. 159 suggerisce con finezza che in questo caso potrebbe rispecchiare l'intenzione di sottolineare, con mezzi poetici, la nobiltà del fiume: si sviluppa un'antitesi (sicurezza di foce-trepidazione delle navi), con la canonica distribuzione simmetrica di due coppie sostantivo-epiteto attorno al fulcro del verbo (abxAB), mantenendo accostati fra loro i due aggettivi in contrapposizione (cfr. Castorina p. 192, che vi vede addirittura un ossimoro), e delineando una patina allitterativa sia nel primo che nel secondo emistichio.

L'Isola d'Elba: il ferro e l'oro (349-70).

Innanzitutto l'alba: del quarto giorno di navigazione (21 novembre 415 o 1° novembre 417), che ci porterebbe dalla Pineta del Tombolo – se davvero Rutilio si accampò – a Falesia (si veda a 371 sgg.), per un percorso di circa 45 miglia. Si comincia con un episodio di alto preziosismo. Il passaggio accanto all'Isola d'Elba avvia una *rêverie* dotta sul ferro, lodato quindi a contrasto con un vituperio dell'oro corruttore. Il punto di partenza è un passo che sembra essere divenuto l'identità poetica del luogo, se ricorre indipendentemente anche nell'*Itinerarium* di Petrarca (24: se ne veda la recente edizione con traduzione e commento di F. Lo Monaco, Lubrina, Bergamo 1990, pp. 50 e 98): il già ricordato Virgilio *Aen.* X 173 sg.: *Ilva... insula inexhaustis Chalybum generosa metallis,* dove si allude al fatto che la terra dell'Isola continuamente rigenera il ferro man mano che ne viene estratto (si veda il commento di Servio al luogo, Pelet p. 406, Doblhofer II p. 164 con Silio Italico VIII 615 ivi citato). Sulla scorta di questo 'ricordo' virgiliano, Rutilio – allitterando – dice l'Elba *memorabilis* per i *Chalybum metalla* (l'espressione poetica non è facile da stringere in una traduzione; non resto del tutto persuaso che *metalla* vada inteso, sia in Virgilio che in Rutilio, nell'accezione di 'miniere': così Pelet pp. 403-5, cfr. la traduzione di Doblhofer I p. 115); tuttavia recupera la notizia erudita, in apparenza sacrificata con la 'sostituzione' di *inexhaustis*, quando piú oltre designa l'isola con la perifrasi *ferri fecunda creatrix* (355). E non già alla luce di una presunta conoscenza delle tecniche e circostanze siderurgiche (Pelet, Zumpt p. 130, Castorina pp. 194 sg.), ma a quella delle tecniche letterarie va misurato lo sviluppo del passo: Rutilio sovrappone Virgilio a Virgilio e attinge tutto il vocabolario siderurgico al luogo in cui i Ciclopi lavorano nella fucina di Vulcano (*Aen.* VIII 414 sgg.: 418 sg. *exesa caminis | antra*; 420 sg. *striduntque cavernis | stricturae Chalybum et fornacibus ignis anhelat*; 445 sg. *fluit aes rivis aurique metallum | vulnificusque chalybs vasta fornace liquescit*; 453 *versantque tenaci forcipe massam*). Particolarmente significativo è ciò che avviene a proposito della *strictura* (blocco incandescente di ferro che viene battuto per la lavorazione, e anche lingotto già preparato: cfr. Pelet; se ne parlava anche nella satira odeporica di Lucilio, III 144 sg. Marx): Virgilio presenta un gioco fonico (*stridunt stricturae*), e Rutilio risponde – abbastanza caratteristicamente – con un gioco di natura etimologica, ponendo a contrasto *strictura* (da *stringere*) con *largus*. Non avrà certo verificato le possibili dimensioni del *caminus*, che potrà essere tuttavia inteso con Pelet come «generoso» piuttosto che come «largo» (resa che ho ugualmente adottato, anche come l'unica in grado di riprodurre il gioco e di mantenere possibili i due significati). Anche *massa* può essere stato accostato a *fluit* per far sprizzare una scintilla ossimorica. In piú, la dottrina si incarica di arricchire la base virgiliana con altri prelievi nel cosmo del ferro: accanto ai Calibi (popolo mitico di celebri fabbri, che gli antichi situavano sul Mar Nero) sfilano il Norico, provincia romana fra il Danubio e le Alpi che coincide con le attuali regioni austriache di Stiria e Carinzia (ne viene evocata una feracità quasi agricola, che si raccorda al v. 355, dove va a chiudersi uno dei tipici temi lessicali rutiliani: quello della terra fertile); quindi i Biturigi, popolo della Gallia, stanziato nell'Aquitania fra la Loira e la Garonna, zona ricca di miniere di ferro; infine la Sardegna: qui e al v. 296 l'isola, troppo distante dalla vista dei nostri viaggiatori, viene risarcita per via erudita di una sua mancata trattazione specifica. L'alternanza simmetrica di popolazioni e di zone legate al ferro è chiusa con la menzione di una città, Tartesso, alle foci del Guadalquivir, e di un fiume, il Tago, celebre per le sue sabbie aurifere, che viene indicato per iberico tramite l'esotica aggettivazione (cfr. Doblhofer II pp. 162 e 166). Con ciò il confronto filosofichehggiante fra ferro e oro troverà pronto un contesto adeguato e tale quasi da sottolineare, con l'accorta distribuzione geografica delle regioni evocate, tutta la sua universale risonanza.

Un'altra trama stilistica da seguire è quella delle variazioni lessicali e delle ripetizioni anaforiche e poliptotiche. La superiorità dell'Elba quanto a ferro è segnata con tre negazioni *nihil-non-nec* (352-54); i vv. 351-56, avviano come si è visto il motivo delle terre fertili (*nihil uberius Norica glaeba tulit; Sardonico caespite; ferri fecunda creatrix*) opposto all'espressione *glarea fulva* che introduce l'oro (357 *aurum*, 358

auri, 359 *aurea,* 360 *aureus,* 361 *auro,* 362 *auri*). Questo è connesso ai *vitia* e al *nefas* gravitanti nell'orbita del sesso (359) e della corruzione politica (361-62); col ferro (363, 364, 366 *ferro*; 365 *ferrati*), connesso invece alla coltivazione delle terre (si riprende il tema al v. 363), si lega il motivo delle mani umane (367-68, con paronomasia e figura etimologica), impiegate nei nobili atti della lavorazione dei campi e della difesa dalle belve (366, con paronomasia *ferro-feras*).
A tutto ciò il primo e l'ultimo distico fanno da cornice (Doblhofer II p. 161).

vv. 345 sgg.

Questo confronto fra il ferro e l'oro appare piú di natura topica che non – come voleva Boano pp. 54 sg. – derivato dal pensiero di Posidonio di Apamea. I suoi precedenti letterari (fra cui Virgilio *Aen.* I 349 e III 56 sg., Orazio *Carm.* III 16, Properzio III 13, 47-60 e via dicendo) sono registrati nei commenti: si veda in particolare Doblhofer II pp. 165 sgg., cui si aggiunga ora il commento della Mattiacci (pp. 111-144) alla *deprecatio auri* di Tiberiano (*Carm.* 2).

vv. 359-62.

Al v. 360 si allude certamente al mito di Danae, che Giove conquistò tramutandosi in una pioggia d'oro; al v. 359 è probabile un altro riferimento mitico: ad Erifile, che per ottenere la collana di Armonia tradí il marito Anfiarao provocandone la morte (Orazio *Carm.* III 16, 1-8, cfr. III 16, 29 e Properzio III 13, 57 sg.). Sempre sulla base del modello oraziano (ai vv. 13-15) si è pensato che il v. 361 faccia implicito riferimento allo specifico caso di Filippo di Macedonia, che aveva fama di ritenere la corruzione fra i mezzi migliori di espugnare le città (si veda Cicerone *Ad Att.* I 16, 12). Secondo Doblhofer (II 168 sg.) a questo esempio 'esterno' e passato si opporrebbe nel pentametro un non meglio precisabile cenno a vicende 'interne' e presenti.

v. 366.

«Non esiste alcuna contraddizione tra il pensiero contenuto in questo verso e quello espresso nell'esametro precedente. I primitivi, pur escludendo il ferro come mezzo di lotte fratricide, l'usarono per difendersi dalle fiere» Boano p. 55 nota 2; cfr. Giannotti Villa p. 47, Castorina p. 196, Doblhofer II pp. 170 sg.

v. 370.

Sul κέλευσμα (lat. *celeusma* o *celeuma*), la cantilena che dava il ritmo ai rematori, ampi ragguagli e bibliografia in Doblhofer II pp. 173 sg., che ricorda come esso venisse talora accompagnato da strumenti musicali, e potesse mutarsi in un inno alla divinità; cosa particolarmente attestata per il dio cristiano: Paolino di Nola *Carm.* 17, 109-12, Sidonio *Epist.* II 10, 27-30. Il testo di un *celeuma* ci è conservato nella *Anthologia latina* (n. 388 a Riese, 384 Shakleton-Bailey).

Falesia: Osiride e i Giudei (371-98).

Il celebre episodio intreccia i motivi della stanchezza e della distensione; e mentre attorno al secondo si dispongono la serenità riposante dei luoghi e la gioia delle feste pagane, è verso il primo che tendono a polarizzarsi le tinte in contrasto del malumore, della cupezza e della scortesia. *Querulus* e *durus* è infatti il locandiere giudeo, *frigidus* è il suo cuore, fiacco e molle è il suo stesso dio che gli impone il turpe letargo del sabato e ne fa quasi una bestia; a tutto ciò sono contrapposte la letizia isiaca, i riti allegri che scaldano e rinfrancano il cuore stanco dei contadini, quell'Osiride che ha a cuore *non curae et luctus,* | *sed chorus et cantus et levis aptus amor,* | *sed varii flores...* e molte altre delizie (Tibullo I 7, 43 sgg.). Sullo sfondo di una natura incantevole, ritratta con gentilezza di tocchi, Rutilio fa di un insignificante incidente di viaggio un'occasione per profilare due contrastanti visioni della religione e della vita.

v. 371.

Per la stanchezza di un viaggio condotto per gran parte a remi, i nostri decidono di fare tappa, sebbene – dice Rutilio – il sole non sia ancora a metà cammino. Approdano a *Falesia* (condivido la posizione di Bartalucci 1980 p. 414: «dopo lo studio di Gelsomino..., sembra ormai doveroso ristabilire *Falesia* al posto di *Faleria* dei codd.»), poco a nord-est di Piombino, probabilmente dov'è ora Porto Vecchio, località già chiamata Falese, o Porto de' Faliesi o Porto dei Faliegi: si veda Gelsomino 1973 p. 38. Guardando alle precedenti tappe (cfr. sopra, a 217-36 e 277-92: giornate trascorse interamente sul mare) e alle cattive condizioni di navigazione (vv. 349 sg. e 369) qui qualcosa sembra non funzionare nei rapporti fra la distanza percorsa (circa 45 miglia) e il tempo impiegato a coprirla. Forse Rutilio ha alterato i dati reali per qualche sua personale esigenza; si veda in merito Lana pp. 90 e 121-24, il quale ritiene che ciò dipenda dal desiderio di dare un cenno della festa campestre in onore di Osiride, cosa cui un approdo al tramonto (nei fatti più verosimile) non si sarebbe adeguatamente prestato (cfr. anche Doblhofer I p. 38). Ridimensiona l'aporia Castorina pp. 193 sg. e 197.

vv. 373-76.

Rutilio si riferisce a una festa connessa con la conclusione della seminagione. Il v. 375 lascia pensare al vero e proprio momento della *Heuresis*, il «ritrovamento»: «la festa isiaca nel suo complesso si celebrava, secondo il calendario di Filocalo, del 354 d. C., dal 28 ottobre al 1° novembre, l'ultimo giorno di essa era giorno di particolare letizia per l'avvenuto ritrovamento (εὕρεσις) di Osiride: oppure, secondo i *Menologia rustica*, in novembre, posteriormente all'*epulum Iovis*, cioè tra il 14 e il 30 novembre» (Lana pp. 37 sg.). Il v. 373 pare cifrare invece, secondo le tipiche tecniche rutiliane, una allusione al momento degli *Hilaria*: si vedano Carcopino p. 254 e Doblhofer II pp. 175 e 177, dove si legge che Rutilio descrive brevemente la *Heure-*

sis del 1° novembre, ma nello stesso tempo registra gli *Hilaria*, cioè «den Jubel am Ende des Festes»: essi, stando a Filocalo, cadono il 3 novembre, ma non sarebbero stati rigidamente fissi. A tutta la questione della festa e ai problemi che solleva ha dedicato una minuta e documentata analisi Lana pp. 90 sgg. (e 37 sgg.); «sembra che, correttamente, si debba dire che, per le feste di Osiride, sono attestate sia le date del 31 ottobre, 1, 2, 3 novembre (Filocalo, Lorenzo Lido) sia le date del 13-16 novembre (Plutarco) o, almeno, i giorni compresi fra il 14 e il 30 novembre (*Menologium Colotianum* e *Menologium Vallense*)» (Lana pp. 93 sg.). I piú recenti sostenitori della datazione al 417 ritengono che Rutilio giunga a Falesia il 1° novembre, in concomitanza con la *Heuresis* (Cameron p. 36 con la sbrigativa nota 20; per Doblhofer si veda quí sopra, Carcopino era per il 3 novembre: cfr. Lana p. 87); chi pensa invece al 415 conclude con Lana (p. 96) «dal fatto che, quando Rutilio giunge a Faleria, ivi si sta celebrando la festa di Osiride, si deve correttamente dedurre che ciò avviene in un giorno compreso fra il 14 e il 30 novembre» e la colloca, sulla base di una valutazione complessiva dei vari indizi cronologici, al 21 novembre (cfr. anche Corsaro 1981 pp. 19-22). Non si può fare a meno di notare l'assoluto silenzio sulla imbarazzante disamina di Lana in Doblhofer II pp. 174-77 (pur ricco di bibliografia): non basta certo il rinvio alle poche righe di I pp. 37 sg. Va rilevato che, comunque si risolva il problema della festa, la scelta lessicale *hilares* al v. 373 pare troppo specifica per non voler implicare un riferimento a qualche aspetto dei riti evocati, dotto o effettuale che sia. Lo rileva fra gli altri Boano p. 73, rinviando ad Apuleio *Met.* XI 6, dove Iside definisce alcuni riti in proprio onore *hilares caerimoniae* e *festiva spectacula*, e aggiungendo il richiamo a XI 2, dove è invocata come *regina caeli... umidis ignibus nutriens laeta semina* (cfr. il v. 376).

vv. 377 sgg.
Senza contare la difficoltà per cui si veda a 371 sgg., la precisa articolazione della sosta resta sfuggente. Rutilio sembra averne rielaborato liberamente i tratti per ragioni letterarie (cfr. Paschoud 1978, particolarmente pp. 327 sg. e 324). *Egressi* è solitamente inteso nel senso di «sbarcati»; per Lana p. 135 nota 106 notifica che Rutilio è uscito dalla cittadina di Falesia, dove ha assistito ai riti isiaci, e si dirige con i compagni alla *villa*: accezione che potrebbe addurre a conforto l'*incipit* dell'*iter* oraziano (*Sat.* I 5, 1: cfr. Doblhofer II p. 177, che non cita Lana), dove però la città da cui si esce è chiaramente espressa: *egressum magna me accepit Aricia Roma*. A favore di «sbarcati» sta il passo virgiliano (*Aen.* I 157 sgg.) in cui gli eneadi approdano in Africa *defessi... cursu* (proprio cosí si apre il brano; cfr. qui il v. 371); in un *locus amoenus* dotato di frescure di boschi e di acqua dolce, lontano parente di quello rutiliano: *magno telluris amore | egressi optata potiuntur Troes harena* (171 sg.). Sul tipo di *villa* si vedano Castorina p. 199, Doblhofer II pp. 177 sg., cfr. Bosio p. 99: sarà stata una villa rustica impiegata, forse solo in parte, come locanda (*statio* al v. 381 sembra avere almeno anche questo valore 'tecnico': cfr. Doblhofer II p. 180), e ammini-

strata – se non posseduta – dal *conductor* giudeo piú inospitale del re degli antropofagi Lestrigoni (su cui *Odissea* X 103 sgg., Ovidio *Met.* XIV 233 sgg. e *Pont.* II 2, 114 e 9, 41). Notevole quanto richiama Doblhofer II p. 180: anche in Omero (specialmente a X 78 da confrontare con Rutilio I 349 e 371) Odisseo e compagni arrivano dai Lestrigoni spossati per una dura navigazione a forza di remi; questo benché egli ritenga (I pp. 50 sg.) che Rutilio possa non aver letto direttamente Omero (cfr. sopra a vv. 195 sg.). Sempre Doblhofer sottolinea il contrasto etimologico fra *hospes* e *Antiphates* («Gastgeber-vergeltender Mörder»).

vv. 383 sgg.

L'incanto del *locus amoenus* è rotto dalla scortesia del *querulus Iudaeus*: inizia la reazione contro le sue accuse esagerate o ingiustificate (cfr. Castorina pp. 200 sg., Doblhofer II pp. 180 sg., Korzeniewski pp. 541-43), e piú in generale contro il suo popolo e le relative credenze religiose (rispettivamente 6 e 12 versi, secondo un calcolo che per Doblhofer II p. 179 sarebbe intenzionale). Rutilio sembra qui avere ben presente il precedente di Giovenale XV 96-106 (al v. 20 vi figura anche Antifate), cui forse si rifà già al v. 384 alludendo al divieto di mangiare carne di porco, molto appetita dai Romani: l'*hápax* rutiliano *dissociale* è probabilmente battuto per contrasto su un concetto quale quello che si trova in Seneca *De clem*. I 3, 2 circa l'uomo come *sociale animal* (Castorina p. 200). Ma se le sue diverse abitudini alimentari fanno del giudeo un «asociale», il riferimento ad Antifate esalta in negativo questo aspetto, rovesciando quelle norme di astensione in cannibalismo. L'invettiva antigiudaica è un passo studiatissimo, specie in relazione al problema delle credenze religiose di Rutilio; per i particolari rinvio ai commenti, soprattutto quello di Doblhofer, e al capitolo riepilogativo di Corsaro 1981 (pp. 55-67). Per comodità del lettore basterà qui ricordare che a 387 sg. si allude alla circoncisione; a 389 sgg. al precetto del sabato: *frigida sabbata* viene spiegato col fatto che non si accendessero fuochi nelle case – per osservanza del riposo (cfr. *Exod*. 35, 3) o a motivo di digiuni –; ma *frigidus* può essere inteso anche nel senso di «fiacco, inerte» (cosí Castorina p. 190), o di «insulso, triviale», come sottolinea Doblhofer, il quale ritiene che Rutilio intendesse anche attaccare indirettamente l'istituzione cristiana del riposo domenicale. A 389 in *radix stultitiae* molti vedono un coperto attacco al cristianesimo come promanazione dell'ebraismo. A 393 sg. l'immagine evocata è quella del mercato degli schiavi (*catasta* è il palco su cui venivano messi in vendita, e si presterebbe a sfumare nell'idea di «pulpito»), non senza le connesse menzogne 'commerciali' (Zumpt p. 140). A 395 sg. «allude alle conquiste di Gerusalemme ad opera di Pompeo (63 a. C.) e Tito (70 d. C.)» (Castorina p. 202); la *pointe* finale (398) recupera un'espressione oraziana (*Epist*. II 1, 156 *Graecia capta ferum victorem cepit*) mantenendosi forse nel solco di una tradizione antiebraica testimoniata in un frammento di Seneca (presso Agostino *Civ. dei* VI 11, dove l'avrebbe letto Rutilio secondo Cameron pp. 32 sg. e 39, che però non

LIBRO PRIMO

mi persuade). Si vedano Castorina p. 203 e Doblhofer II pp. 187 sg. con quanto ivi osservato su *premit*: il verbo conclusivo dell'intero brano può riferirsi, oltre che ai Giudei, anche – e forse meglio – ai cristiani. Se veramente Rutilio ne faceva un blocco unitariamente contrapposto ai riti isiaci, si potrebbe arrivare a scorgere nel cenno alla resurrezione di Osiride (375) un parallelo antitetico rispetto a quella del Cristo.

Le città muoiono (399-414).

Il passaggio alla quinta giornata di viaggio (22 novembre 415 o 2 novembre 417; 10 miglia fino a Populonia, posta circa 8 km a nord di Piombino: Merone 1950 p. 155, Lana p. 124, Castorina p. 203, Doblhofer II p. 189, Maaz p. 239 e nota 31) viene introdotto bruscamente mettendo in primo piano il levarsi del vento contrario (Borea spira da nord) e la lotta con esso ingaggiata dall'equipaggio, che parallelamente si leva sui remi; all'indicazione dell'alba viene questa volta assegnato un ruolo di sfondo, nell'ultima parte del primo distico. Secondo me, questo protagonismo del *surgere* in contrasto con il tema del riposo nella sezione precedente non ha come fine il puro e semplice gioco di parole di 399 sg. (*surgit-surgere certamus*; Helm p. 35, Castorina p. 203, Doblhofer II pp. 188 sg.). A ben guardare inaugura una serie di immagini di sollevamento, di innalzamento, che viene proseguita dalla evocazione di *Pharos* che *extollit in aethera moles* (403) e dell'*arduus apex* della *specula* (405 sg.). A questo tema subentra quello opposto del crollo e della rovina, in modo che tutta la breve sezione – breve come lo fu il tragitto: Doblhofer I p. 38 – viene nel suo complesso a riprodurre sul piano formale l'alternanza di slancio e di posa, di costruzione e disgregazione, che governa la vita delle città come quella degli uomini.

v. 402.
Rutilio si riferisce all'attuale Golfo di Baratti: Doblhofer II p. 190.

v. 404.
Pharos è la piccola isola davanti al porto di Alessandria d'Egitto, dove sorgeva il celebre Faro.

vv. 409 sgg.
Su questo famoso passo si vedano Schissel-Fleschemberg 1947, Merone 1950 pp. 155 e 160-62, Courcelle 1964 pp. 278 sg. (nel capitolo *Le spectacle des ruines*), Doblhofer II pp. 192 sg.

Gioia per Rufio Volusiano (419-28).

A contrasto con la piega lugubre presa dal suo resoconto, Rutilio apre il nuovo quadro con una *laetior... fama* (si può accettare che si tratti di un comparativo vero e proprio, riferito a quanto scritto subito sopra: Doblhofer II p. 194): viene qui a sapere che Rufio Antonio Agrypnio Volusiano, lo stesso amico di cui ai vv. 167 sgg., ha ottenuto la prefettura urbana. Scritti a ridosso della notizia, o rielaborati a distanza, i versi che qui leggiamo sono il caratteristico modo con cui Rutilio festeggia l'evento e risarcisce l'amico delle mancate congratulazioni di persona (cfr. 416); non senza ricordare, di passaggio, di aver anch'egli ricoperto quella carica (cfr. vv. 157-60 e 467 sg).

vv. 419 sgg.

Il *verum nomen* dell'amico non si presta a essere inserito nel metro dattilico (cfr. al v. 169 la perifrasi per *Volusianus*: con le sue prime tre sillabe consecutivamente brevi tale nome risulta appunto inutilizzabile), cosí Rutilio se ne scusa (per i precedenti nella tradizione poetica latina si veda Castorina p. 205) e si limita, come già sopra, al solo *cognomen* (v. 168): cfr. Doblhofer II p. 195, che sottolinea in *complecti carmine* l'allitterazione. A me sembra che questa scelta lessicale di Rutilio intenda anche evocare un abbraccio figurato, e costituito dai versi, in sostituzione del festoso abbraccio reso impossibile dalla lontananza (sfumatura per solito sacrificata nelle traduzioni). Molto problematiche, per motivi di tradizione manoscritta, restano la restituzione e l'interpretazione del v. 421 (cfr. la *Nota al testo*).

v. 426.

Alla radice dell'espressione, che ritorna leggermente variata a proposito di Vittorino (v. 493), sono alcune celebri amicizie letterarie, come quella di Orazio con Virgilio (*animae dimidium meae*: *Carm.* I 3, 8; cfr. *Carm.* II 17, 5) o quella di Persio con Cornuto (*Sat.* 5, 22); si vedano anche Ovidio *Pont.* I 8, 2, Simmaco *Epist.* III 66, Agostino *Conf.* IV 6, 11 e – con possibile imitazione da Rutilio – Sidonio Apollinare *Carm.* 21, 4 (*animae nostrae portio maior*).

Corsica (429-38).

Comincia il sesto giorno di navigazione (23 novembre 415 o 3 novembre 417: da Populonia a Vada Volaterrana, dove un temporale interrompe il viaggio). È l'alba e, con la mediazione del cielo nuvoloso sopra i monti della Corsica (431 sg.), si dividono il paesaggio del poemetto la stella del mattino fulgida sul destriero rosa (*Eous* è Venere: 429 sg.; cfr. Doblhofer II p. 198) e una luna evanescente, evocata nella similitudine.

v. 429

Poiché *Aquilo* è lo stesso *Boreas* (suo nome per i Greci) che impediva la navigazione a vela al v. 399, il luogo non risulta perspicuo e ha generato varie interpretazioni, ripercorse nei commenti. Il punto chiave è il significato di *reverti*: «tornare a soffiare» (Doblhofer, che interpreta in senso causale), «tornarsene via» (Ussani 1910, p. 374 e S. Mariotti presso Lana p. 126, Frassinetti 1972 p. 44) o «girarsi» (Castorina p. 206, con l'appoggio di Bartalucci 1980 p. 415)? Si può con-

LIBRO PRIMO

ciliare l'andare a vela con la presenza di vento contrario (interpretando magari l'ablativo assoluto in senso concessivo: Zumpt pp. 146 sg., Helm p. 37; o ritenendo il vento meno forte del giorno precedente: Keene p. 209)? Pensa Lana pp. 125 sg. che abbia un minore margine d'incertezza la scelta «tornare a soffiare», da intendersi probabilmente con sfumatura concessiva, mentre in *curare* (che ho reso conservando l'allitterazione) sarebbe implicita l'idea di uno sforzo, qui con la manovra delle vele (cfr. Doblhofer II p. 198, che rinvia al v. 322), parallelo a quello sui remi del v. 400. Resta tuttavia la sensazione – cui adeguo la mia resa – che 429 sg. rappresenti una situazione contrapposta rispetto a quella di 399 sg.

vv. 431-32.
Rutilio accenna alla Corsica soltanto ora che sta per lasciarla alle spalle e in corrispondenza con Populonia sulla costa antistante, per motivi dotti e letterari connessi anche alla presentazione dell'*aítion*, della leggenda che avrebbe originato il mutamento di nome della Corsica (Lana pp. 126 sgg., Castorina p. 207, Doblhofer II pp. 198 sg.). Frassinetti 1972 pp. 44 sg., chiamando a confronto il v. 106, ritiene che *levare* vada qui inteso come «sfumare, sbiadire», e non come «prolungare» secondo l'opinione comune, che mi pare tuttavia ancora preferibile – ammesso che Rutilio non si compiacesse di una leggera equivocità (conservabile, volendo, nella traduzione italiana). Cfr. anche Maaz p. 252 nota 41.

vv. 433-34.
Come segnalano i commentatori (Castorina p. 208, Doblhofer II p. 199) l'immagine ha i suoi precedenti nella tradizione poetica: Virgilio *Aen.* VI 452-54, Ovidio *Met.* II 117, Claudiano *Phoenix* (= *Carm. min.* 27) 36-38, IV *Cons.* 184 sg. (e per il particolare degli occhi affaticati anche Stazio *Silv.* I 1, 87 e Ausonio *Mos.* 75). Secondo Doblhofer I p. 46 questo distico avrebbe particolare importanza come preparazione dell'*aítion* subito successivo.

vv. 435 sgg.
Con l'antitesi paradossale che oppone brevità della distanza e accrescimento della credibilità del racconto, Rutilio introduce la leggenda della donna ligure di nome Corsa che, inseguendo uno dei suoi buoi fuggito traversando a nuoto il braccio di mare, mutò il nome all'isola. Il racconto si leggeva nelle *Historiae* di Sallustio (fr. II 11 Maurenbrecher, con Isidoro *Orig.* XIV 6, 62, Solino III 3 e Stefano di Bisanzio s.v. Κορσὶς νῆσος: si vedano Lana p. 127 e Doblhofer II p. 200), ed è proposto da Rutilio con il consueto spirito razionalistico (su cui Boano pp. 67 sg., Castorina p. 208 e Doblhofer II p. 200). Il nome 'sostituito' è quello greco Κύρνος, da cui è ricavato l'aggettivo *Cyrnaeus* già virgiliano (*Ecl.* IX 30). Nel finale, Rutilio riproduce con la successione esametro-pentametro quella del vecchio e del nuovo nome (ciò costringe secondo me a mantenere *Kýrnos* alla base della traduzione, e a tenerne conto quando Rutilio vi si riferisce nuovamente piú oltre, battendovi sopra una formazione aggettivale leggermente diversa: si veda al v. 517).

Monaci: la Capraia (439-52).

L'Isola Capraia, posta fra Populonia e Capo Corso, porge a Rutilio l'occasione per una invettiva contro i monaci che vi si sono stabiliti. Questo e il successivo attacco ai monaci in occasione del passaggio presso la Gorgona (511-26) sono fra i passi piú noti e studiati di Rutilio, anche in relazione al problema del suo credo religioso. L'ipotesi che appare attualmente piú probabile è che Rutilio, di sentimenti pagani, abbia espresso in queste occasioni (e anche nell'invettiva contro i Giudei: si veda a 371-98) la propria avversione non solo per i suoi bersagli diretti, ma anche per il cristianesimo piú in generale che, in quanto religione di Stato, non poteva attaccare liberamente. Ampio riepilogo della questione in Doblhofer I pp. 27 sgg. e Corsaro 1981 pp. 69 sgg. e 55 sgg. Per origini e caratteristiche del monachesimo 'insulare' si veda S. Pricoco, *L'isola dei santi. Il cenobio di Lerino e le origini del monachesimo gallico*, Ed. dell'Ateneo e Bizzarri, Roma 1978, pp. 25 sgg., e in aa.vv., *Società romana e impero tardoantico*, vol. IV, pp. 189 sgg.

v. 440.

Rutilio con il verbo *squalere* intende evocare la sporcizia dei monaci, un punto su cui avevano già insistito i polemisti pagani (Eunapio aveva espressamente parlato della loro «vita da porci»: *Vitae philos.* VI 11, 6-10 pp. 39 sg. Giangrande, p. 472, linee 31 sgg. Boissonade[2]; si vedano Boano p. 68, Lana p. 151, Corsaro 1981 p. 81), e il concetto è ripreso dal raro aggettivo *lucifugi* che chiama in causa gli scarafaggi di un verso di Virgilio (*Georg.* IV 243 *lucifugis congesta cubilia blattis*) e piú oltre, a I 523-26 con la *pointe* su Circe. Da confrontare anche Minucio Felice, *Octavius* 8, 4, dove il pagano Cecilio dice i cristiani *latebrosa et lucifuga natio*: su tutto ciò si veda Doblhofer II pp. 202 sg. e 1983 pp. 80 sgg. Per gli attacchi di Rutilio allo stile di vita ascetico dei monaci P. Fabre, *Essai sur la chronologie de l'œuvre de Saint Paulin de Nole*, Paris 1948, p. 130 nota 3 chiama a confronto i vv. 40 sgg. del cosidetto *Poema ultimum* a torto attribuito a Paolino di Nola (pp. 329 sgg. dell'edizione di W. von Hartel dei *Carmina*, «Corpus Scriptorum Ecclesiasticorum Latinorum» XXX. 2, Pragae-Vindobonae-Lipsiae 1894), in cui l'autore attacca la *rudis atque incondita vita* dei filosofi che egli definisce *Physici* (cfr. in particolare 51 *ingratique deo quae praestitit ille recusant*).

v. 447.

L'interpretazione del verso è molto discussa. Alcuni hanno inteso *ergastula* come «luoghi di pena, penitenziari» (Schuster I pp. 125-28, seguito da Bartalucci 1968 p. 95 e 1980 p. 416, che ritiene *ergastula* si riferisca alle dimore dei monaci); Helm p. 38 e Doblhofer I p. 121, II p. 205 vi vedono un accusativo dipendente da *repetunt* e con valore appositivo rispetto a *suas poenas*, «richiedono il penitenziario come giusta pena dei loro misfatti». Altri lo hanno inteso come nominativo nel senso di «ergastolani, forzati», soprattutto per conservare integra l'espressione tecnico-giuridica *repetere poenas* (cosí Castorina; si veda soprattutto Bertotti p. 106 nota 40 con storia della questione). Credo con questi ultimi che si tratti di un nominativo, ma anche che qui Rutilio abbia forgiato un'immagine ardita indicando i monaci come penitenziario di se stessi. Il tema dell'insensato autolesionismo trova il suo coronamento nel momento in cui Rutilio ne affaccia spiegazione: o sono cosí consapevoli delle loro ignominie da pretenderne immediatamente la pena da se medesimi (tipica di Rutilio l'implicazione, in questo caso di delinquenza; cfr. il citato libro di Pricoco, p. 28 nota 11 e contesto), o sono affetti da un morbo analogo a quello in cui incappò Bellerofonte (si veda sotto).

vv. 449 sgg.
La seconda e alternativa spiegazione dell'assurdo comportamento dei monaci è un eccesso di atra bile, ovvero una forma di follia (si veda Plinio *Nat. hist.* XI 193). È stato spesso osservato (si veda soprattutto Doblhofer I pp. 31-33) che il rinvio peccherebbe di scarsa precisione, perché in Omero non si parla di atra bile (μελαγχολία), né si dice che a Bellerofonte venne in odio il genere umano. Secondo me va riletto con attenzione l'intero passo. Il personaggio entra in causa nell'*Iliade* allorché Diomede, giunto a scontrarsi con Glauco, gli chiede di esporre la propria genealogia (VI 119 sgg.); non vorrebbe infatti «venire a contesa con gli dèi celesti» (130 sg.), «combattere con gli dèi beati» (141), come accadde a Licurgo, contro cui «si adirarono gli dèi che vivono senza cure» (138), sí che «venne in odio a tutti gli dèi immortali» (140). Glauco lo accontenta: da Eolo nacque Sisifo, da questi Glauco, da questi Bellerofonte. Antea, moglie del re argolico Preto, respinta da Bellerofonte, lo accusò falsamente di un tentativo di seduzione; allora Preto lo incaricò di recapitare al suocero, sovrano di Lidia, un messaggio che ne richiedeva segretamente l'uccisione. Questi sottopose l'eroe a rischiose prove, che egli tuttavia superò. Il sovrano ne riconobbe allora la stirpe divina e gli assegnò in sposa la figlia: nacquero cosí Ippoloco (padre di Glauco), Isandro e Laudamia. «Ma quando anch'egli fu in odio a tutti gli dèi, allora andò errando da solo per la pianura Alea [cioè "degli erranti"], mangiandosi il proprio cuore e fuggendo l'orma degli uomini» (200-2). Isandro fu ucciso da Ares in battaglia; Laudamia da Artemide irata (χολωσαμένη), Ippoloco generò me – conclude Glauco – e mi inviò a Troia: al che Diomede riconosce antichi rapporti di ospitalità e il duello non ha luogo (203-36). Cosí Omero (che non riferisce le cause dell'odio divino per Bellerofonte: il tentativo di salire al cielo sulle ali di Pegaso), a partire dal quale la figura di Bellerofonte con il suo dolore divenne un *exemplum* canonico (si vedano Doblhofer I pp. 31-33, Lana 1987 p. 111). Rutilio fa risalire il comportamento di Bellerofonte al dolore per l'uccisione dei figli: è evidente dall'espressione *tela doloris*, che richiama per implicazione la loro morte violenta. Non sorprende che Rutilio riferendosi all'eroe di Omero ne sottolinei il *nimiae bilis morbum*, cioè la follia (si veda Doblhofer II p. 206), se già Ausonio *Epist.* 29, 69 sgg. lo dice *mentis inops* e Paolino di

Nola rispondendogli parla di *anxia Bellerophontis mens* (*Carm.* 10, 189 sgg.; la bile peraltro non mancava del tutto nel contesto omerico, benché a proposito dell'ira di Artemide: si veda sopra). Anche lo scarto del v. 452 rispetto a Omero e a quanto ne era derivato su Bellerofonte (si veda in particolare Ausonio cit.: *coetus hominum et vestigia vitans*) non mi pare molto forte, sebbene sia giusto vedervi un attacco al carattere asociale del monachesimo (forse esteso al cristianesimo piú in generale; si veda Doblhofer I pp. 32 sg.). Resta possibile che Rutilio abbia scelto proprio la figura di Bellerofonte perché nel frattempo essa aveva conosciuto una sua diffusa cristianizzazione (dati e bibliografia in Doblhofer II p. 206 e Doblhofer 1983). Ma secondo me il veleno piú corrosivo dell'espresso rinvio rutiliano direttamente a Omero sta in una implicazione finora non sottolineata: Bellerofonte incappò nel *furor* che lo accomuna ai monaci «quando anche lui – come Licurgo: tema ampiamente sviluppato ai vv. 130 sgg. – venne in odio a tutti gli dèi» (200: ἀλλ'ὅτε δὴ καὶ κεῖνος ἀπήχθετο πᾶσι θεοῖσιν). Al giudeo di 383 sgg. è riservato un raffronto con l'omerico antropofago Antifate; in ambedue le invettive contro i monaci Rutilio conclude su una citazione omerica: qui, con l'*Iliade*, i monaci risultano maledetti e confusi alla stessa stregua di Bellerofonte da quei veri dèi immortali e beati che hanno inteso sfidare (cfr. I 524); piú oltre, ritornando all'*Odissea*, saranno equiparati ai compagni di Odisseo tramutati da Circe in porci.

Secche a Vada Volaterrana: villa di Albino (453-74).

Rutilio raggiunge le Secche di Vada, e descrive in un vivace quadretto realistico le manovre navali e poi – rapidamente – il sopraggiungere di una tempesta e il rifugio nella villa dell'amico Albino. Questa doveva trovarsi vicina all'attuale Rosignano-Solvay, non lontano dalla foce del Fine (Itasius Lemniacus p. 171 riferisce della località La Villana, che ne conserverebbe ricordo nel nome, e dei resti romani che vi si sono scoperti).
Cecina Decio Aginazio Albino fu *praefectus Urbi* una prima volta subito dopo Rutilio, che cosí coglie l'occasione di ricordare nuovamente la propria importante carica (cfr. vv. 157-60 e 415-28). Per i dati prosopografici su di lui si vedano Doblhofer I p. 26 e II pp. 210 sg.: fu ancora *praefectus Urbi* nel 426, *praefectus praetorio Italiae* nel 443 e 447, console nel 444, insignito del titolo di *patricius* nel 446; nel 439-440 gli fu affidata da Valentiniano III una missione nelle Gallie. Appartiene insomma a pieno titolo a quella classe aristocratica di funzionari di cui faceva parte lo stesso Rutilio, il quale chiude l'episodio con un breve encomio: l'affetto, presentato nel crescendo *mutua reverentia - favor - alternis amicitiis - amore* (Doblhofer II p. 213), e il rapporto di successione nella prefettura fanno sí che Rutilio possa definirlo «mio» come un amico, un fratello, un congiunto, quasi addirittura il coniuge di una unione officiata dalla stessa dea Roma.

LIBRO PRIMO

vv. 453-54.

Vada significa appunto «secche»: Rutilio è, al solito, particolarmente attento ai nomi, al loro etimo, alle possibilità di elaborazioni letterarie cui si possono prestare. Subito è posta a contrasto antitetico con l'esametro l'espressione *tramitis alta*, letteralmente «le profondità di un sentiero» (cfr. al v. I 37).

v. 461.

Con il grecismo *symplegas*, usato nel senso di «*complexio* ovvero *cohaesio*» (Castorina p. 213, seguendo Schuster I p. 129), Rutilio intende evidentemente evocare il mito delle *Cyaneae* o *Symplegades* (cioè «cozzanti insieme»), le due isolette poste allo sbocco del Bosforo che, urtandosi fra loro, ostacolavano l'accesso al Ponto, finché il passaggio degli Argonauti – che riuscirono a superarle indenni – non le rese stabili (si veda Apollonio Rodio II 317 sgg. e 549 sgg.). Secondo Doblhofer II p. 210 il tratto comune fra le Simplegadi e le secche di Vada sarebbe stato per Rutilio la mobilità. Cfr. anche Maaz pp. 242 sg. (ma la lettura in chiave comico-grottesca mi pare inammissibile).

v. 463.

Il Coro è il maestrale, vento di nord-ovest, spesso accompagnato da piogge e tempeste.

v. 468.

Con *iura togae* Rutilio si riferisce qui ai compiti connessi con la carica di *praefectus Urbi*; la toga, il caratteristico abito di lana bianca dell'uomo libero romano, era divenuta ai tempi di Rutilio un indumento di alto rango, obbligatorio per i senatori in senato (il prefetto urbano ne era il presidente) e caratteristico degli alti funzionari imperiali: si veda Doblhofer II pp. 211 sg., con bibliografia. Mi chiedo se con la sofisticata espressione Rutilio non abbia inteso anche istituire in qualche modo un collegamento fra l'etimo del nome Albino (da *albus*, «bianco»; cfr. anche l'*album senatorium*) e la sua posizione sociale, le sue alte cariche.

vv. 468-69.

Quello del 'giovane saggio come un anziano' è un motivo topico, su cui si veda Doblhofer II p. 212; in Rutilio tende già ad affiorare per Rufio Volusiano (si veda ai vv. 171 sgg.). A esso si riconnette probabilmente il distico 471 sg., se dobbiamo scorgere nella *mutua reverentia* – del giovane per il piú anziano, ma anche di questi per il *puer-senex* – il tratto che ha permesso di congiungere i due in una fratellanza nonostante la differenza di età. Non del tutto perspicua è la *pointe* con cui si conclude la sezione (473-74): forse il gioco sulle età continua a echeggiare nell'aggettivo *maior* che, in allitterazione con *amore*, ne costituisce il fulcro. Il verbo *vincere* e la metafora delle *habenae* ci conducono in un ambito agonistico: Albino, pur potendo prevalere, avrebbe lasciato la vittoria a Rutilio, risultando in forza di questo suo amore piú glorioso ancora. Non escluderei però che, con anfibologia, Rutilio intendesse implicare di essersi adoperato perché proprio Albino fosse suo successore, e ottenesse cosí, proprio grazie all'*amor* del predecessore (genitivo soggettivo) quell'accrescimento (*maior fuit*) cui aveva rinunciato per *amor* e *reverentia* nei suoi confronti (genitivo oggettivo). La frase sarebbe cioè contemporaneamente leggibile «ma fu piú grande per l'amore portato al predecessore» e «ma fu piú grande per l'amore che gli portò (ricambiandolo) il predecessore».

Saline (475-90).

Su queste saline, documentate ancora per il 780 d. C. (Itasius Lemniacus p. 171) e oggi, come la villa di Albino, scomparse, sulle non lontane saline di Volterra e infine sui precedenti filosofici e letterari (in particolare Manilio V 682-92, Plinio *Nat. hist.* XXXI 73-81 e Vitruvio VIII 3, 13) di questa nuova pagina del preziosismo rutiliano dedicata alla 'fisica' si veda Doblhofer II p. 213 con bibliografia. Rutilio è evidentemente interessato non tanto alla questione storico-naturale, quanto all'occasione poetica per un pezzo di bravura. Merita dunque di essere soprattutto messo in evidenza – sviluppando uno spunto di Doblhofer II pp. 214 sg. – ciò che mi sembra costituire il tratto piú caratteristicamente suo in questa composizione: in un contesto di termini che innescano il contrasto antitetico fra liquido(-umido, con freddo gelido) e solido(-secco, con calore rovente) fino ai fuochi artificiali dei paradossi conclusivi (487-90), il momento cruciale della formazione del sale viene presentato con una sfera compatta e piuttosto articolata di vocaboli che direttamente o per anfibologia rinviano all'accoppiamento (del sole con le acque) e alla generazione.

v. 479.

Sirius è la stella principale della costellazione del Cane maggiore (citata da Rutilio, per il suo tramonto invernale, a I 638) che si riteneva segnasse con il suo sorgere l'inizio dei calori piú cocenti dell'estate.

vv. 483-84.

È il distico in cui 'nasce' il sale e la terminologia si ricollega alla copula e al concepimento: su *concipere* «ricevere in sé» (ma leggibile anche come «concepire, rimanere gravidi») e *coire* «coagularsi» (ma leggibile come «accoppiarsi») si veda Doblhofer II pp. 214 sg. Lo stesso gioco investe secondo me anche *gravis*, che può essere inteso anche come «gravido» e *acer*, leggibile come «penetrante, ardente, violento» in senso amatorio, nonché naturalmente *nativa coagula*, che intenderei pertanto piú nell'orbita della natività che in quella della naturalità. Ho cercato di salvare per quanto possibile questi giochi nella traduzione.

vv. 485-86.

Sulle concrezioni dell'acqua in sale Rutilio non può fare a meno di innestare il *tópos* del Danubio che il gelo irrigidisce in una crosta tanto spessa da poter essere percorsa dai carri. Il motivo (su cui si veda l'articolo di F. Hornstein in «Gymnasium», 64, 1957, pp. 154-61; cfr. Doblhofer II p. 215) si sviluppa dalla poesia dell'esilio di Ovidio:

LIBRO PRIMO

Trist. III 10, particolarmente 29 sgg. e 33 sgg., III 12, 29 sg.; V 10, 1; *Pont.* I 2, 79 sg., IV 7, 7 sgg.

Vittorino (491-510).

Un nuovo ritratto: Vittorino, *vicarius Britanniarum* prima del 408, da poco *comes illustris* all'epoca del viaggio di Rutilio, si vide costretto ad abbandonare la patria, Tolosa, dopo che la città cadde nelle mani di Ataulfo nel 413; si trasferí nelle campagne dell'Etruria, dove condusse probabilmente una vita modesta (si vedano Courcelle 1964 p. 90, Doblhofer I p. 25). Rutilio ne riferisce le sventure, ma, dopo aver sottolineato (in termini topici) la sua fermezza d'animo, ripercorre la carriera dell'amico e ne mette in evidenza rettitudine, alto rango, glorioso passato, volontaria frugalità, affinché nulla di disonorevole gli si possa imputare a causa delle sue presenti condizioni.

vv. 491-92.
La *pointe*, convenzionale nel contenuto, è assai curata nella forma: mentre l'esametro sembra quasi voler collegare il nuovo episodio al precedente proseguendovi il tema lessicale del «generare» (*generatur origo*, cfr. 483 sg. e nota), il pentametro è, dal punto di vista della retorica di allora, un capolavoro: disposizione simmetrica delle coppie sostantivo-epiteto attorno al verbo (AbxaB); concordanza fra le parole conclusive di ciascun *hemiepes*; antitesi (*dulcem-amara*). *Tempestas* (sia «tempesta» che «lasso di tempo, circostanza») si presta per anfibologia a un allineamento con *mora*. I termini sono accostati a contrasto: *tempestas dulcem* e, in forte allitterazione, *amara moram*.

v. 493.
L'espressione di taglio oraziano già impiegata per Rufio Volusiano (si veda al v. 426) riappare in un contesto che richiama un altro luogo di Orazio: l'incontro con gli amici durante il viaggio a Brindisi in *Sat.* I 5, 39 sgg.: *postera lux oritur multo gratissima; namque | Plotius et Varius Sinuessae Vergiliusque | occurrunt, animae qualis neque candidiores | terra tulit neque quis me sit devinctior alter. | O qui complexus et gaudia quanta fuerunt! | Nil ego contulerim iucundo sanus amico.* Anche in Rutilio l'amico raggiunge il poeta lungo il suo itinerario: gli abbracci vengono spostati a fine episodio (509 sg.).

vv. 499-500
Si allude alla carica di vice-prefetto ricoperta dall'amico in Britannia: con l'Oceano (si veda a I 56) e con Thyle (isola settentrionale difficile da identificare con precisione: cfr. Castorina p. 216) si indicano gli estremi limiti dell'*oikouménē* (cfr. 503 sg.); per la grafia si veda Bartalucci 1980 p. 414.

v. 501.
In *frenata potestas* si legge per solito una allusione alla moderazione di Vittorino nell'esercitare il suo compito, ma secondo Bartalucci 1980 p. 116 «la locuzione vale 'potere esercitato in qualità di prefet-

to'» (si veda già 1968 pp. 95 sg.). Forse non è da escludere una intenzionale equivocità, ma penso che sia la seconda idea a dover essere portata in primo piano, e che l'«ingegnosa *variatio* di aridi tecnicismi amministrativi» ivi ravvisata da Bartalucci riposi soprattutto sull'immagine del freno, delle briglie, che va a costituire un insieme organico con 505 *plus palmae* (si veda sotto) e forse anche con 504 *rector* (disponibile a una lettura agonistica e 'equestre') e l'avverbio di moto per luogo *qua*.

v. 505.

Qui, come forse già per Albino, ricorre un'immagine agonistica. L'espressione *plus palmae est* a indicare la gloria derivante all'amico dalla sua retta amministrazione colpisce per la sua singolarità; ma il significato di «gloria» deriva a *palma* dal suo essere premio (e dunque anche simbolo e sinonimo) di vittoria. E qui si cela appunto, secondo me, nelle pieghe di quanto viene lasciato implicito, un gioco etimologico sul nome dell'amico: con Petrarca (*Rime* 359, 49), «palma è vittoria», e *victoria* affiora qui per *Victorinus*.

vv. 507-8.

Si ripete di commento in commento l'osservazione che trascrivo da Castorina (p. 217): «tre le classi dei *Comites Illustres*: *in actu positi* (in carica); *vacantes* (già segnalati per la nomina); *honorarii* (a titolo puramente decorativo)», con l'assegnazione di Vittorino alla terza categoria a motivo del suo vivere ritirato lontano dalla corte (Préchac p. 26, Lana p. 62; tutto ciò che ha a che fare con l'imperatore viene indicato con *sacer* già all'inizio del I secolo d. C.: si veda Doblhofer II p. 221). Alla luce di queste osservazioni mi pare più probabile che il v. 508 non si riferisca al titolo di *comes* (cosí ad es. Vessereau-Préchac p. 269, Castorina p. 117, Mazzolai p. 75), ma alle cariche piú alte del *cursus honorum*, che Vittorino avrebbe ben potuto ulteriormente meritarsi, ma cui ha rinunciato *ruris amore* (cosí ad es. i Duff p. 809, Gelsomino 1972 p. 31 e Doblhofer I p. 127 e II 222, con rinvio al caso di Protadio ai vv. 555 sg. per il motivo del nobile ritiro campestre).

v. 510.

È il verso in base al quale si ritiene che anche Rutilio fosse originario della zona di Tolosa e avesse lí i suoi possedimenti, meta del viaggio.

Monaci: la Gorgona (511-26).

È il settimo giorno di viaggio (24 novembre 415 o 4 novembre 417, se la sosta alla villa di Albino è durata un solo pomeriggio: si vedano Lana pp. 130 sgg., Doblhofer I p. 39): da Vada Volaterrana al Porto Pisano contiguo alla Villa Triturrita, per un totale di circa 18 miglia. Si apre con un quadretto di navigazione tranquilla nel mattino sereno. Rutilio lo ha cesellato con grande attenzione, facendo leva soprattutto su termini marinareschi (*antemnas tendi*, con allitterazione; gli *aplustria*; il delicato sbattere delle vele che non sottopone a rischi i *rudentes*). Ma l'isola Gorgona, fra la costa pisana e quella della Corsica (cfr. al v. 437: con variazione della formazione aggettivale) incrina l'atmosfera distesa richiamando la perdita di un giovane nobile e ricco che, rinunciando a tutto, vi si è andato a unire a una comunità di monaci. Rutilio sembra distoglierne con fiera amarezza lo sguardo, con il medesimo gesto che si imporrebbe passando dinanzi all'omonimo 'mostro' mitico, guardando il quale ci si mutava in pietra (527-530: si vedano la *Nota al testo*, e Maaz p. 239). Mutare e trasmutare: il motivo figurerebbe in tal caso ripreso col riferimento a Circe del finale. Per il precedente (si vedano 439 sgg. e commento a 449 sgg.), anche questo secondo attacco alla vita monastica si conclude infatti con una citazione di Omero, e questa comporta per implicazione una violenta ripresa del tema vituperativo che assimila i monaci ai porci. Sull'isola e i suoi insediamenti monastici si veda ora S. P. P. Scalfati, *La Gorgona. Profilo storico* (con illustrazioni e ricca bibliografia), in aa.vv., *La scienza della terra nei comuni di Livorno e di Collesalvetti* a cura di R. Mazzanti, supplemento n. 2 al vol. XI (1990) dei «Quaderni del Museo di Storia Naturale di Livorno», Livorno 1990, pp. 145-53.

vv. 518 sgg.

Civis può indicare un «compatriota» di Rutilio, o un «cittadino» romano libero piú in generale. Rutilio non vuole nominarlo, e lo indica solo perifrasticamente: *noster* segnala che apparteneva alla sua stessa cerchia sociale (può anche darsi che fosse addirittura un suo parente). Sui tentativi di identificarlo si veda Doblhofer I p. 25. Il v. 521 sembra riallacciarsi proprio a quel Bellerofonte su cui il discorso circa i monaci si era fermato (vv. 448-52); il v. 522 riprende il motivo dei *lucifugi viri* di I 440 e affianca il tema del volontario esilio a quello degli *ergastula* (I 447) e dell'autolesionismo (I 443-47), ribadito anche al v. 524. La *pointe* conclusiva si sviluppa però dalla ripresa del tema della sporcizia (v. 523: si vedano 440 e commento) e conduce nuovamente Rutilio a Omero, questa volta all'*Odissea* (X 135-405). Formalmente, l'arguzia antitetica ha il suo precedente diretto in un distico di Ovidio (*Met.* XV 317 sg., dove Pitagora dice ad altro proposito: *quodque magis mirum est, sunt qui non corpora tantum,* | *verum animum etiam valeant mutare liquores*). Ma è proprio il nuovo riferimento omerico nel contenuto a caricarla di asprezza, portando in primo piano la trasformazione dei compagni di Odisseo in porci: essi peraltro – viene espressamente specificato in Omero (239 sg.) – ebbero sí mutate le fattezze, ma conservarono l'animo integro come per il passato. Boano pp. 79 sg. chiama a confronto il passo del *Querolus* che sviluppa l'allegoria delle oche (sotto questi *anseres* si sono voluti individuare appunto i monaci) e che termina *o genus hominum multiforme et multiplex! His egomet fuisse arbitror matrem Circen, Proteum patrem* (p. 64, linee 14 sg. Corsaro = pp. 32, linee 23 sg. Ranstrand). Ampi ragguagli sulla evoluzione della figura di Circe nella tarda antichità presso Doblhofer II pp. 227 sg. e 1983 pp. 79 sgg.

NOTE DI COMMENTO

La Villa Triturrita e il Porto Pisano (527-40).

Partiti da Vada, i nostri viaggiatori prendono terra a Villa Triturrita nei pressi del *Portus Pisanus*. Secondo l'*Iter maritimum* (p. 80 ed. Cuntz) si tratta di sole 18 miglia; di conseguenza Lana pp. 132 sgg. ha supposto che durante il percorso il tempo si sia guastato, sollecitando il ripiegamento su un porto. Dopo l'attracco presso la Villa Triturrita, l'Euro avrebbe ristabilito condizioni favorevoli alla navigazione, ma Rutilio avrebbe deciso di non ripartire, per recarsi invece a Pisa onde incontrarvi Protadio (541 sg.). Molti giorni di intemperie gli impediranno di riprendere il mare, sí che qui si conclude il tratto di navigazione consegnato al primo libro.

vv. 527-30.

Vari problemi ha suscitato la localizzazione di questa *Villa*, che oggi si tende a mantenere distinta dalla località di *Turrita* o *Turrida* indicata nella *Tabula Peutingeriana*, nei *Geographica* di Guido e nella *Cosmographia* dell'Anonimo Ravennate, anche perché «Triturrita era una semplice villa..., mentre Turrita doveva essere un centro abitato»: cosí Lana p. 133, che ha ampiamente trattato il problema, stabilendo che comunque la villa e il *Portus Pisanus* erano effettivamente contigui come attesta Rutilio. Anche il carattere e le funzioni di questo edificio costruito con dispendio economico e di energie non si lasciano facilmente individuare: per Doblhofer II p. 229 doveva avere uno scopo militare. Di non facile interpretazione il v. 528, dove *latet*, quando non emendato (*iacet* Heinsius, *latere* Keene) è stato diversamente inteso. Per Castorina si tratta di «ondate che "nascondono" la Villa» (p. 221). Altre rese: «qu'on aperçoit à peine» Vessereau-Préchac p. 27; «lying in the wash of baffled waves» i Duff p. 811; «die geborgen daliegt» Doblhofer I p. 127 (con Helm, richiamando Virgilio *Aen*. III 533-36); «che sta appartata (lontano dalla via)» Gelsomino 1972 p. 32.

vv. 531 sgg.

Anche l'esatta localizzazione del *Portus Pisanus* ha sollevato varie difficoltà; oltre a Lana pp. 133 sgg. si veda Doblhofer II p. 230; indicazioni sulla vegetazione marina che rende sicuro il porto ivi p. 232 e in Castorina p. 222.

Protadio (541-58).

Come si è detto, nonostante il ritorno del bel tempo Rutilio preferisce dirigersi a Pisa per incontrarvi Protadio. Se poi abbia pernottato a Pisa (come vorrebbe Lana p. 141), o sia tornato la stessa sera alla Villa Triturrita per tentare di ripartire il mattino seguente, non è possibile stabilire. Anche l'incontro con l'amico ha sollevato problemi: co-

LIBRO PRIMO

me mai Rutilio poteva aspettarsi di trovarlo a Pisa se le sue *sedes* erano in *Umbria*? *Umbria* vale qui *Tuscia* cioè *Etruria* (Vessereau p. 226, Doblhofer II p. 236)? Come conciliare l'ipotesi di un precedente appuntamento con il carattere apparentemente fortuito della sosta? È il *tribunus* del v. 561 a informare Rutilio che Protadio si trova a Pisa (Castorina pp. 222 sg.)? O lo ha saputo alla villa di Albino? Rutilio ha inventato di sana pianta l'incontro per poter tessere il panegirico dell'amico? O esso è davvero avvenuto, e magari Rutilio ne ha liberamente manipolato i dati effettivi per ragioni di strutturazione poetica (potrebbe cadere nei successivi giorni di sosta forzata)? Rutilio non ne dice piú nulla. Si limita a profilarlo a 541 sg., e ad offrirci un ritratto ideale dello sfortunato amico che, rovinato dalle invasioni, era stato costretto come Vittorino (493 sgg.) ad abbandonare le sue terre d'origine e vivere ora modestamente in qualche possedimento dell'Umbria. Figlio di un famoso retore di Bordeaux (Vessereau p. 224), era nato a Treviri; fu, come i fratelli Minervio e Florentino, amico e corrispondente di Simmaco (*Epist.* IV 17-34 e 56, 57). Visse fra i suoi possedimenti patrii – vi progettò una storia delle Gallie –, la corte di Milano, e Roma, di cui fu *praefectus* nel 401 (si vedano Vessereau pp. 223 sgg., Doblhofer I pp. 25 sg., Chadwick p. 131). Accostandolo ai tradizionali paradigmi romani di frugalità, sottolineando la sua fermezza di fronte al rovesciamento di fortuna, Rutilio rivela di voler tenere alta agli occhi della comune cerchia e del mondo la reputazione dell'amico caduto in disgrazia. Andrà notato comunque, che anche per altri amici – come Volusiano, Albino, Vittorino – Rutilio non ci fornisce maggiori elementi: il loro encomio tiene, come qui, il luogo della descrizione di circostanze e conversazioni dell'incontro; l'assenza dunque di piú diffusi ragguagli non può di per sé comportare che questo incontro non si sia verificato.

vv. 541 sgg.

«Euro, vento di sud-est, oltre che apportare il sereno, spirava propizio a chi, come Rutilio, doveva navigare verso nord» (Castorina p. 223). Al v. 544 secondo me *virtus* non vale ἀνδρεία e dunque «Tapferkeit» come vuole Doblhofer II pp. 233 e 236, che mira a riconoscere qui le quattro virtú cardinali platoniche; ma significa la virtú stessa, intesa come quella elevatezza d'animo che tutte le virtú riassume: la intendo anzi addirittura personificata (per questo la maiuscola). La gamma semantica cui Rutilio si applica qui è quella della pittura: *Virtutis speciem, corde vidente petat, pictura, colorem, figura, aspicienda, forma iustitiae suspicienda micat.*

vv. 549-50.

Mi pare superfluo scorgere in *Gallia* una perifrasi per la persona stessa del poeta, come pensa Doblhofer (II p. 236), il quale peraltro rileva giustamente (p. 112) che, in tutti e tre i casi in cui compare, la patria di Rutilio è contrapposta a Roma, quasi a riprodurre nell'antitesi la scissione di Rutilio stesso (I 20, I 209 e qui, con allusione alla prefettura urbana dell'amico).

NOTE DI COMMENTO

vv. 551-52.

Ussani 1910 p. 379 annota «di grande effetto è l'antitesi indiretta tra *patriis* e *mediocres*, giacché a integrare il contrasto si presentano spontanee alla mente le idee sottaciute di *externas* da riferirsi alle sedi umbre e di *grandes* da riferirsi alle galliche».

vv. 555 sgg.

L'encomio si conclude collocando Protadio nella galleria dei grandi Romani accanto ai canonici esempi di virtuosa frugalità e saggia modestia. Il primo è L. Quinto Cincinnato, cui nel 458 a. C., durante la guerra con gli Equi, fu conferita la dittatura mentre stava arando il proprio campicello. Per il secondo, la tradizione derivava il soprannome *Serranus* da un episodio simile: cfr. Plinio *Nat. hist.* XVIII 20 *serentem invenerunt dati honores Serranum, unde ei cognomen*; Rutilio – che ha certo presente Virgilio *Aen.* VI 841 sgg. e forse anche Claudiano *Ruf.* I 200 sgg. – si riferisce con tutta probabilità a C. Atilio Regolo, il console del 127 a. C. che combatté con i Cartaginesi (per il problema si veda Doblhofer II p. 238). C. Fabrizio Luscino è il console del 282 e del 278 a. C., che combatté contro Pirro e i Sanniti, celebre anch'egli per la sua incorruttibile sobrietà. Fonti in Doblhofer II pp. 237 sg.; si veda anche H. W. Lichtfield, *National «exempla virtutis» in Roman Literature*, in «Harvard Studies», 25, 1914, pp. 1-71. Con *regum rectores* (555) si allude probabilmente al fatto che, guidando Roma, questi semplici uomini di campagna contenti di poco avevano dominato sui popoli sottomessi e i loro sovrani.

Pisa (559-74).

Come nel primo, cosí nell'ultimo giorno di navigazione del libro primo alla sosta tranquilla delle navi in porto corrisponde un'escursione. Probabilmente si sarà svolta insieme ad alcuni compagni di viaggio, e il gruppo avrà formato con il *tribunus* del v. 561 un piccolo corteo. Con uno sguardo d'insieme (*contemplor*) ci viene offerta una breve presentazione della città: si tratta di dieci versi, di cui cinque costituiscono una cornice dedicata alle leggende di fondazione e delle origini (565, 571-74), e cinque illustrano la particolare posizione della città alla confluenza dell'Arno e dell'Ausur (566-70: si veda Doblhofer II p. 241). La menzione dell'Alfeo crea una corrispondenza fluviale, oltre che allitterativa, fra cornice e 'tela', mentre il rinvio alla materia troiana (571 sg.) e la memoria della menzione di Pisa nel 'catalogo delle navi' (si veda ai vv. 217 sgg.) evocano l'*Eneide* e innescano *rêveries* antiquarie venate di nostalgia.

vv. 559-64.

Ricollegandosi con *ergo* alla sezione precedente, Rutilio presenta il viaggio verso Pisa, lungo una strada che è probabilmente la via Aurelia (Doblhofer II p. 239, Lana p. 132 nota 102), con uno o piú carri trainati da cavalli (il plurale *carpenta* può essere poetico, ma può anche riferirsi a un'effettiva pluralità di vetture, per le caratteristiche

LIBRO PRIMO

delle quali cfr. Casson 1978 pp. 144 sg.); il trasporto viene messo a disposizione da un tribuno che Rutilio conosce dai tempi in cui prestavano contemporaneamente servizio, lui come *magister officiorum*, il tribuno come appartenente alle *scholae palatinae*, cioè le guardie del corpo del *princeps* – qui detto convenzionalmente e per allitterazione *pius*, e da esse 'tutelato' attraverso la collocazione delle parole nel raffinato v. 564. Su tutto ciò Doblhofer II pp. 239-41.

vv. 565 sgg.
La città è detta di origine Alfea in quanto fondata da coloni della città greca di Pisa in Elide, regione del Peloponneso dove l'Alfeo sfocia nello Ionio dopo essere passato poco a sud di Pisa e aver attraversato il territorio di Olimpia: l'espressione è già in Virgilio *Aen.* X 179 *Alpheae ab origine Pisae* (cfr. Claudiano *Gild.* 483). La riflessione sul dato erudito che investe la 'cornice' testimonia una volta di piú l'attenzione di Rutilio ai nomi di località, alle loro origini, ai giochi letterari che vi si possono (o forse debbono) costruire: cfr., oltre a Doblhofer II p. 244, qui sopra ai vv. 213 sgg.; per Pisa si veda ancora al v. 615. Ai tempi di Rutilio l'*Ausur* (oggi Serchio, da *Auserculus*), successivamente deviato in corso autonomo per evitare il rischio di inondazioni, confluiva nell'Arno e proprio alla confluenza sorgeva Pisa, difesa cosí naturalmente sui due lati (si veda Doblhofer II pp. 241 sg. con bibliografia). A ciò si riferisce il distico 567 sg., la cui esatta interpretazione è però controversa. Rutilio dice dell'incontro dei fiumi e di una sottile lingua di terra che vi si insinua e che si allarga sempre di piú: in questo contesto parla di una punta di piramide. Alcuni intendono l'immagine nel senso di un semplice triangolo di terra tracciato sul suolo per chi osservi dall'alto: su tale triangolo è situata Pisa. Altri (Préchac in Vessereau-Préchac p. 43 e Castorina p. 226) ritengono che Rutilio intenda fermare in una rapida immagine quella sorta di poligono piramidale cui danno luogo i flutti incontrandosi e sulla cui base si insinua, sempre piú allargandosi, una sottile lingua di terra: a orientare in tal senso è Strabone V 5 (222 sg.), che riferisce come l'impatto di Arno e Ausur provocasse un sollevamento delle rispettive acque tale da impedire che ci si possa scorgere da una riva a quella opposta. A mio parere, sebbene l'altra sia stata ultimamente ribadita da Doblhofer II p. 247, l'ipotesi piú verosimile è quest'ultima: a eventuali e – come qui – ipotetici dati autottici, Rutilio associa, credo con evidenza, dati di dottrina, acquisiti durante la propria formazione o recuperati fra le pagine di svariate fonti proprio in vista del poemetto.

vv. 571-74.
Cfr. a 565 sgg. Rutilio intreccia alla saga di fondazione di Pisa quella della fondazione di Roma, rinviando ai «re dei Laurenti», cioè ai re di Lavinio, specialmente Latino: cfr. Virgilio *Aen.* VII 59 sgg. (con Doblhofer II p. 243). Sugli spinosi problemi riguardanti i Laurenti e la loro città, in cui regnava Latino, si vedano le voci *Laurentes* (di N. Horsfall) e *Lavinio* (di F. Castagnoli) in *Enciclopedia Virgiliana*, vol. III, Istituto della Enciclopedia Italiana, Roma 1987, rispettivamente pp. 141-44 e 149-53.

NOTE DI COMMENTO 114

Statua del padre (575-96).

Grande è la *pietas* con cui Rutilio si accinge alla lode di suo padre Lacanio. Secondo un atteggiamento caratteristico degli autori tardolatini, egli si specchia una volta di piú sulle grandi figure esemplari della tradizione letteraria, e la sua attenzione è catturata da Enea. Questi, a vedere l'uccisione di Priamo, si riscosse: *obstipui, subiit cari genitoris imago* (II 560); si ricordò del padre, che avrebbe poi portato sulle spalle, e perduto lungo gli *errores*. Qui si innesta l'espressione di Rutilio, che ha perso il padre e che si sente un esule (proprio come qui si innesterà l'esperienza di un altro orfano di padre, esule e in piú impegnato in una guerra a causa delle invasioni: Paolino di Pella). Il segnale di questo preciso collegamento è dato da Rutilio in modo inequivoco nel verso iniziale del brano, dove a confluire con l'*imago* del II libro (divenuta statua) viene chiamato l'addio alle spoglie paterne nel quinto dell'*Eneide* (80 sgg. *salve, sancte parens, iterum salvete, recepti | nequiquam cineres animaeque umbraeque paternae*, con quanto vi segue; cfr. Maaz pp. 244 sgg., secondo cui Rutilio si ispira anche agli episodi epici di incontro nell'aldilà con genitori defunti). La cura proconsolare offre occasione per una illustrazione piú ampia della carriera del padre, cui Rutilio si dispone distribuendo a 583-85 una carica per ogni verso, secondo un ordine poetico che ricapitola e esprime un'iscrizione interiore, se pure non intende riprodurre i tratti concreti di quella che ai piedi della statua lo costringe al pianto (577 sg.: il decoro del poemetto rifuggiva ai vv. 287 sg. dal riso, non rifugge qui dal registrare una nobile commozione). Cosí a sua volta la stessa pagina rutiliana si fa monumento – e, secondo l'antico motivo della poesia immortalante, *aere perennius* –, che culmina, se non in un volto, nel nome.

vv. 577 sgg.

Il verbo *canit* (588) lascia pensare che si trattasse di una iscrizione in versi, e alcuni tratti possono esserne rifluiti nel componimento rutiliano (Doblhofer II pp. 247 sgg. e 245). Qualcosa di analogo può essere avvenuto per il carme di Messalla (267 sgg.), la poesia di Lucillo (603 sgg.), l'epigrafe di Albenga (si veda l'*Appendice*). In Rutilio troviamo in primo piano la carica che rendeva ragione della statua di Lacanio a Pisa e della corrispondente digressione nel poemetto, quella di *consularis sexfascalis Tusciae et Etruriae* (dai dodici originari, sembra che i fasci spettanti ai proconsoli si fossero in età tarda ridotti a sei: si veda Doblhofer II p. 245). Per *Tyrrhena arva, Tusci, Lydia* si veda sopra, al v. 39. Le altre cariche designate per via di perifrasi sono: *comes sacrarum largitionum* (v. 583), *quaestor sacri palatii* (v. 584) e (v. 585) *praefectus Urbi* piuttosto che non *praefectus praetorio* (si veda Castorina p. 227, con giusto rinvio al v. 591): su di esse si veda Doblhofer II pp. 246 sg. con bibliografia (a p. 244 quella riguardante Lacanio).

vv. 589 sgg.

Mentre il tema della memoria passa dai ricordi personali di Rutilio (581) alle testimonianze dei *senes* (590), per combinare infine le due prospettive nelle esperienze di viaggio lungo la Flaminia (593-95 *saepe reperta fides; fama Lachanii*), la lode del padre sfuma discretamente in quella del figlio, cioè di Rutilio stesso, che è riuscito a non restargli inferiore. Ma nel medesimo tempo il cenno ai propri ricordi di viaggio lungo la Flaminia («costruita dal console Gaio Flaminio nel 220-219, andava da Roma a Rimini attraverso l'Umbria»: Castorina p. 228) riconduce definitivamente l'attenzione su *Lachanius*, estendendone la gloria a coprire dopo la Tuscia anche l'Umbria, e quindi tutta la *Lydia*, l'Etruria antica (Doblhofer II pp. 248 sg.).

Decio, Lucillo e le Arpie (597-614).

Sviluppando ulteriormente lo spunto offertogli dalla *provincia* poeticamente effigiata come *Lydia tota*, Rutilio sposta le lodi su una nuova coppia, Decio e Lucillo. Si tratta ancora una volta di un gruppo padre-figlio: fino dal primo degli amici ricordati, Rufio Volusiano (167 sgg.), e poi ancora per Palladio e Esuperanzio (207 sgg.), e nel proprio personale caso (575 sgg., 590 sgg.), abbiamo visto quanto il punto fosse rilevante nella mentalità di Rutilio (si vedano Doblhofer II p. 248, con rinvio a *Epigr. Bob.* 26, 17 sg. e bibliografia). Con una finezza che ricorda le tecniche dell'epillio, la nuova coppia presenta peculiarità 'incrociate' rispetto a quella subito precedente: di là il padre Lacanio *consularis Tusciae et Umbriae* e il figlio Rutilio funzionario e poeta; di qua il padre Lucillo funzionario e poeta e il figlio Decio *consularis Tusciae et Umbriae*. Le virtú proconsolari sono state cantate in Lacanio, l'obiettivo ora può scivolare su Decio, e soffermarsi su Lucillo ponendo in evidenza l'attività letteraria e, con essa, la rettitudine e l'impegno morali che vi si connettono. La rete dei rapporti fra questi personaggi sembra cosí implicitamente sottolineare il rilievo di esemplarità morale che dal canto suo Rutilio consegna ai busti della propria galleria, l'aspetto di rilevanza etica che egli avverte nel proprio poema. L'ideale di conservazione che regola tutto il brano (si veda a 597 sgg.) si cristallizza in questa dialettica fra l'esaltazione di una generazione precedente e quella dell'attuale che non ha tralignato; e va a fissarsi nel distico 601 sg. dove Rutilio, attingendo alla normale sfera di osservazioni circa i rapporti fra padre e figlio, tocca il concetto di somiglianza, ma – con un procedimento sperimentato già nel caso di Protadio – lo trasferisce dal piano fisico a quello dei lineamenti spirituali.

vv. 597 sgg.

Una patina mitica viene distesa su questi *arva beata* che ricordano l'età dell'oro e le isole felici (fondamentale l'eco di Orazio *Epod.* 16, 40 sgg. *Etrusca praeter et volate litora;* | *nos manet Oceanus circumvagus:*

NOTE DI COMMENTO 116

arva, beata | petamus arva divites et insulas etc.: si veda Doblhofer II p. 250), dove una tradizione di salda moralità che ripete i costumi piú antichi innesca un reciproco rapporto di causa ed effetto fra la probità dei governanti e quella dei governati. La terra di Corito – il mitico re tusco fondatore ed eponimo di *Corythos*, oggi Cortona, una delle principali città etrusche (si vedano Castorina p. 229 e Doblhofer II p. 250 che rinvia a Virgilio *Aen*. IX 10 sg., III 70 sg., VII 209) – si profila così come la sede ideale per questa cerchia di conservatori (cfr. Doblhofer II p. 251), in cui Lucillo *restituit* l'*antiquus pudor*, come Esuperanzio a suo luogo (v. 215) le leggi e la libertà. La sua rettitudine si è palesata sia allorché ha ricoperto, come Lacanio, la carica di *comes sacrarum largitionum* battendosi contro la corruzione, sia nella attività letteraria, consistente in una produzione satirica e pertanto già di per sé specificata in senso moralistico, carattere che comunque l'amico di Rutilio dovette accentuare (*lima censoria*: 205). Parimenti dal solo Rutilio ci è noto Decio; doveva essere all'incirca un suo coetaneo, ed era al momento del viaggio *consularis Tusciae et Umbriae* (la sede di questo ufficio era peraltro Firenze: Doblhofer II p. 248). Anche questa coppia appartiene all'aristocrazia, all'ideale circolo di *boni* per il quale si veda ai vv. 271 sgg.

vv. 603-4.

Le Camene, in origine ninfe delle fonti dotate di facoltà profetiche, furono presto identificate con le Muse greche, e sentite pertanto come il loro corrispettivo romano. Di Turno, poeta satirico di età flavia, non ci è rimasto nulla; delle satire di Giovenale (50/60 - 135/40 circa) un celebre passo appare con nettezza evocato in questo contesto al v. 612: si tratta di VI 347 sg. *sed quis custodiet ipsos | custodes?*

vv. 608 sgg.

Il riferimento alle Arpie, le mitiche rapaci figure con volto di donna e corpo di uccello incontrate nelle loro peregrinazioni dagli Argonauti (Apollonio Rodio II 178 sgg., Valerio Flacco IV 422 sgg.) e dagli eneadi (Virgilio *Aen*. III 223 sgg.) trova secondo Castorina p. 229 una «significativa corrispondenza» in Giovenale VIII 129 sg. Dal canto mio sospetto che qui Rutilio rielaborasse soprattutto, implicitamente rinviandovi, materiali della produzione di Lucillo stesso (cfr. nota a 577 sgg.) Le Arpie simbolizzano qui i funzionari del tesoro corrotti (cfr. Zumpt 1836 p. 75). Come allegoria di una categoria sociale avversata nel medesimo ambiente di Rutilio ritornano nel *Querolus* (p. 62, 17 e p. 66, 15 sgg. Corsaro = p. 31, 24 e p. 34, 4-12 Ranstrand): si vedano Lana p. 184, Boano pp. 78 sg., Doblhofer II pp. 252 sg.

vv. 611 sgg.

Erano proverbiali le figure di Argo, il mostro dai cento occhi custode di Io, e di Linceo, l'eroe della saga argonautica dotato di una vista portentosa (Doblhofer II p. 253); Briareo è il mitico gigante dalle cento braccia. Forse, come le Arpie, anche qualcuno di questi personaggi ricorreva nelle stesse satire di Lucillo, il quale, con una tipica antitesi unità-molteplice (si veda nota ai vv. 165-78), che qui si vorreb-

LIBRO PRIMO

be quasi definire 'eroica', seppe con la sua sola mano di *bonus* fermarne tante di *mali*. Sono molto discusse la restituzione (cfr. nota al testo) e l'interpretazione del v. 612; mi allineo a Giannotti-Villa p. 74, Bartalucci 1965 p. 94 (e 1980 pp. 412 sg.) e Frassinetti 1972 p. 47; cfr. Bertotti pp. 105 e 113 sg. che sostiene con i Duff la resa «volano, pubblici ladri, fra i custodi».

Caccia vicino a Villa Triturrita (615-30).

Rutilio, tornato a Villa Triturrita, si accinge a partire, ma a causa del maltempo è costretto ad abbandonare il progetto. Non è possibile determinare quanti giorni Rutilio si sia fermato alla Villa, come nemmeno la precisa durata e l'esatta cronologia del suo primo spostamento, da Villa Triturrita a Pisa (si vedano Lana pp. 138 sgg., Castorina pp. 230 sg., Doblhofer I p. 39 e II p. 254; sopra, nota a 527-40). Per questa seconda lunga sosta in attesa di un tempo migliore, parallela a quella di *Portus* (vv. 179 sgg.: cfr. Doblhofer I pp. 34 sg.), Rutilio ci offre una fresca e graziosa scena di caccia.

v. 615.

Pisaeus è aggettivo relativo a Pisa in Elide, mentre quello relativo alla nostra Pisa sarebbe *Pisanus*, come ai vv. 516, 576 e II 12 (Doblhofer II p. 254, con i passi ivi citati). Qui, come già per la Corsica (cfr. 438 sg. con 516 e relativa nota), tornando su una località di cui ha già parlato, Rutilio vi si riferisce con il termine piú dotto, evocativo dell'*aition* precedentemente accennato (cfr. anche il caso del Tevere al v. 151, con la relativa nota).

v. 616.

Notus è il vento del sud («gemeint ist der Leuconotus oder albus Notus, Hor. carm. 1, 7, 15 f.; änlich clarus... Eurus 1, 524»: Doblhofer II p. 254, che sottolinea anche la evidente ricerca allitterativa della *iunctura*).

v. 618.

Lana pp. 140 sg. ha mostrato come qui Rutilio riporti un fenomeno che anticamente veniva ritenuto «un presagio certo di tempesta», e nel tentativo di determinare il momento in cui Rutilio lo avrebbe osservato ha insistito sul fatto che le fonti antiche «lo riferiscono proprio all'alba». Abbia Rutilio pernottato a Pisa oppure no (si veda nota ai vv. 527-40) la scena si svolgerebbe all'alba del giorno successivo (per Lana, il 25 novembre 415).

vv. 623 sgg.

Il *vilicus hospes* non può a mio parere essere altri che il gestore della Villa Triturrita dove appunto Rutilio e i suoi erano ospitati; che poi vada ulteriormente identificato con il *tribunus* del v. 561, come ritiene Doblhofer II p. 255, mi sembra rimanere, in mancanza di argomenti piú stringenti, solamente possibile (per la discussione si veda anche

Castorina p. 232). Dell'aspetto tecnico-venatorio dell'episodio si è specificamente occupato Capponi, pervenendo tuttavia a conclusioni che trovo molto difficili da accettare. La caccia era uno dei passatempi preferiti dell'aristocrazia romana, e costituiva un tema poetico abbastanza coltivato: si veda E. Steindl, *Die Jagd in der antiken Dichtung*, in «Das Altertum», 17, 1971, pp. 208-24 (cfr. anche Lana 1987 p. 109).

vv. 627-28.

Quando Artemide, adirata con Eneo re di Kálydon in Etolia, inviò un gigantesco cinghiale a devastare le sue contrade, Meleagro, figlio di Eneo e di Altea, guidò la grande caccia contro la belva (vi parteciparono i principali eroi dell'antichità), giungendo a ucciderla. Sorse un'aspra contesa fra gli Etoli e i Cureti per l'assegnazione delle spoglie, e nei combattimenti che ne scaturirono Melcagro uccise due fratelli della madre. Secondo la variante del mito seguita da Rutilio in II 53 (si veda Doblhofer II p. 280), poco dopo la nascita le Moire predissero ad Altea che il figlio sarebbe morto appena il tizzone che stava bruciando nel fuoco si fosse consumato: Altea spense il tizzone e lo conservò, ma quando Meleagro le uccise i fratelli, lo gettò per vendetta sul fuoco provocando, con la sua completa consunzione, la morte del figlio.

vv. 628 sgg.

Anche Ercole, figlio di Alcmena e di Giove (tramutatosi per l'occasione nel di lei marito, e poi 'padre umano' dell'eroe, Anfitrione) aveva catturato un celebre cinghiale: quello che devastava l'Erimanto, catena del Peloponneso. L'Anfitrionide (il patronimico copre da solo il secondo emistichio del pentametro, e sembra sottolineare, col suo peso sillabico, la potenza dell'eroe) lo catturò con le nude mani e lo portò ancora vivo, stretto fra le braccia, a Euristeo, che gli aveva imposto questa 'fatica'. È a questo episodio che fa riferimento Rutilio (in piú, il verso gioca forse anche sull'espressione proverbiale *nodus Herculis* per indicare una difficoltà quasi insuperabile: Plinio *Nat. hist.* XXVIII 63, Seneca *Epist.* 27, 38; si vedano Castorina p. 232 e Doblhofer II p. 257). Cosí esametro e pentametro si ripartiscono la menzione dei due grandi cinghiali mitici e dei loro rispettivi cacciatori, esornando la caccia rutiliana con i colori della leggenda (Doblhofer II p. 256).

Talora scorrere le vecchie traduzioni può riservare sorprese. Cosí mi è avvenuto di scoprire che in un caso Rutilio è divenuto addirittura profeta: giunto al v. 630, Arturo Trinch – senz'altra segnalazione che la silenziosa 'sospensione' del testo a fronte – lascia infatti che il poeta si abbandoni a una calorosa *rêverie* sul futuro sorgere di Livorno, «Montenero, Antignano e la vicina Ardenza» (*Dal poema «Itinerarium de reditu suo» di Claudio Rutilio Namaziano: La invocazione a Roma, Il porto pisano e i suoi dintorni*, Tipografia di Raff. Giusti, Livorno 1895, p. 41).

LIBRO PRIMO

Astri procellosi (631-44).

Rutilio conclude il libro con uno spettacolo di mare in tempesta e costellazioni celesti che incornicia la prima parte del viaggio fra due momenti di sosta e di attesa (Doblhofer I p. 34) e nello stesso tempo trova un parallelo, forse intenzionalmente ricercato, nell'elegia che conclude il I libro dei *Tristia* di Ovidio, dove giunge a compimento quel viaggio d'esilio che, fra i modelli, ha avuto per Rutilio tanta importanza. Ma soprattutto sposta lo sguardo su vaste estensioni di spazio e grandi temi naturali, che conferiscono al suo finale una dimensione epica.

vv. 631-32.
L'*Africus*, o Libeccio, è vento di sud-sud-ovest; cfr. questo distico con Ovidio *Met*. I 264 sg. (Lana p. 141, Castorina p. 233).

vv. 633-38.
Terminato il quadro di caccia, Rutilio ribadisce che il maltempo continua a negare giorni su giorni alla navigazione e, accingendosi a costruire un elaborato finale di grande respiro, si rivolge innanzitutto al cielo e registra il tramonto di quattro costellazioni: le Iadi, la Lepre, e il cacciatore Orione che le tiene dietro con il suo Cane. Il cielo di Rutilio ripropone dunque il tema venatorio che il poeta ha appena sviluppato nel passo precedente. E anche le Iadi – che in latino, per una falsa etimologia popolare che ne deriva il nome dal greco ὗς si chiamano *Suculae*, cioè «porcellette» – non stonerebbero in questo contesto. Ma Rutilio mette invece in chiaro la propria conoscenza del corretto etimo (*a pluendo*, ὕειν *enim est pluere, nostri imperite Suculas, quasi a subus essent, non ab imbribus nominatae*: Cicerone *De nat. deor.* II 111) tramite l'aggettivo *udae*, allitterante; su tutto ciò Doblhofer II pp. 258 sg. È quasi superfluo rimarcare che qui Rutilio si sta dedicando a una delle sue consuete esplorazioni di campi lessicali, precisamente quello dell'umido, del bagnato, delle acque, nel cui quadro ha trovato modo di cesellare un'antitesi fra la Lepre rorida per le piogge che la accompagnano e il Cane che, al momento in cui sorge, apporta calore ardente (si veda la nota al v. 479). Ma oltre che per questi aspetti letterari, cui andrà aggiunto l'allineamento con i modelli (Arato *Phaenom*. 338-41, Cicerone *Aratea* 335-41, Germanico *Phaenom*. 341, Avieno *Aratea* 718 sgg. e 1231 sgg., Claudiano *Gild*. 497 sg.) la menzione delle costellazioni ha rilevanza per la questione della datazione del viaggio? Ritiene senz'altro di sí Lana pp. 32-37, che alla luce di una erudita disamina conclude che Rutilio ha inteso con questo quadro segnalarci con precisione i giorni dei suoi *otia navalia* a Villa Triturrita, concomitanti con i fenomeni astrali descritti. Giorni che andrebbero appunto dal 24 novembre all'1-2 dicembre, il che, mentre confermerebbe la datazione al 415, renderebbe impossibile quella al 417, per la quale l'indicazione verrebbe a trovarsi in conflitto con le date chiamate in causa dal riferimento rutiliano alla luna nuova

NOTE DI COMMENTO

(si veda al v. 206). I fautori del 417 rispondono svalutando energicamente il dato, e ritenendo che Rutilio non ci offra un elemento effettivo, ma elabori un catalogo puramente letterario di costellazioni arrecanti pioggia (Cameron p. 36, Doblhofer I p. 37 nota 19 e Doblhofer II p. 260): si veda Corsaro 1981 p. 30.

vv. 639-42.

La suggestiva descrizione ha vari paralleli nella tradizione poetica latina: Virgilio *Aen*. III 557 e I 246, Ovidio *Met*. XI 497-501, Lucano I 410 sg. (citato piú sotto), Silio Italico I 158 sg. Oltre a questi passi, puntualmente segnalati dai commentatori, Rutilio può aver avuto presente anche Silio Italico III 45 sgg. Nella prima parte del passo il motivo dell'acqua si intreccciava con quello del nascondersi e fuggire, consono sia al tramonto degli astri che al suo peculiare profilo di caccia celeste (634 *latet* e *conditus*, 638 *fugit*); nella seconda il contrasto è con le terre: oltre alla sabbia che si impasta con i flutti (639), ecco venire alla ribalta i campi invasi (640 *rura*, 641 *agris*, 642 *arva*).

vv. 643-44.

Sono qui presentate con il caratteristico modulo *sive* (*seu*) - *sive* (*seu*) due fra le diverse teorie sulle origini delle maree oceaniche, per cui si veda ad es. Lucano I 409 sgg.: *quaque iacet litus dubium quod terra fretumque | vindicat alternis vicibus, cum funditur ingens | Oceanus vel cum refugis se fluctibus aufert. | Ventus ab extremo pelagus sic axe volutet | destituatque ferens, an sidere mota secundo | Tethyos unda vagae lunaribus aestuet oris, | flammiger an Titan, ut alentes hauriat undas, | erigat Oceanum fluctusque ad sidera ducat, | quaerite, quos agitat mundi labor*. Nel pentametro si allude a quella secondo cui le acque dell'Oceano (su cui cfr. nota al v. 56) si ritirerebbero in quanto assunte in pasto dal sole e dalle stelle (i vari paralleli in Doblhofer II p. 264). L'esametro è piú oscuro e ha dato adito a diverse interpretazioni: per alcuni si riferirebbe alla teoria dell'influsso lunare (Zumpt pp. 199 sg. e Doblhofer II p. 261: avremmo luna nell'esametro contro sole e stelle nel pentametro); per altri alluderebbe principalmente alla teoria di un vento spirante dall'altro polo (Castorina p. 235, per il quale la teoria lunare potrebbe essere da Rutilio compresa nel pentametro: avremmo gli opposti poli della terra nell'esametro, contro la volta celeste nel pentametro). Confortato da Lucano I 412 sg. preferisco allinearmi a questa seconda ipotesi. Mi chiedo se, come pensa Ussani 1910 pp. 380 sgg., Rutilio ponesse mente anche alle teorie sugli antipodi; vi aveva giocato sopra quel Tiberiano che forse Rutilio ha avuto presente per la propria tirata contro l'oro (si veda Mattiacci p. 119, cfr. sopra, ai vv. 345 sgg.).

Libro secondo

Proemio minore (1-10).

Rutilio apre il secondo libro con un piccolo proemio, dall'apparenza modesta e convenzionale, ma cesellato ancora una volta nei singoli particolari con meticolosa finezza. Nascondendosi parzialmente dietro il soggetto immaginario costituito dal libro personificato (cfr. Doblhofer I p. 47), torna a rivolgersi al lettore, a prevenirne le reazioni, di modo che risulta subito istituito un parallelo con il proemio del primo libro. E parimenti ricorre qui come là il tema della lunghezza: del tempo trascorso a Roma lontano dalle terre patrie nell'esordio; del libretto di viaggio in questo secondo passo. Parallelamente, un sottile criterio di *concinnitas* regola la strutturazione interna di questo brano. Il primo e l'ultimo distico svolgono la funzione di una cornice nella quale si annuncia la bipartizione dell'opera e si presentano le due metà quasi come distinte operette. Doppiamente legittimate ne risultano l'esistenza stessa del proemio interno, e la sua articolazione cosí vicina a quella dell'esordio generale. Il finale potrà cosí giocare una sua *pointe* antitetica sopra il rossore (in una volta o duplicato). Nei versi interni si vibra il tema del timore (3: da parte del libro; 4: da parte del lettore; a preparare il conclusivo *trepidus rubor* dell'autore) e si corrobora la decisione con sentenze e paragoni. Cibi e bevande sono in qualche modo anticipati dalla polivalenza del verbo *sumere* («prendere», ma anche «assumere» sostanze liquide o solide). L'immagine del viandante si accorda bene con il tema dell'opera, cioè il viaggio (per i paralleli letterari di II 5-8 si vedano Castorina p. 237 e Doblhofer II pp. 262 sg., con rilievi formali per cui anche I p. 35).

v. 1.

Come rileva Doblhofer II p. 262, Rutilio qui si riferisce letterariamente ai rivolgimenti del rotolo attorno alla sua asticella, ma ciononostante, in quest'epoca di transizione da una forma del libro all'altra, rimane in dubbio se Rutilio impiegò per l'edizione del suo poemetto il rotolo di papiro o il codice in pergamena.

Descrizione dell'Italia (11-40).

È l'ottavo giorno di navigazione (inizi di novembre 415 o seconda metà di novembre 417), dal Porto Pisano a Luna, dove probabilmente si farà tappa, dopo un percorso calcolabile in circa 44 miglia (su tutto ciò Lana pp. 142 sg.). Parallelo all'encomio di Roma del I libro è qui un brano di descrizione geografica dell'Italia e di riflessione filosofica sulla sua conformazione noto come 'lodi d'Italia', che si apre sulla parola Italia (v. 16) e si chiude su Roma (Doblhofer I p. 35 e II p. 266 con bibliografia). Non si tratta qui tuttavia di una vera e propria lode e mi pare piuttosto forzato ricondurre il brano a uno schema retorico epidittico di scuola, in stretto collegamento con la successiva invettiva contro Stilicone (di cui i vv. 31 sgg. sarebbero la prima sezione) come vorrebbe Schissel-Fleschemberg 1920.

vv. 15-30.

Compaiono gli Appennini (cfr. Itasius Lemniacus p. 186 e Lana p. 142), che qui, come piú sotto insieme alle Alpi (vv. 27 sgg.), sembrano tormentare con le loro rocce il mare metonimicamente indicato con il nome della ninfa marina Teti, la madre di Achille (forse Rutilio si è anche riferito, con doppio senso, a ripulse matrimoniali subite da Teti secondo alcuni particolari della sua vicenda mitica: si veda Korzeniewski p. 548). La descrizione e le misure offerte da Rutilio hanno uno stretto riscontro in Plinio *Nat. hist.* III 6 (43 sgg.); per comodità del lettore italiano ne riporto qualche riga in traduzione: «L'Italia è assai simile a una foglia di quercia, molto piú estesa in lunghezza che in larghezza...; ha una lunghezza di 1020 miglia, da Augusta Pretoria sita al piede delle Alpi, passando per Roma e Capua, fino alla città di Reggio... La larghezza dell'Italia non è costante. Essa è di 410 miglia tra i due mari Tirreno e Adriatico, misurata dalla foce del fiume Varo a quella dell'Arsia; la larghezza centrale, misurata all'altezza di Roma, dalla foce del fiume Aterno, che si getta nel mare Adriatico, a quella del Tevere è di 136 miglia, ed è un po' minore da Castro Nuovo, sull'Adriatico, ad Alsio, sul Tirreno... L'Italia si spinge in mare in direzione sud; ma, se la si vuol calcolare con piú sottile precisione, la direzione è compresa tra l'ora sesta e la prima del solstizio invernale» (risulta cioè disposta da nord-nord-ovest a sud-sud-est; trad. cit. sopra, al v. I 40, pp. 403-5). Per gli occhi della mente (vv. 17 sg.), oltre a I 543 sgg., cfr. I 198 sg. La *Sicania* (dal nome dell'antico popolo dei Sicani che vi immigrò) è la Sicilia. L'espressione «l'uno e l'altro Febo» (v. 28) sta per «sole crescente e sole calante», cioè «oriente e occidente», secondo un modulo che si trova sfruttato già in Ovidio *Met.* I 338 e Claudiano *Gild.* 48 (Doblhofer II p. 269).

vv. 31 sgg.

L'ipotesi presuppone la dottrina storica della Provvidenza divina che regola il mondo (cfr. Cicerone, *De nat. deor.* II 75, Sen. *De benef.* IV 7, 1), e pare di fatto già accettata da Rutilio ai vv. I 17 sg. L'idea delle barriere montane poste a protezione dell'Italia e di Roma per disegno divino è tradizionale: cfr. Cicerone *De prov. cons.* 34, Livio V 34, 6, Giovenale X 152, Claudiano *Get.* 470 sgg. (cfr. 194 sgg.). *Arctous* è aggettivo poetico per «settentrionale», ricavato da *Arctos*, cioè l'Orsa, nome delle due costellazioni boreali 'maggiore' e 'minore' (cfr. v. I 60, e nota). Per l'ipotesi piuttosto fragile di Weische (in «Hermes», 99, 1971, pp. 126-27), secondo cui al v. 35 *invidia* varrebbe «rimprovero» (cfr. Corsaro 1981 pp. 96 sg.) si veda Doblhofer II pp. 271 sg., il

LIBRO SECONDO 123

quale sottolinea il procedimento artistico per cui i *vitalia* risultano fasciati dai *multa membra* anche sul piano della collocazione delle parole nel verso (cfr. i casi di I 48 e 564). Ma soprattutto è da rilevare che, a preparazione dello sviluppo politico successivo su Stilicone e i barbari, Rutilio ha qui ritratto i piani divini sulla collocazione geografica di Roma con una gamma espressiva coerente attinta alla terminologia delle fortificazioni militari (33 *excubiis*, 34 *claustra*, 37 *vallavit*, 39 *multiplici... munimine cingi*; cfr. anche 32 *machina*).

Stilicone (41-60).

Il brano sulla provvidenziale collocazione geografica dell'Italia e di Roma si sviluppa in una violenta invettiva contro Stilicone, il generale cui nel 395 Teodosio, morendo, aveva affidato la tutela del figlioletto Onorio, e che aveva di fatto amministrato il potere imperiale fino al momento in cui venne fatto uccidere (408). Rutilio gli è avverso in quanto condivide sostanzialmente l'opinione che, anche in seguito a distorsioni di natura propagandistica, se ne erano fatti molti contemporanei. La sua politica di cercare un'intesa con i Visigoti di Alarico, e in particolare l'aver tralasciato di massacrarli quando ne aveva avuto l'occasione dopo la battaglia di Verona, avevano finito per renderlo sospetto e procurargli l'accusa di tradimento e di un'intesa con il nemico che i piú spiegavano con l'intenzione di impadronirsi definitivamente del potere per sé o per il figlio Eucherio. Per un rapido riepilogo delle vicende rinvio al *Quadro storico-cronologico*. Fra le fonti coeve a Rutilio e avverse a Stilicone vanno ricordati in particolare Girolamo *Epist.* 123, 16, e Orosio *Hist.* VII 37, 1-2 e 38. Rutilio ha tuttavia in questo panorama una sua posizione peculiare (Lana pp. 43 sgg.), e ci presenta, isolato, una accusa 'supplementare' difficilmente separabile da un modo di vedere pagano, quella di aver precipitato i destini di Roma facendo bruciare i Libri Sibillini (II 51 sg.). Il tema storiografico di una piú oggettiva valutazione della politica di Stilicone è molto trattato; fra gli studi italiani va ricordato S. Mazzarino, *Stilicone, la crisi imperiale dopo Teodosio*, Roma 1942 (riedizione, Rizzoli, Milano 1990). Sintesi dei principali punti di vista e bibliografia in Doblhofer II pp. 273-83 (la migliore trattazione del passo rutiliano) e Corsaro 1981 pp. 95-116. Schissel-Fleschemberg 1920 ha proposto uno studio di questa invettiva in stretto collegamento con la precettistica delle scuole di retorica, approccio piuttosto unilaterale, per i cui limiti si veda Doblhofer II p. 273 (che comunque ne riporta le articolazioni proposte; cfr. anche Corsaro 1981 p. 95 nota 1).

vv. 41-42.

L'aggettivo *dirus* accomuna Stilicone ai Lepidi (cfr. I 308), mentre la taccia di *proditor*, in posizione rilevata a inizio v. 42, trova riscontro nel citato luogo di Girolamo (cfr. Orosio VII 38, 1); poco dopo l'uccisione lo si trova definito *praedo publicus* (VII 16, 1; *codex Theodosianus* IX 42, 22 e VII 16, 1). Molto problematica e discussa è l'interpretazione dell'espressione *arcani imperii*: *arcani* può essere aggettivo o,

NOTE DI COMMENTO 124

come sembrerebbe piú probabile sulla base di alcuni paralleli fra cui spicca Claudiano *Get.* 100-3, sostantivo; ma in quest'ultimo caso non si riesce ad afferrare quale concreto significato Rutilio avrebbe voluto assegnargli. È ingegnosa, ma generalmente screditata la tesi di Boano, secondo cui si tratterebbe del nome segreto di Roma, la cui conoscenza avrebbe potuto consentire al nemico la *evocatio* del dio protettore, e una conseguente facile conquista della città. Secondo altri Rutilio potrebbe riferirsi a una precisa località, per esempio un tempio collocato entro le mura (Schissel-Fleschemberg p. 25, cfr. Lana p. 43 nota 115). Per Castorina p. 243 *arcanum* è «proprio il cuore dell'impero, cioè Roma»; però traduce a p. 133 «ha tradito il segreto dell'Impero». Per tutta la questione si veda Doblhofer II p. 275 (che in I p. 139 traduce «... daß er zum Verräter am Geheimnisvollen Herzen des Reiches wurde»).

vv. 43 sgg.
Il v. 43 mi sembra piú dare corpo a un'iperbole vituperativa (cfr. Claudiano *Ruf.* I 301 sgg., II 17 sgg.) che avanzare una precisa accusa (cfr. Lana pp. 43 sg.); Rutilio viene avvicinandosi al concetto centrale: Stilicone ha aperto ai barbari quel cuore del mondo che la provvidenza divina aveva con tanta cura rinserrato. Il difficile v. 48 va interpretato secondo me sulla scorta di Bartalucci 1968 p. 96 e Bertotti p. 122, il quale rende «[Stilicone] nelle viscere nude [di Roma] nascose il nemico in armi, e senza ostacoli fu il tradimento della strage portata fin dentro Roma». È sottinteso un riferimento alla presa di Troia con l'inganno del cavallo; cfr. Doblhofer II pp. 278 sg., che mi pare invece fuori strada nello scioglimento della *pointe* di II 50 come allusione alla rapidità con cui Alarico prese Roma. Secondo me il v. 50 si riferisce al reclutamento di barbari nell'esercito romano cui Stilicone si era trovato costretto dai seri problemi di debolezza militare, e che non mancò di provocare gravi difficoltà allorché dopo la morte di Stilicone le truppe romane si volsero al massacro dei *foederati* barbari: circa trentamila uomini fra questi disertarono, unendosi alle forze di Alarico; si veda il *Quadro storico-cronologico* all'anno 408 (e cfr. 399-400). Accogliendo come propri soldati gli stessi barbari (*pelliti satellites*: i vari paralleli in Doblhofer II pp. 278 sg.), Roma risultava praticamente già nelle loro mani prima ancora di venire assediata. Si lascia cosí agevolmente ricondurre ai tempi di Stilicone, e anzi a un suo presunto micidiale *dolum* paragonabile a quello escogitato da Odisseo, la situazione in realtà verificatasi solo dopo la sua uccisione (cfr. Lana p. 45, Jones pp. 229 e 239, Stein pp. 253-55).

vv. 51 sgg.
Secondo la leggenda, una vecchia si presentò un giorno al re romano Tarquinio (è incerto se Prisco o il Superbo) e gli propose di acquistare nove libri di oracoli per una somma molto alta. Di fronte ai reiterati rifiuti del re, la vecchia ne bruciò prima tre, poi altri tre, finché Tarquinio acquistò, per quella medesima cifra, i tre superstiti. Questa sarebbe l'origine dei Libri Sibillini secondo Varrone (presso Lattanzio *Inst.* VI 1, 10 sg.; cfr. Dionisio di Alicarnasso, *Ant. rom.* IV 62). Con-

LIBRO SECONDO

servati nel tempio di Giove Capitolino, vi bruciarono nell'incendio dell'83 a. C. Con ampie ricerche ne fu apprestata una nuova raccolta che avesse un orientamento piú spiccatamente profetico rispetto alla precedente. I *libri* potevano essere consultati solo su ordine del senato, tramite un collegio in origine di due, poi dieci, infine quindici interpreti; Augusto li fece collocare dal 12 a. C. nel tempio di Apollo sul Palatino, dove furono frequentemente compulsati in età imperiale, fino alla distruzione testimoniata da Rutilio, che dovrebbe cadere fra il 402 (anno della consultazione cui sembra riferirsi Claudiano *Get.* 228 sgg.) e la morte di Stilicone. Per fonti e bibliografia, oltre che Doblhofer II pp. 273 e 279 sgg., si veda G. Radke alla voce *Sibyllen* in *Der kleine Pauly*, vol. V, Beck, München 1979, coll. 158-61 e D. S. Potter, *Prophecy and History in the Crisis of the Roman Empire, A Historical Commentary on the Thirtheenth Sibylline Oracle*, Clarendon Press, Oxford 1990. Il tema del fuoco – che accompagna la storia di questi libri fin dalla loro prima apparizione nella storia – ci conduce a Stilicone passando attraverso Altea (per la quale si veda sopra, al v. I 627) e sfiorando Nerone, in fama di incendiario. Questi uccise a tradimento la madre, Altea il figlio. Niso invece (II 54) è il mitico re dal cui capello purpureo dipendevano le sorti della città di Megara; glielo recise nottetempo la figlia Scilla, per consegnarlo a Minosse, di cui si era innamorata scorgendolo mentre assediava la città. Questi, anziché sposarla, come lei avrebbe desiderato, la respinse, e Scilla, gettatasi dietro alla sua nave, fu mutata in *ciris* (forse l'airone bianco), mentre Niso, che tentava di seguirla, si trasformava in aquila marina (Ovidio *Met.* VIII 1 sgg.; cfr. il poemetto pseudovirgiliano *Ciris*). Ai vv. 55 sg. Rutilio intende i Libri Sibillini come pegno dell'eternità di Roma (cfr. il Servio Danielino *ad Aen.* VII 188) ed esprime il concetto con un riferimento ai fati filati dalle Parche (si veda Doblhofer II p. 281). Per il Tartaro come sede della punizione spettante ai malvagi si vedano Virgilio *Aen.* VI 542 sg. e Stazio *Silv.* II 7, 116 sgg. (dove figura appunto Nerone).

Luna (61-68).

La digressione (61: con riferimento a 17-60) ha 'coperto' una lunga navigazione. Rutilio è giunto, *celeri lapsu*, sotto le mura di *Luna* e forse, avendo già percorso circa 44 miglia, vi farà scalo (Lana pp. 142 sg.). Qui giunti, ci si suole consolare della perdita di quanto seguiva, solo di poco lenita dai nuovi frammenti, con la luminosità dell'immagine di congedo, ottenuta da Rutilio coniugando le gamme semantiche della pietra (63 *moenia*, 65 *saxi*, 66 *silex*, 67 *marmoribus*) e dello splendore (63 *candentia*, 64 *corusca*, 66 *radiat*, 67 *levi nitore*, 68 *luce coloris*).

vv. 63-64.

Con una brillante perifrasi di natura astronomica (e mitologica, secondo Doblhofer, in quanto Sole e Luna verrebbero qui considerati come divinità) Rutilio indica il nome della località: *Luna*, porto famoso fin dai tempi di Ennio (*Ann.* 16 Vahlen[2] = *operis incerti fragmenta* II Skutch: *Lunai portum, est operae, cognoscite cives!*, presso Persio VI 9). Ne resta qualche rovina nell'odierna Luni, presso Sarzana: alla sua distruzione accenna anche Petrarca nell'*Itinerarium* (20: si veda il relativo commento di Lo Monaco, cit. a I 349-70, pp. 96 sg.: cfr. Merone 1950 pp. 150 sg.). Lavorando a un quadro di bagliore lunare, Rutilio sembra volerci dire che il nome (forse di origine etrusca, con il significato di «porto») procedesse dal candido splendore delle mura, forte del contributo dei marmi che quella terra produce – quasi ne fiorisse – piú bianchi dei gigli (cfr. 65 sg., dove l'esametro e il pentametro ricorderebbero rispettivamente le due varietà di marmo, il bianco e lo screziato: si veda Doblhofer II pp. 284 sg.); dalla forma arcuata dell'insenatura lo derivano invece gli *Scoli a Persio* VI 1, e Marziale XIII 30. Ampi ragguagli e bibliografia sulla storia della città e sui suoi marmi in Doblhofer II pp. 284-86.

I nuovi frammenti.

Per la storia della scoperta e i singoli problemi critico-testuali si veda la *Nota al testo*. Di difficile lettura e gravemente mutili, i due frammenti sono stati oggetto di vari tentativi di integrazione, spesso accettabili solo sul piano delle ipotesi a titolo indicativo. Non è precisabile l'entità della lacuna che li separava dal punto in cui si interrompono i nostri manoscritti; a quanto si può ricavare da argomenti di natura geografica la distanza non doveva comunque essere notevole. Fra l'uno e l'altro intercorrevano 10 o 12 versi, se sono esatti i calcoli della Ferrari (p. 27, cfr. Castorina 1975 p. 8). Il loro ordine di successione è discusso: si pensa per lo piú che A (sul *recto*) precedesse B (sul *verso*); dissentono Cecchini 1974 pp. 402 sgg., 1975 pp. 10 sgg. e Lana 1975 pp. 11 sg. Ne offrono restituzione e traduzione italiana Frassinetti 1980, che raccoglie precedenti proposte integrative combinandole con alcune sue personali, e Mazzolai, che si rifà alle integrazioni di Tandoi (cfr. anche Della Corte 1985 p. 23 per il fr. B e varie eccentriche restituzioni e interpretazioni in Paglieri); l'edizione di Sivan, con traduzione inglese, è piuttosto inattendibile. Da parte mia, ho preferito rinunciare a una traduzione, e limitarmi a esporre il senso dei brani cosí come lo si può ricostruire dopo questi primi anni di studi. Per un quadro complessivo dei problemi che li riguardano (rapidamente ricapitolati da Corsaro 1981 pp. 33 sgg.) resta fondamentale il dibattito *Il nuovo Rutilio Namaziano* pubblicato in «Maia» nel 1975.

Cena con Marcellino (frammento A).

Se A precede B, la scena si svolge con ogni probabilità in uno dei possibili approdi fra Luna e *Albingaunum* (Albenga, si veda la nota al frammento B): si è pensato a *Genua* (Tandoi pp. 9 sg., Della Corte 1987 pp. 182 sg.) a *Vada Sabatia* (Vado Ligure: Bartalucci 1975 p. 9), alla stessa *Albingaunum* (Cecchini 1974 p. 404 e 1975 p. 11). Alla costa a ovest di Albenga pensa Lana, che propone *Ad horrea* (La Napoule: 1975 p. 11); altri hanno avanzato ipotesi ancora differenti (*Aquae Statiellae*: Lamboglia 1975 p. 34; *Dertona*: Paglieri p. 95; *Pollentia*: Sivan p. 526). Forse, poco prima dell'inizio del nostro frammento, Rutilio riferiva dell'attracco e prendeva a dire dell'ospitalità ricevuta, impostando il quadretto di una cena sui temi del cibo (*Ceres*) e del vino (*Bacchus*). Ogni possibile letizia viene superata dalla presenza dell'amico Marcellino. Al solito, Rutilio ne traccia un breve ritratto, che coincide con un riepilogo della sua carriera e una lode delle sue capacità di funzionario. Guardando al primo libro (ad esempio al passaggio da 475-90 a 491-510) si può pensare che il suo ingresso al v. 14 segnasse, nella distribuzione della materia, l'avvio di una nuova sezione.

vv. 1-6.

Per Bartalucci, che integra al v. 3 <*in gremio terr*> *ae*, si tratta di *horrea subterranea* (1975 pp. 8 e 26). Sfugge il loro preciso raccordo con le truppe di cui a 5 sg., forse Rutilio parlava della foresteria e dei granai degli stessi quartieri d'inverno (Tandoi p. 10). Secondo Lana, che colloca l'episodio fuori della Liguria antica, «è sempre possibile che si denominassero *Ligustica* gli *hiberna* (ovunque essi si trovassero) di un qualche corpo militare che prendesse nome dai *Ligures* o che fosse costituito di Liguri» (1975 pp. 11 sg., con esempi). Questi contingenti paiono provenire da Milano, città che si cela dietro uno dei tipici giochi eruditi cari a Rutilio: il riferimento è «all'etimologia leggendaria del nome di Milano, *Mediolanum*, *Medio-lanium*, che si chiamerebbe cosí per una scrofa a metà lanuta trovata sul luogo della fondazione» (Ferrari p. 27, su suggerimento di E. Cecchini, con citazione di Claudiano *Nupt.* 183, Sidonio *Carm.* VII 17, Isidoro *Etym.* XV 1, 57); si veda Tandoi pp. 9 sg., secondo cui la scrofa poteva figurare come emblema sugli scudi dei soldati.

vv. 7-10.

Si descriveva qui rapidamente la cena. Colpiscono, dati i tempi, la designazione del *propola* come *dives* e la probabile abbondanza e qualità dei rifornimenti dei suoi *promptaria* (cfr. Tandoi p. 10 nota 5, Frassinetti 1980 p. 51).

vv. 11-20.

Sulla difficoltà di identificare l'amico di Rutilio Marcellino e su altre attestazioni del suo tipo di carriera (*protector, tribunus, comes*) si veda Ferrari pp. 27 sg. Forse il v. 14 ne segnalava l'appartenenza alla categoria dei *comites honorarii* (cfr. il caso di Vittorino a I 507 e nota): si veda Tandoi p. 18 e cfr. Sivan p. 525. L'espressione *praedo sagatus* farà riferimento non ad Alarico, secondo l'improbabile ipotesi di Sivan pp. 526 sg., ma a vessazioni degli stessi soldati nei riguardi della popolazione civile (Bartalucci 1975 pp. 5 sg.).

NOTE DI COMMENTO

Ricostruzione di mura: lodi di Costanzo (frammento B).

Si parla della ricostruzione di una città grazie all'intervento di Costanzo. L'epigrafe metrica che celebra la ricostruzione di *Albingaunum* (si veda l'*Appendice*) fa sí che fin dalla *editio princeps* si tenda a identificare appunto in Albenga la città del frammento B (Cecchini, in Ferrari p. 29; si veda Della Corte 1985). Il margine di incertezza è molto limitato, sebbene Sivan p. 529 preferisca pensare alla città di Arles. Protagonista dell'episodio è Flavio Costanzo, il futuro imperatore Costanzo III, le cui lodi controbilanciavano l'attacco al *proditor* Stilicone (Tandoi p. 5, Lana 1975 pp. 11 sgg., Corsaro pp. 33-48). Qualche difficoltà solleva al v. 13 la parola *collega*: Rutilio poteva con essa riferirsi a Costanzo? La cosa è apparsa discutibile, e secondo Cecchini 1974 p. 401 si potrebbe qui riscontrare «l'indizio di una soluzione di continuità nel discorso»; a suo parere le lodi di Costanzo potevano venir presentate da Rutilio in un dialogo con un *collega*, forse lo stesso Marcellino (anche 1975 p. 11).

vv. 1-6.

Per il significato di *machina* cfr. Lana 1975 p. 12, che rinvia a II 32. «*Tyrius* per *Thebanus* è frequente in Stazio a causa delle origini di Cadmo: cfr. *Theb.* XII 597, con *Tyrias... arces* in eguale collocazione metrica» (Bartalucci 1975 p. 6). Dunque «il mitico paragone intende essere con Tebe e Troia, queste risultando sempre e anzitutto da Stazio le due città proverbiali a causa delle mura (*Si.* III 1, 115 sg. *non Amphioniae steterint velocius arces Pergameusve labor*), e cioè precisamente di una prodigiosa rapidità della loro costruzione dovuta ad Anfione e Nettuno» (Tandoi p. 25). Il cenno al tridente si ricollega a quanto pare con il passo di Virgilio in cui Enea scorge gli dèi rovesciare Troia (*Aen.* II 610-12) *Neptunus muros magnoque emota tridenti | fundamenta quatit totamque e sedibus urbem | eruit* (Cecchini 1974 p. 404, cfr. Castorina 1975 p. 23).

vv. 7 sgg.

Comincia il vero e proprio panegirico di Costanzo che, a quanto sembra potersi ricavare in base al v. 20, doveva impegnare Rutilio anche oltre i limiti del nostro frammento. Al v. 7 si menziona un consolato di Costanzo, il quale rivestí tale carica nel 414, nel 417 e nel 420. I piú pensano che Rutilio alluda al consolato del 417, integrano a B 9 *secu<ndis>* con Tandoi (p. 18, con la nota 12), e intendono a B 14 «ritorni il già raddoppiato onore»; il viaggio di Rutilio sarebbe cosí da porsi nel 417. Lana 1975 pp. 11-16 ha però nuovamente argomentato in favore della datazione del viaggio al 415: Rutilio si riferirebbe qui al consolato del 414, augurando a Costanzo di ottenere la carica una seconda volta come – imperatori a parte – era in quegli anni avvenuto in occidente solo per l'esecrato Stilicone, cui la figura di Costanzo viene contrapposta; B 9 andrebbe integrato *secu<tis>*, B 14 inteso «ritorni, ormai raddoppiato, l'onore», come sembrerebbe invitare a fare anche un esame degli altri impieghi rutiliani di *iam* (si vedano anche Castorina 1975 p. 16, Corsaro pp. 37 sgg., Frassinetti 1980 pp. 54 e 58; cfr. Bartalucci 1980 pp. 404 sg.). La Ferrari integrava *secu<tus>*; cfr. la complicata proposta di Paglieri p. 94 (*Secu<ris>*).

Nota al testo

1. *La tradizione manoscritta di Rutilio.*

> profonda, altisonante, minuta,
> dolce e fantastica storia
>
> CERVANTES, *Don Chisciotte*.

Come si vedeva alla fine dell'*Introduzione*, una volta ritornato nei suoi possedimenti probabilmente Rutilio lavorò per qualche tempo al *De reditu suo* e, a quanto ci è dato immaginare, quando ne fu soddisfatto organizzò una festa per 'pubblicarlo' innanzitutto con una recitazione rivolta agli amici piú vicini. Ne curò quindi la diffusione, di cui potrebbe riscontrarsi un'eco nell'epigrafe di Albenga (si veda l'*Appendice*).

Si può dire che non esista alcun punto d'appoggio sicuro per seguire le fila delle successive fasi della trasmissione rutiliana fino alla 'riscoperta' da parte di Giorgio Galbiate (per il nome si veda Morelli pp. 5 sg. nota 2) nel monastero di Bobbio alla fine del 1493. Un tentativo è stato fatto da Mirella Ferrari sulla base di due ipotesi: 1) che i frammenti da lei ritrovati appartenessero proprio al *Bobiensis*, cioè al codice rinvenuto da Galbiate (e poi nuovamente perduto), archetipo della tradizione umanistica, vale a dire di quanto era conosciuto di Rutilio fino al 1973; 2) a quanto sembra di poter ricavare dai superstiti elenchi delle scoperte bobbiesi del 1493, al poemetto di Rutilio si accompagnavano nel *Bobiensis* altre opere, e precisamente la *Sulpiciae conquestio* e quella raccoltina di epigrammi di varie epoche e di vari autori, dall'epoca augustea fino ai contemporanei di Rutilio (vi fa spicco Naucellio), che è conosciuta col nome di *Epigrammata Bobiensia* (cfr. ora Morelli *passim* e p. 25): la Ferrari propone di 'completare' la ricostruzione del codice da cui proviene il frammento rutiliano operando l'unione «con il Torin. A II 2 (Iulii Valerii *Res Gestae divi Alexandri*: CLA, IV, 439, distrutto dal fuoco nel 1904) del quale forse è 'membrum disiectum'» (pp. 13 e 24), ancora suscettibile di studio grazie ai pochi facsimili riprodotti in C. Cipolla, *Codici bobbiesi della Biblioteca Nazionale Universitaria di Torino*, Milano 1907, tav. VII e VIII. La teoria presenta vari elementi di rischio, come riconosce la stessa Ferrari (p. 23; cfr. p. 13). Alcune riserve mi ha espresso ad esempio Armando Petrucci in una cortese conversazione, e poi per lettera (12 giugno 1991): secondo la sua opinione, l'attribuzione del frustulo rutiliano allo scrittoio di Bobbio necessiterebbe del conforto di piú numerose e solide prove paleografiche, mentre l'unione con il Torin. A II 2 – pure certamente coevo – gli appare fondata «solo su una non diretta somiglianza paleografica» e pertanto non accettabile. Credo che valga comunque la pena di intrecciare qui di seguito a un riepilogo dei principali dati a nostra disposizione anche i profili salienti della suggestiva ipotesi della Ferrari.

Sicuramente il *De reditu suo* prese a circolare in ambienti aristocratici, come quello che a Roma aveva un punto di riferimento nella famiglia dei Simmachi. Proprio in questa cerchia, ritiene la Ferrari, verrebbero raccolte in un unico codice secondo un progetto unitario varie operette 'di fronda', espressione di una medesima cultura e di un medesimo atteggiamento ideologico. È cosí che si sarebbero venute ad affiancare a quella di Rutilio le tradizioni della *Sulpiciae conquestio* e degli *Epigrammata Bobiensia*, in una silloge di taglio aristocratico pagano, quando non direttamente anticristiano, cui le *Res Gestae* di Giulio Valerio avrebbero potuto conferire un ulteriore apporto (pp. 23 sgg.). Collateralmente si può sottolineare come l'idea quadri bene con quanto indipendentemente illustrato da Petrucci a proposito del passaggio in quest'epoca dal libro unitario al libro miscellaneo (in aa.vv., *Società romana e impero tardoantico*, vol. IV, pp. 173-87, particolarmente pp. 181-83 e 186). I vari testi ricordati, raccolti in un bel codice in maiuscola e *scriptio continua*, si sarebbero quindi sottratti in un'unica copia – forse conservata a Pavia, accanto a un altro manipolo di classici – al successivo grande naufragio di testi antichi. Quando nel 614 il monaco irlandese san Colombano (543-615) fonda a Bobbio, vicino a Piacenza, il monastero che prenderà il suo nome, fa ricercare e copiare manoscritti di classici, favorito in questa iniziativa dai suoi legami con la corte longobarda di Pavia. Fra gli antichi codici che affluiscono a Bobbio sarebbe il nostro archetipo tardoantico, che verrebbe ricopiato in un nuovo codice in minuscola, il cosiddetto *Bobiensis* (fine VII - inizio VIII secolo). All'inizio del secolo IX un catalogo di manoscritti posseduti dal monastero (pubblicato da Lodovico Antonio Muratori, ma poi perduto) menziona Giulio Valerio – per fare spazio al quale i monaci avevano raschiato un *Codex Theodosianus* del VI secolo, ricavandone un palinsesto – ma non Rutilio, Sulpicia, gli epigrammi. La Ferrari ritiene che questo possa spiegarsi col fatto che si trovassero accodati, in unico codice miscellaneo, alle *Res Gestae Alexandri*. Attorno alla metà del secolo XV la Congregazione di Santa Giustina da Padova, insediatasi nel monastero, avvia un riordinamento dell'Archivio. I codici piú malridotti vengono accantonati, e usati come pergamene di restauro: fra queste sono almeno alcuni fogli del sempre piú malandato *Bobiensis*. Un nuovo catalogo del 1461 non cita né Giulio Valerio né Rutilio, Sulpicia, gli epigrammi. È verosimile che siano tutti troppo malconci per essere presi in considerazione e giacciano ormai, almeno per larga parte, fra gli scarti.

Alla fine del 1493, Giorgio Merula, che attende a una storia dei Visconti su incarico di Lodovico il Moro, invia a Bobbio in cerca di fonti il proprio segretario e amanuense Giorgio Galbiate. Ne viene l'ultima grande riscoperta di classici della stagione umanistica: Galbiate porta via alcuni codici, di altri trae copia sul posto. È fra questi ultimi Rutilio, che gli si presenta già mutilo, come pure gli *Epigrammata* (Giulio Valerio non figura negli elenchi rimastici di quelle scoperte). Nel 1496 l'umanista Tommaso 'Fedra' Inghirami ottiene da Tristano Calco (che prosegue il

NOTA AL TESTO

lavoro del defunto Merula) molti manoscritti bobbiesi, probabilmente in apografo. Opera forse una ulteriore trascrizione di Rutilio, e la porta a Roma, dove questo Rutilio genererà a sua volta due apografi: il *Romanus* e il codice di Faerno. Risale forse a fonti di ambiente romano anche la trascrizione dei vv. II 17-30 di Rutilio da parte di un commentatore del «primo quarto del XVI secolo» nel margine di un Virgilio ora a Copenaghen (Kongelige Bibliotek Gl. Kgl. S. 429 f. 52*v*: Ferrari 1970 pp. 170 sg.).

Secondo Doblhofer I p. 59 sarebbe proprio a Roma che Iacopo Sannazaro viene in possesso di un Rutilio. In ogni caso, troviamo il Sannazaro impegnato nel settembre del 1501 ad allestire a Milano o nei pressi (forse a Lodi) in tutta fretta – seguiva in Francia, esule volontario, l'esiliato Federico III – un esemplare di Rutilio, facendosi aiutare da due amici nella copiatura. Questo suo apografo è ora nel codice miscellaneo 277 (fogli 84*r*-93*v*) della Nationalbibliothek di Vienna, il *Vindobonensis* (= V), ed è il migliore manoscritto che ci resta di Rutilio. In esso Filippino Bononi (= V[1]) ha copiato i vv. I 1-242 e 415-56; Sannazaro (= V[2]) i vv. I 243-414 e 457-644, colmando qua e là le lacune lasciate da V[1] dove non riusciva a leggere l'antigrafo (ad esempio l'intero v. I 2) e correggendone gli errori, spesso a margine con segno di richiamo; un terzo anonimo copista (= V[3]) ha scritto II 1-68. Oltre a ciò, figurano nei margini di V alcune lezioni alternative accompagnate dalla nota *.f.* (che si discute se valga *fiat* o invece – come anch'io ritengo piú probabile – *fortasse*, e in alcuni casi è poi cancellata con un frego). Su queste lezioni si è molto dibattuto: alcuni hanno pensato a una progressiva stratificazione di revisioni e di revisori (si veda Doblhofer I pp. 64 sg.); Castorina (che le indica con V[4]) ritenne promanassero da collazione con altro esemplare e avessero quindi autonoma e importante dignità di «fonte» indipendente del testo. Inclinerei ad appoggiare (forse con qualche dubbio per II 6) le conclusioni della Ferrari (p. 18 nota 1): «sarà da precisare che tali varianti sono segnate dalla mano del Sannazaro in margine al libro I, dal copista anonimo del libro II in margine a II, 6: l'unica eccezione è al v. 76 del I libro, "factus.f.", di pugno di Pietro Summonte, l'amico del Sannazaro che nel composito e miscellaneo Vindob. 277 opera come copista nel fascicolo precedente Rutilio, ff. 74-83».

Nel 1520, per via imprecisata (Ferrari p. 18, cfr. 1970 p. 152), Giovan Battista Pio ottiene un esemplare di Rutilio (poi perduto) e lo stampa a Bologna: è l'*editio princeps* (= B), particolarmente accurata, cui si assegna il valore autonomo di fonte manoscritta spettante al codice che rappresenta.

Anteriore a B sarebbe per Castorina il codice *Romanus* (Biblioteca Corsiniana dell'Accademia dei Lincei, fondazione Caetani 158 = R), in cui Rutilio è copiato con molte mende da Giovanni Andrea Cruciano Sabino; secondo la Ferrari R è però piú tardo (1530 circa). La sua storia è curiosa: collezionato da Carl Hosius, R andò poi smarrito; riuscí a ritrovarlo nel dicembre 1963 Castorina (si vedano le sue pp. 4 sg. e 32), immaginando con successo che per il suo carattere miscellaneo fosse potuto confluire in un fondo di islamistica.

Nel 1523 esce a Roma una nuova edizione di Rutilio a cura di Carlo

NOTA AL TESTO

Mazocchi (= M), di nessuna importanza critico-testuale, in quanto scorretta riproduzione di B. Una terza, detta *editio Veneta*, appare nel 1558 a Venezia a cura di Onofrio Panvinio (= P). Questi afferma nella prefazione di essersi servito di un manoscritto messogli a disposizione dall'amico Gabriele Faerno; forse utilizzò una copia di B emendata alla luce di tale codice e non senza l'intervento di congetture (Ferrari 1970 pp. 177 sg.).

Al 1545 data un'ultima testimonianza 'extravagante': a Basilea viene stampata l'opera di Lilio Gregorio Giraldi *Historiae poetarum tam Graecorum quam Latinorum dialogus*, in cui si fa menzione di un codice rutiliano altrimenti a noi ignoto, dal quale sono citati i vv. 41-44 e 51-56 del libro II (Castorina p. 55, Ferrari p. 18).

È forse ai primi del '600 che i monaci di Bobbio donano a Carlo Emanuele I di Savoia (1580-1630) per la Biblioteca Reale di Torino (poi Nazionale) quattro codici, fra cui Giulio Valerio. Rutilio però non è tra questi. Nel 1706 un generale di Eugenio di Savoia, Claude Alexandre de Bonneval, lo trova ancora a Bobbio e se ne appropria, come attestano le memorie dell'Abbate Carisio. Il manoscritto non giunge però a Eugenio, i cui libri sono ora tutti alla Nationalbibliothek di Vienna, e va perduto. Nel grande incendio della Nazionale di Torino (1904) periscono vari codici provenienti da Bobbio, e fra essi Giulio Valerio. Poi, a parziale risarcimento, una nuova fase di scoperte. Augusto Campana ritrova gli *Epigrammata* e la *Sulpiciae conquestio* in un codice della Vaticana (*lat.* 2836) apografo del *Bobiensis*, forse proprio l'apografo dell'Inghirami (*editio princeps* a cura di Franco Munari, Roma 1955; nuova edizione nella 'teubneriana' a cura di Wolfgang Speyer, Leipzig 1963: per la tradizione 'separata' della *Conquestio* e di alcuni degli epigrammi se ne vedano le pp. v sgg., con Ferrari p. 19 e 1970 pp. 152 sg.). Quanto a Giulio Valerio, Roberto Calderan ricostruisce una trafila di apografi che mette capo alle carte di Angelo Mai, e recupera fra queste un testimone divenuto, a causa delle infelici vicissitudini del testo bobbiese, di primaria importanza (si vedano «Rivista di filologia e di istruzione classica», 109, 1981, pp. 5-33; e III, 1983, pp. 5-22: Scevola Mariotti vi ha unito un ricordo del suo giovane allievo, prematuramente scomparso).

E infine Rutilio. Ai primi del 1973 in un ritaglio di pergamena usato per rattoppare un manoscritto bobbiese ora a Torino (Biblioteca Nazionale F IV 25) la Ferrari identifica un frammento della parte caduta di Rutilio, che attribuisce al perduto *Bobiensis*, di cui sarebbe uno di quei fogli guasti un tempo relegati a scarti utili per il restauro. Dopo un primo annuncio in «Atene e Roma», 18, 1973, pp. 228-29, ne offre l'edizione, accompagnata dalla ricostruzione storica che abbiamo qui rapidamente ripercorso, e da fotografie eseguite prima e dopo le operazioni di distacco necessarie alla lettura del lato B, che hanno comportato ulteriori danni.

Per la costituzione del testo non trovano oggi piú credito le passate sopravvalutazioni della tradizione di R (Vessereau, Ussani: cfr. Schuster I), né le posizioni di Castorina, che riconosceva in «V⁴» e P due autonome autorevoli fonti della tradizione (si veda Doblhofer I pp. 60 sg.). La testimonianza di V è unanimemente riconosciuta come la piú meritevole

NOTA AL TESTO

di fiducia. Secondo Doblhofer, che ha curato l'edizione piú recente, abbiamo a che fare con due rami: dall'archetipo *Bobiensis* (all'epoca della sua edizione non erano stati ancora scoperti i nuovi frammenti) sarebbero discesi attraverso una serie imprecisabile di subarchetipi da un lato V e il codice rappresentato da B, dall'altro R, secondo questo stemma:

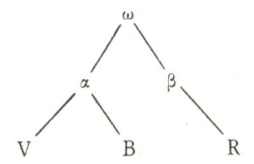

```
        ω
       / \
      /   \
     α     β
    /\     |
   /  \    |
  V    B   R
```

2. Scelte critico-testuali di questa edizione.

Ho potuto avvalermi di una fotoriproduzione di V grazie alla cortese disponibilità della Direzione della Handschriften- und Inkunabelsammlung della Österreichische Nationalbibliothek di Vienna. Non potendo riprendere qui nei particolari la discussione, spesso complicata, su ognuna delle singole questioni critico-testuali, mi limito a segnalare accanto alle scelte i principali interventi, accompagnandoli, dove mi è parso opportuno, con un breve cenno ai lineamenti del problema. Per le sigle V, R, B, P, si veda il paragrafo precedente.

I 16 *venerantur*: la lezione di R *veneratur*, sostenuta da Ussani 1921 p. 125, è oggi unanimemente respinta; cfr. Schuster I pp. 111-13, Senis p. 141.

I 29 *saeva*: contro Castorina, che accetta *longa* di B e P, mi pare meglio tornare con Doblhofer a *saeva* di V e R; si vedano anche Bertotti pp. 114 sg., Bartalucci 1980 p. 408.

I 58 *ortos*: VBP portano *ortus*, mantenuto da Helm e Ussani, R *ortas*; aderisco con gli altri editori alla correzione di Castalio *ortos*: si veda Bertotti pp. 116 sg.

I 76 *fretus*: V[1], R, B e anche P hanno *fretus*, e mi pare verosimile che questa fosse la lezione del *Bobiensis*, a mio parere difendibile (cfr. Bertotti p. 107), e accolta da Vessereau (non da Vessereau-Préchac) e Ussani, difesa da Frassinetti 1972 p. 37; i piú preferiscono correggere con la nota marginale apposta a quanto pare da Pietro Summonte (Ferrari p. 18 nota 1) in *factus*: si vedano Schuster I pp. 118 sg., Castorina, Doblhofer, Bertotti p. 106, Cecchini 1975 p. 17.

I 84 *cum domuere*: seguo Vessereau-Préchac, Castorina, Frassinetti 1972 p. 38, Bartalucci 1980 p. 409; è molto controversa la questione se sia da accettarsi con Doblhofer e Bertotti pp. 119 sg. il lieve emendamento di Mueller *condomuere*.

I 85 *magni*: contro Castorina, che annette particolare valore alla correzione a margine *ipsi f.* (il tutto successivamente cassato con un frego),

NOTA AL TESTO

ritorno a *magni* con tutti gli editori: si vedano Doblhofer II p. 58, Bartalucci 1965 p. 93, Bertotti pp. 102 sgg., Frassinetti 1972 p. 38.

I 92 *facta*: lo stesso Castorina 1975 p. 24, rinuncia al *fata* di P da lui recepito nell'edizione, e che convinceva Frassinetti 1972 pp. 38 sg.; si vedano anche Bertotti pp. 109 sg., Bartalucci 1980 p. 407.

I 100 *laudat opus?*: V^1 corregge il proprio *laudat* in *laudet*, il che appare una congettura; credo con Castorina che sia opportuno porre un punto interrogativo dopo *opus* restituendo cosí un atteggiamento agonistico nei riguardi della Grecia per cui cfr. I 263 (contro: Doblhofer II p. 65).

I 109 *aeternus*: contro la lezione *externus* di R, accolta da Vessereau (non Vessereau-Préchac) e sostenuta da Boano p. 58, si vedano Schuster I p. 120, Castorina p. 157.

I 112 *qua: quae... ludat* hanno VRB, cui ritiene ci si possa attenere Doblhofer (si veda II pp. 112 sg.); già Panvinio presenta un emendamento che rende tutto piú facile: *qua... ludit*. Il verso è stato poi restituito in vari modi; la proposta piú economica e convincente è *qua... ludat*, come in Castalio, Vessereau e Vessereau-Préchac, difeso da Bertotti pp. 110 sgg.

I 116 *recinge*: sebbene incerto, preferisco attenermi alla lezione di VRB, recepita fra gli altri da Vessereau-Préchac e Castorina, e difesa da Bertotti pp. 121 sgg. e Heubner, contro la fortunata e calzante congettura di Heinsius *refinge*, sostenuta da Schuster II p. 149 e Bartalucci 1980 pp. 403 sg.) e quella meno persuasiva di Doblhofer *retinge*.

I 121 *adversis solemne tuis*: seguo con quasi tutti gli editori la restituzione di Simler (*adversus solem ne vis* VBP e anche – ma con lezione *nevis* – R); Helm accetta la congettura di Burman *tibi*, sostenuta da Schuster II pp. 150 sg.

I 129 *nixu*: qui V^1 porta *nisu*; Sannazaro corregge in margine *nixu* (poi cancellato con un frego), che è la lezione di RB e anche di P, accolta fra gli altri editori da Ussani, Castorina (pp. 84 e 17) e Doblhofer; per *nisu* è Schuster I pp. 120-22.

I 155 *pacatum*: accolgo con Castorina e Doblhofer la lezione di V, difesa da Schuster II p. 151, contro *placatum* di RB e P, preferito da molti altri editori.

I 175 *imitatio*: mi allineo a quegli editori che, come Castorina e Doblhofer, hanno optato per la lezione di RB e P, che figura anche, di mano del Sannazaro (e successivamente cassata con un frego) nel margine di V (V^1 ha *imitantia*). Ha molti argomenti a suo favore, soprattutto sul piano paleografico, la congettura di Mueller *instantia*, difesa da Schuster I pp. 113 sg., Bartalucci 1968 p. 94 e 1980 p. 412; Frassinetti 1972 p. 41 propone a sua volta *meditatio*.

I 216 *servos*: alcuni preferiscono alla lezione univocamente tradita il lieve emendamento di Heinsius *servas*: difeso da Hermann p. 856, è accolto da van de Woestijne, Giarratano e Marsili, e nuovamente sostenuto da Bartalucci 1968 pp. 94 sg., 1980 p. 413.

NOTA AL TESTO

I 220 *quarum*: con RBP e, fra gli altri, Castorina e Doblhofer, contro la lezione di V *quorum*, difesa da Schuster II p. 151.

I 227: moltissime le proposte di integrazione: storia del dibattito in Bertotti pp. 126 sgg. (che opta per quella di Clausen *consumptum*); fra le piú recenti, quella di Frassinetti 1972 p. 42 sg. *interiens*; l'idea di Doblhofer di integrare con Baehrens <*expugnatum*> (però a questo punto avrei tolto gli obeli) non ha cattivi fondamenti (si veda nota al verso), ma solleva difficoltà sul piano della tecnica versificatoria: (si vedano Bartalucci 1965 pp. 37 sgg. e 1980 p. 413). Nell'incertezza, ho preferito lasciare nel testo la lacuna.

I 248 *sono*: accolgo la lezione di V² RB e P, sostenuta da Schuster II pp. 152 sg. e recepita fra gli altri editori da Castorina e Doblhofer; molti hanno preferito la correzione *sinu* che ricorre nel margine di V seguita da .*f.*

I 259 *arma*: con VR, Doblhofer, Bertotti pp. 129 sgg., contro *ora* di BP, Castalio, Castorina.

I 265 *nymphas*: seguo VB e P con Zumpt, Ussani, Schuster I pp. 122 sg., Helm, van de Woestijne, Castorina, Doblhofer; la lezione di R *lymphas* era stata congetturata da Castalio, e viene accolta da Mueller e vari altri editori.

I 266 *Musarum latices*: preferisco rinunciare all'integrazione *Musarum* <*ut*> di Damm, difesa da Schuster I pp. 122 sgg. e accolta da Castorina, ma respinta da vari altri studiosi, fra cui Helm, Vessereau-Préchac, van de Woestijne, Doblhofer: si veda anche Bertotti pp. 131 sgg.

I 292 *coniuratos*: alcuni editori preferiscono la lezione di R, B e P *coniuratas* a quella di V, difesa da Schuster I pp. 123 sg. e accolta dalla maggioranza degli editori, fra cui Castorina (pp. 98, 100, 186) e Doblhofer.

I 313 *permittitur*: penso con Marsili p. 16 e, recentemente, Bartalucci 1980 p. 410, che la lezione unanime di VRB possa essere conservata senza ricorrere alla fortunata correzione di Castalio *permittimur*, difesa da Schuster II pp. 154 sg. e accolta, fra gli ultimi editori, da Castorina e Doblhofer.

I 371 *Falesia*: mi sembra convincente la trattazione di Gelsomino 1973 (articolo posteriore a Doblhofer I, e che risulta ignorato in II anche negli aggiornamenti di pp. 287 sg.), secondo cui l'unanime *Faleria* dei codici sarebbe una corruttela da correggersi sull'autorità delle altre attestazioni del toponimo. La restituzione è ora accolta anche da Bartalucci 1980 p. 414. Le spiegazioni di Gelsomino pp. 41 sg. per la genesi dell'errore possono valere entrambe contemporaneamente; se i nuovi frammenti appartenevano veramente al *Bobiensis* possiamo agevolmente scorgervi quanto vi fossero simili e confondibili le forme di *s* e di *r*. La grande quantità di difficoltà critico-testuali in questo episodio lascia pensare che il relativo foglio del *Bobiensis* fosse particolarmente malconcio.

NOTA AL TESTO

I 373 *pagi*: seguo con quasi tutti gli editori l'emendamento del Castalio; VRBP hanno *fagi*, difeso da Ussani 1910 pp. 366 sg.

I 375 *revocatus*: con VR, Doblhofer e Bertotti pp. 133 sg.; Castorina segue *renovatus* di B e P.

I 396 *imperiisque*: con VR, Schuster II pp. 157 sg., Doblhofer, contro *imperioque* di BP, Vessereau-Préchac, Castorina.

I 421 *veheris*: seguo, con Castorina e Doblhofer fra gli altri, il lieve e assai economico emendamento a *veneris* di V (*Veneris* BP, *venens* R) proposto da Kalinka (1922), quindi da Bartoli (che in 1969 p. 17 lo rivendica come propria indipendente congettura del 1928), e ancora come proprio da Préchac a p. 22 di Vesserean-Préchac; fra gli interventi piú recenti, Frassinetti 1972 p. 44 propone *revenis* o *revenit*, Bartalucci 1980 p. 413 ritiene «si tratti veramente di un *locus desperatus* in cui ogni tentativo di restituzione è sommamente improbabile».

I 447 *factorum*: con la maggior parte degli editori recepisco la lezione marginale di V riportata – direi dal Sannazaro – a correzione di V¹ (che reca *fatorum*, comune a R e accolto da Vessereau e Mueller; B e P *ex fato*): si veda Schuster I pp. 125 sgg.

I 461 *praebente viam*: seguo il testo tradito in V, come da ultimi Castorina e Doblhofer (approvato da Bartalucci 1980 p. 409), benché sia stato sovente impugnato, o sostenendo la lezione *algam* di RBP, o proponendo di correggere il verbo in *prohibente* (Frassinetti 1972 p. 46, con storia della questione).

I 474 *at decessoris*: V riporta *ad* (corretto da Sannazaro in *ante*) *decessoris*, R *an decessoris*, B e P *praedecessoris*; seguo con la maggior parte degli editori l'emendamento di Zumpt.

I 487 *solitus naturae*: accolgo con la quasi totalità degli editori l'emendamento del Castalio al tradito *solitas natura* (VRB e P; *solitus naturam* leggono Baehrens e Ussani).

I 504 *medio... in orbe*: seguo, con Castorina e molti altri, la lezione tradita (VB; R presenta la o iniziale in rasura) ora nuovamente difesa da Bartalucci 1980 p. 410; Doblhofer preferisce la correzione di Mueller *media... in urbe*, appoggiata da K. Schenkl e accolta a testo da Keene.

I 517 *aversor scopulos*: VRB tramandano il corrotto *adversus scopulos*. La maggior parte degli studiosi corregge in *scopulus*, sulle orme del Pithoeus (per la piú verosimile interpretazione di *adversus scopulus* si veda Bartalucci 1980 pp. 410 sg.). Pochi altri hanno sostenuto la necessità di intervenire invece su *adversus*, seguendo un *vir doctus* che proponeva *avertor* o *aversor* in *Auctores observationum miscellanearum*, vol. III, Amstelodami 1733, p. 368: accolgono *aversor* Mueller, Baehrens, Keene, Ussani, Helm, il quale ultimo nel commento esita se non sia da recepirsi *adversor*; Bartoli 1971 corregge in *advectus*. Ora, Rutilio è il solo autore antico che ci tramandi il nome dell'isola nella forma *Gorgon* (*Urgo*, Γοργόνη, Ὀργών, *Gorgona* nelle altre fonti: si veda Weiss s.v. *Gorgon* in RE VII 2, 1655 sg., cfr. Maaz p. 239 e

NOTA AL TESTO

251 nota 31 circa Populonia), e mi pare probabile che intendesse allineare il nome a quello della Gorgone (*Gorgo* o *Gorgon*), cioè Medusa, il cui sguardo pietrificava. Questa considerazione sembra appoggiare l'immagine del volgere altrove il viso comportata da *aversor*: oltre al *damnum* (v. 517), il nome stesso dell'isola forza Rutilio a distogliere gli occhi. Alle stesse conclusioni è giunto Maaz pp. 243 sg., cui rinvio.

I 521 *terrasque*: accolgo la lezione di V e.R, con la piú parte degli studiosi, fra cui Doblhofer, e Bertotti pp. 129 sgg.; Castorina, come già Castalio e Zumpt, preferisce *divosque* di B e P.

I 528 *latet*: nonostante le difficoltà interpretative che solleva (cfr. Frassinetti 1972 p. 46) seguo con la maggior parte degli editori la lezione di VRB; per le varie congetture proposte si vedano Castorina pp. 118 e 221, Doblhofer I p. 127.

I 539 *caedendo*: ritengo persuasive le argomentazioni di Bartalucci 1980 p. 411 a favore della lezione di V (adottata da Baehrens, Vessereau, Vessereau-Préchac, van de Woestijne) contro *cedendo* di B (e P; R ha *credendo*) accolta fra gli altri da Castalio, Castorina, Doblhofer, e sostenuta da Schuster II pp. 162 sg.

I 552 *utramque*: sebbene non senza incertezze, preferisco attenermi con la quasi totalità degli editori alla lezione di R, contro *utraque* di VB seguito da Simler, e difeso ultimamente da Bartalucci 1980 p. 411 in quanto *lectio difficilior*.

I 595 *numinis*: accolgo con quasi tutti gli editori l'emendamento di Simler al tradito *nominis* (VRB).

I 612 *custodes*: preferisco la lezione di V[2](Sannazaro) RBP, difesa da Schuster II p. 164, Bartalucci 1968 p. 94 e 1980 p. 412, Bertotti pp. 104 sgg., Frassinetti 1972 pp. 47 sg. e adottata da vari editori (ultimamente Doblhofer) alla lezione *custodum* del margine di V (seguita dalla nota *.f.*; la mano appare quella dello stesso Sannazaro) difesa e adottata da Castorina.

I 636 *linquat*: è la lezione di V, cui torna Doblhofer, dopo che Castorina aveva ritenuto poziore e accolto *linquit* di B (e P).

II 6 *siti*: la lezione *sitis* di R e del copista di V, corretta a margine in *siti* (che è anche di B), sebbene accolta da Ussani, appare inaccettabile: si veda Schuster I pp. 136 sg.

II 24 *salis*: per la preferibilità di questa lezione di VRB rispetto a *sali* attestato in P e adottato fra i pochi altri da Castorina, si veda Bertotti pp. 108 sg.; *sali* sembra ricevere appoggio da *salo* a I 280 e 642, ma proprio per questo potrebbe essere in P una congettura.

NOTA AL TESTO   142

II 51 *grassatus*: V e B hanno *crassatus*, R *grassator*, P e il frammento riportato da Giraldi il giusto *grassatus* accolto da tutti gli editori.

II 62 *propositum*: seguo gli editori che accolgono la lezione di V (*preposito* R, *proposito* B con P), fra cui Helm, van de Woestijne, Castorina, Doblhofer: si veda Schuster I pp. 137 sg.

I frammenti.

> ... da allora non un filtro malefico ma una lampada magica ci mette in contatto con Cicerone, come Aladino: basta premere una levetta e il passato compare in una elegante veletta lilla come una dama *du temps jadis...*
>
> FABIO TRONCARELLI, *Memorie di un paleografo.*

Ho potuto rivedere i frammenti sia su foto ingrandite che direttamente sugli originali grazie alla disponibilità della direzione e alla cortesia del personale della sala manoscritti della Biblioteca Nazionale Universitaria di Torino, cui rivolgo un cordiale ringraziamento. Le parentesi quadre indicano i limiti di quanto è testimoniato per ciascun rigo, e sono disposte tipograficamente in modo da segnalare con immediatezza se si tratti di esametro o pentametro. I puntini sul rigo segnalano lo spazio per una o piú lettere impossibili a identificarsi; con un puntino sottoscritto si segnala la lettura incerta a causa dello stato di conservazione del frustolo. Quanto alle proposte di integrazione, mi limito a riportare a testo quelle piú sicure.

Un particolare ringraziamento devo a Armando Petrucci, con cui ho potuto discutere alcuni problemi paleografici e ricontrollare le letture sulle fotografie. A sua opinione siamo di fronte a una semicorsiva italiana, vergata da una mano in possesso di una cultura grafica notevole; l'area è senza dubbio quella dell'Italia settentrionale, senza però che l'assegnazione a Bobbio esca dall'ambito della congettura. Nella lettera ricordata sopra (p. 135) aggiunge: «qualche elemento stilistico (tratteggio forte, alcuni modi di legare) farebbe propendere per la parte ovest (Piemonte), piú che per quella est; ma i confronti con i mss. vercellesi sono troppo vaghi». Quanto alla collocazione cronologica, scrive: «i confronti che ho effettuato (cfr. *CLA* 322, 353, 439 e 469) mi inducono a datare il Rutilio intorno alla metà del secolo VIII, piú prima che dopo».

A 1: di lettura assai ardua: la Ferrari stampa]*multus satiat...pan*, seguita da Sivan; Tandoi]*multus satiari*...; Frassinetti 1980]*multus satiare* e propone ... *multos satiare* [*necesse*. Con Petrucci si era giunti a ipotizzare una lettura *multus solatia pan*[*is*; non avevo allora ancora po-

NOTA AL TESTO 143

tuto vedere lo studio di Paglieri p. 95 nota 25: «mi pare che il dubbio *satiat* di A 1, sia invece *solatia* (le consolazioni [del pane]) usato nella stessa posizione metrica da Lucrezio (5, 1405). *Solatium annonae* è anche un'espressione ciceroniana (2 *Agr.* 29)». Mi sembra comunque che *pan[is* andrebbe inteso come nominativo, e richiamerei piuttosto Orazio, *Sat.* II 2, 17 sg. *cum sale panis* | *latrantem stomachum bene leniet*. Cfr. la nota a B 1.

A 2: altro verso molto rovinato; si legge chiaramente *Ceres*, quanto precede è assai dubbio.

A 4: la *a* di *horrea* è aggiunta nell'interlineo; che fra le due integrazioni proposte dalla Ferrari, *imbriferos* e *nubiferos*, si debba scegliere la seconda hanno dimostrato Tandoi p. 24 e Bartalucci 1975 p. 7, cfr. Cecchini 1975 p. 20.

A 6: sono già della Ferrari l'integrazione *m]edium* e la correzione *terga* per *terge* del ms., ancora visibile nonostante i seri danni subiti dal frustolo a causa dello stacco (fortunatamente la fotografia ad esso anteriore conserva il testo con sufficiente nitidezza).

A 7: mi sembra inevitabile correggere con Tandoi *propala* del ms. (stampato dalla Ferrari e da Sivan); è probabile che il resto di asta visibile a sinistra nella foto anteriore allo stacco (sul ms. non si vede piú niente) appartenga, come egli ritiene, a una *l*.

A 8: tutti gli editori hanno *t]enditur*, ma ritengo abbia nettamente ragione Cecchini 1974 p. 26 a leggere *]enditus*, sí che ne seguo anche l'integrazione; *focus* appare, con la Ferrari, correzione *in scribendo* di un precedente *focos*.

A 10: *gratus* è la correzione, universalmente recepita, della Ferrari all'ametrico *gravis* del ms.

A 13: l'integrazione risale alla Ferrari.

A 14: *comis* del ms. sembra alla Ferrari corretto dallo stesso scriba in *comes*. In *fuit* la *f*, integrata dalla Ferrari, è con Tandoi restituibile quale lettura in base al minuscolo tratto che se ne intravede.

A 15: la prima *l*, apparsa nitida alla Ferrari, è oggi irrintracciabile; non mi sembra sicura nemmeno in base ai minuscoli resti rivelati dalla lampada di Wood. Tandoi (pp. 4 e 18) ha proposto *<i>llo* come integrazione pressoché certa e, a titolo di completamento, *securi Turones*, che poi Frassinetti 1980 ha leggermente modificato in *Ligures*.

A 17: sul bordo sinistro mi pare che si intraveda ancora qualcosa di interpretabile come la seconda e diritta asta di una *u* (cfr. l'integrazione *pav]itat* di Frassinetti 1980), piuttosto che come il residuo della *c* richiesta dall'integrazione *sollic]itat* proposta da Tandoi.

A 19: ritengo con Cecchini 1974 pp. 401 sg. che non si debba leggere *aditanda*, con tutti gli editori, ma *vitanda*. Come si vede nella fotografia (il punto è ora danneggiato), il ms. riportava *ditanda*; nell'interlineo l'amanuense aveva aggiunto una lettera che pare una *u* piuttosto che

NOTA AL TESTO

una *a*, poggiata all'asta di *d*, e preceduta da tre puntini disposti a triangolo che probabilmente indicano correzione (cfr. Ferrari pp. 13 e 24). Si confronti A 4, dove ricorre la vera e propria aggiunta di una *a* (di forma assai diversa dalla presunta *a* di A 19) nell'interlineo, senza che vi figurino i tre puntini a precedere.

A 20: lettura e integrazione di Cecchini 1974 p. 402, che aggiunge «sulla sinistra, a una distanza pari a 3-4 lettere, è inoltre visibile l'asta di una lettera alta (*b*, *d*, *h*, *l*)» o forse anche *i* iniziale; cfr. anche Cecchini 1975 p. 20.

B 1: sulla destra *rupes* e, sulla sinistra, le lettere *unt* che paiono leggibili alla Ferrari si vedono oggi solo con sforzo mediante la lampada di Wood. Sul lato A, al di sopra del v. 1 si intravedono resti grafici che sembrerebbero appunto quelli delle lettere *unt* di questo rigo.

B 2: dopo aver visto il manoscritto mi restano notevoli dubbi sulla lettura vulgata *meritum*. Sulla sinistra si guadagna comunque una lettera, che direi una *l*. Verso destra non mi pare lasciarsi cogliere *tolla t* (Ferrari); oltre la prima *l* credo si intuisca piuttosto *li*.

B 3: già la Ferrari integra *ar*[*ces*]; qualche traccia della *s* finale mi sembra ancora individuabile.

B 4: l'integrazione è già della Ferrari; si veda Bartalucci 1975 p. 7.

B 5: ciò che resta della prima lettera a sinistra apparteneva a una *n* per la Ferrari (*Apollî*]*neos*), a una *m* per Tandoi e Frassinetti 1980 (*Perga*]*meos*, corroborato da Stazio, *Silv*. III 1, 115 sg.: si veda Tandoi p. 25); fuori strada mi pare Sivan, che stampa una *g*.

B 6: la parola *tridente* appare netta alla lampada di Wood; per *frustra* si veda Castorina 1975 p. 23.

B 7: *ur*[*bis* è integrazione della Ferrari; sulla sinistra ha buone probabilità di cogliere nel segno la proposta *ips*]*e* di Tandoi.

B 8: prima della (sicura) *t* iniziale si vede il resto di un tratto orizzontale alto sul rigo, attribuibile forse a un'altra *t*.

B 9: le ultime lettere sulla destra si colgono con la lampada di Wood; sulla sinistra *belli*]*gerum* è integrazione di Tandoi, pressoché sicura.

B 12: con Tandoi (e poi Frassinetti 1980) mi paiono individuabili sulla destra, benché a livello di traccia, le lettere *ma* che la Ferrari si limita a dare come integrazione; riporto l'integrazione *virum* di Tandoi in quanto mi pare ben corroborata dalle scarse vestigia superstiti delle forme grafiche.

B 13: sulla destra mi limito a integrare con la Ferrari una -*r*; sulla sinistra Ferrari e Tandoi leggono]*emo*, ma si veda Cecchini 1974 p. 402 (e 1975 p. 22), per il quale, fra la traccia della cresta di *e* e la *m* «c'è spazio per almeno un'altra lettera».

B 14: le integrazioni risalgono alla Ferrari.

B 15: leggo con Cecchini 1974 p. 401 e Tandoi *sortitus* (la prima *t*, omessa nello scrivere, è stata reinserita dall'amanuense nell'interlineo).

NOTA AL TESTO

- B 16: sulla sinistra Tandoi vede nettamente il residuo di una *e*, opinione assai difficile a condividersi (si veda anche Cecchini 1975 p. 20); a una *o* lo attribuisce Frassinetti 1980 (integrando *p]ossem*). La lettura vulgata *gesta* mi sembra sollevare qualche perplessità.
- B 17: fra *verborum* e *referr[e* (Ferrari) la scrittura è quasi interamente vanita. La Ferrari legge *vili*; Frassinetti 1980 p. 54 scrive *digna*; Tandoi (che restituisce *m]eritis*) segna lacuna inserendo semplicemente quattro puntini; il ms. sembra lasciar cogliere una *l* (potrebbe trattarsi di *laude* o *lingua*).
- B 18: la parte finale del verso, ora illeggibile, viene presentata dalla Ferrari cosí: *solveret iugis Are[s*; a me sembra che quanto consente di leggere la lampada di Wood vada piuttosto nella direzione indicata da Frassinetti con la proposta di integrazione *<lingua queat>*. In particolare *lingua* mi sembra si lasci cogliere abbastanza bene.

Appendice
L'epigrafe di Albenga

Alla scoperta del 'nuovo Rutilio', Enzo Cecchini suggerí di riconoscere in *Albingaunum* la città di cui si parla nel frammento B (Ferrari 1973 p. 29). L'identificazione, in seguito accettata dalla quasi totalità degli studiosi, muoveva dal fatto che le lodi rutiliane delle nuove mura in connessione con il nome di Flavio Costanzo trovano un parallelo in una epigrafe metrica in distici elegiaci conservata ad Albenga (ora nel Palazzo Vescovile; cfr. Lamboglia *Albenga* pp. 108-10): in essa viene appunto lodato Costanzo per aver promosso l'edificazione delle mura nel quadro di un'opera di riconquista delle Gallie e di consolidamento dell'ordine in Liguria.

Theodor Mommsen, in calce alla sua edizione in *Corpus Inscriptionum Latinarum*, V/2 (apud G. Reimerum, Berolini 1877) p. 895, n. 7781, aveva ritenuto che l'epigrafe non si riferisse a Flavio Costanzo, bensí a Costanzo II, e risalisse al periodo del suo conflitto con l'usurpatore Magnenzio, conclusosi nel 353 e seguito da un ritorno a Milano (capitale della Liguria tardoantica), ma la sua teoria non riscuote piú credito (si vedano Lamboglia 1939 p. 126 e 1975 p. 35, Ferrari 1973 p. 29 nota 1, Della Corte 1980 pp. 98 sg. nota 12, Lebek pp. 59 sgg.). Si pensa dunque che le ricostruzioni di cui si parla nella lapide siano successive al periodo delle grandi invasioni, e vadano collocate attorno al 415 (Tandoi p. 9, Lana 1975 pp. 12 sg.), dopo il passaggio di Ataulfo e il successo delle operazioni di Flavio Costanzo (Della Corte 1980 p. 96); cfr. qui sopra il *Quadro storico-cronologico*.

Questo il testo dell'epigrafe:

> Constanti virtus studium victoria nomen
> dum recipit Gallos, constituit Ligures,
> moenibus ipse locum dixit duxitque recenti
> fundamenta solo iuraque parta dedit.
> 5 Cives, tecta, forum, portus commercia, portas
> conditor extructis aedibus instituit,
> dumque refert orbem, me primam protulit urbem
> nec renuit titulos limina nostra loqui,
> et rabidos contra fluctus gentesque nefandas
> 10 Constanti murum nominis opposuit.

L'interpretazione presenta qualche difficoltà, ad es. ai vv. 3-4. Secondo Lamboglia 1975 p. 37 «*ducere fundamenta recenti solo* significa, nell'accezione strettamente giuridica del termine *solum*, il costruire mura là dove si era creato di recente, per distruzione o per esproprio, suolo pubblico o privato» (cfr. Della Corte 1985 p. 22); con *iuraque parta dedit* verrebbe segnalato che «lo stesso Costanzo aveva effettivamente, anche se temporaneamente, esercitato le funzioni da lui stesso istituite ad Albenga per decisione dell'imperatore, quale governatore militare e civile della città e del suo territorio», con raffronto col caso di Lacanio che *credita iura dedit* (Rutilio I 580). Lo studioso ritiene infatti che in quel frangente i Liguri venissero costituiti in «una nuova provincia, le *Alpes Appenninae*, che appare fugacemente nel corso del V e del VI secolo» con «prima capitale civile e militare» proprio in Albenga (p. 38), dove Costanzo dovette risiedere per un certo periodo presiedendo alle ricostruzioni. Il quadro, poggiato sulle espressioni v. 1 *constituit Ligures* e v. 7 *me primam protulit urbem* (effettivamente sfuggente nel suo preciso significato), non mi convince pienamente. In particolare *iura parta dedit* può essere un riferimento enfatico alla restaurazione dell'ordine, o può voler indicare semplicemente che Costanzo curò fosse dato corso alle sue disposizioni. Della Corte 1985 p. 23 traduce «promulgando le leggi prescritte». Il v. 7 si limita forse a sottolineare, secondo la dimensione iperbolica di simili composizioni celebrative, la singolare predilezione avuta da Costanzo per Albenga fra tante città devastate.

Al v. 5 alcuni intendono *portus* come accusativo plurale (ad es. Lamboglia *Albenga* p. 109; cfr. la serie asindetica di singoli sostantivi al v. 1); ho preferito, con Della Corte 1980 p. 98, la scelta di F. Buecheler nella sua edizione teubneriana del *Carmina Latina epigraphica* (Lipsiae 1897, p. 413, n. 893) il cui testo ho sopra riprodotto. È elegante il passaggio dal v. 8 all'ultimo distico: Costanzo non ha rifiutato l'epigrafe laudativa (*titulos* sembra giocare d'ambiguità fra il significato di «iscrizione onorifica» e quello di «titolo di gloria», di «merito» che ne deriva), e pertanto il suo nome, affisso alla porta principale della città, vi sta a baluardo come lo stesso muro da lui fatto edificare. Non mi pare necessario supporre che si chiamasse *murus Constanti* un tratto particolare delle nuove mura (Lamboglia 1975 pp. 35 sg.). Andrà sottolineata invece la finezza per cui, nella diversità dei significati, l'epigrafe comincia e finisce con un medesimo cenno al nome di Costanzo (al v. 1 ritengo si voglia evocare la specifica virtú della *constantia* implicita nel nome del celebrato: cfr. ancora il caso di Lacanio in Rutilio I 589; Della Corte 1985 p. 23 preferisce tradurre *nomen* con «fama»). In base a queste considerazioni si può tentare di tradurre come segue:

> Di Costanzo valore, impegno, vittoria, nome,
>   mentre recuperava i Galli, han rinsaldato i Liguri,
> lui stesso fissò il luogo per le mura e sul nuovo terreno
>   tracciò le fondamenta, e curò l'adempimento dei suoi ordini.
> 5 Cittadini, tetti, foro, commerci del porto, porte
>   lui fondatore, ricostruiti gli edifici, risollevò.
> E mentre restaurava l'orbe, me innalzò prima urbe
>   né impedí alle nostre soglie di esporre i suoi titoli di onore;
> e contro i flutti rabbiosi e le nefande genti
> 10   oppose il muro del nome di Costanzo.

Ha subito colpito gli studiosi la circostanza che il metro impiegato nell'epigrafe sia il medesimo del *De reditu suo*, e che anzi in essa si riscontrino alcune analogie espressive con quanto conservato del poemetto: i possibili raffronti sono segnalati in Ferrari p. 29, Lamboglia 1975 pp. 35 sg., e soprattutto in Della Corte 1980 pp. 99-101. È stato cosí ipotizzato che l'anonimo redattore del testo possa aver letto Rutilio «con interesse municipale, campanilistico si vorrebbe dire, per la celebrativa descrizione della città, legata col nome venerato di Costanzo» (Ferrari cit.). Si potrebbe anche pensare che inversamente Rutilio abbia avuto modo di leggere l'epigrafe, recuperandone eventualmente qualche tratto espressivo nell'episodio del frammento B (gli altri paralleli potrebbero essere casuali), come potrebbe essere avvenuto nei casi delle epigrafi alle Terme del Toro e sotto la statua di Lacanio, o in quello delle satire di Lucillo (si vedano le note a I 263 sgg., 577 sgg., 608 sgg.).

Ma è stata profilata una terza ipotesi ancora. Della Corte 1980 p. 99 ritiene che nell'epigrafe la menzione del recupero delle Gallie «meglio... si spiega se chi ha dettato i distici aveva interessi in Gallia o addirittura era un Gallo». Secondo lui (p. 101), come secondo Lamboglia 1975 pp. 37 sg., l'autore dell'epigrafe sarebbe lo stesso Rutilio. Durante lo scalo qualcuno dei *cives* – come ad esempio un amico di rango – lo avrebbe pregato di dettare la breve composizione destinata all'affissione. E se cosí fosse Rutilio potrebbe avere addirittura riportato quel proprio carme in quanto del seguito è andato perduto (pp. 102 sg., si veda anche Della Corte 1985 pp. 22-25). La suggestiva proposta incontra qualche difficoltà. Ad esempio i pentametri rutiliani hanno quasi sempre la clausola bisillabica (340 casi, incluso I 364 *via est*, contro 16 cosí ripartiti: 3 di trisillabica, 9 di quadrisillabica, 2 di pentasillabica, 2 di eptasillabica; ho escluso dal computo i frammenti, dove però, a quanto si può vedere, la 'regola' conosce l'unica eccezione della quadrisillabica ad A 20): si vedano Rasi pp. 180 sgg., Giannotti pp. 42 sgg., Bartalucci 1975 p. 8, Della Corte 1980 p. 101. L'epigrafe presenta, su 5 pentametri, 2 soli casi di clausola bisillabica, 1 di trisillabica, 2 di quadrisillabica. Il gioco onomastico dei vv. 1 e 10, e forse anche l'insistita serie semantica della restaurazione-ricostruzione (*recipere, constituere, dicere locum, ducere fundamenta, instituere, extruere, murum opponere*, con propaggine nel gioco *referre-proferre*) potrebbero invece corroborare la supposizione.

Bibliografia

Nel corso del lavoro i titoli bibliografici vengono indicati compendiariamente con il solo nome dell'autore; nei casi di possibile confusione si è aggiunta l'indicazione della data o utilizzata l'eventuale abbreviazione segnalata fra parentesi al termine del lemma.

aa.vv., *Coste d'Italia. Dal Tevere a Ventimiglia*, piano del libro, coordinamento, redazione di E. Ascione e I. Insolera, opera promossa dall'Eni, stampato presso Arti Grafiche Ricordi, Milano 1971.

aa. vv., *Il nuovo Rutilio Namaziano*, interventi di A. Bartalucci, E. Castorina, E. Cecchini, I. Lana e V. Tandoi, in «Maia», n.s., 27, fasc. I, gennaio-marzo 1975, pp. 3-26 (= *Nuovo Rutilio*).

aa.vv., *Narbonne et la Mer de l'Antiquité à nos jours*, catalogo della mostra, Musée Archéologique, Narbonne 1990.

aa.vv., *Società romana e impero tardoantico*, opera collettiva del Seminario di Antichistica dell'Istituto Gramsci, a cura di A. Giardina, «Collezione storica», 4 voll., Laterza, Bari 1986.

Th. J. ab Almeloveen (Th. J. van Almeloveen), *Cl. Rutilii Numatiani Galli Itinerarium*, integris Simleri, Castalionis, Pithoei, Sitzmanni, Barthii, Graevii aliorumque animadversionibus illustratum, ex museo Theodori Janssonii ab Almeloveen, apud J. Wolters, Amstelodami 1687.

L. Alfonsi, *Significato politico e valore poetico del «De reditu suo» di Rutilio Namaziano*, in «Studi Romani», 3, 1955, pp. 125-39.

Ae. Baehrens, *Claudii Rutilii Namatiani de reditu suo libri II*, in *Poetae Latini Minores*, recensuit et emendavit Aemilius B., vol. V., in aedibus B. C. Teubneri, Lipsiae 1883, pp. 3-30.

A. Bartalucci, *Sul «De reditu suo» di Rutilio Namaziano*, in «Cultura e scuola», 11, 1964, pp. 44-50.

– *Note rutiliane*, in «Studi classici e orientali», 14, 1965, pp. 30-39.

– [recensione a E. Castorina], in «Atene e Roma», n.s., 13, fasc. I, 1968, pp. 90-97.

– si veda aa.vv., *Il nuovo Rutilio Namaziano*, 1975.

– [recensione a E. Doblhofer I e II], in «Sileno», 5-6, 1979-80, pp. 403-416.

C. Barthius (Caspar Barth), *Claudii Rutili Numatiani Galli Itinerarium sive De reditu suo lib. II*, in Germania numquam editi Caspar Barthius recensuit, animadversionum commentarium adiecit, sumptibus Danielis ac Davidis Aubriorum et C. Schleichii, Francofurti 1623.

I. Bartoli, *De Rutilii Namatiani quaestiunculae quaedam*, in «Athenaeum», 9, 1931, pp. 410-19.

– *Rutiliana*, in «Rivista di studi classici», 17, 1969, n. 49, pp. 216-18.

BIBLIOGRAFIA

I. Bartoli, *Claudii Rutilii Namatiani De reditu suo libri duo*, recensuit I. B., Parmae 1971.

T. Bertotti, *Rutiliana* in aa.vv., *Contributi a tre poeti latini (Valerio Flacco - Rutilio Namaziano - Pascoli)*, a cura di A. Traina, Pàtron, Bologna 1969, pp. 93-134.

G. Boano, *Sul 'De reditu suo' di Rutilio Namaziano*, in «Rivista di filologia classica», 76, n.s., 26, 1948, pp. 54-87.

M. Bonjour, *Terre natale. Études sur une composante affective du patriotisme romain*, Les Belles Lettres, Paris 1975.

L. Bosio, *La Tabula Peutingeriana; una descrizione pittorica del mondo antico*, Maggioli, Rimini 1983.

P. Brown, *Religione e società nell'età di Sant'Agostino*, trad. it. di G. Fragnito, «Biblioteca di cultura storica» 27, Einaudi, Torino 1975 (ed. originale 1972).

P. Burmannus (Peter Burman), *Cl. Rutilii Numatiani Galli Iter, sive de reditu in patriam*, cum notis integris Simleri, Castalionis, Pithaei [*sic*], Sitzmanni et Barthii, curante Petro Burmanno, qui et suas adiecit annotationes, in *Poetae Latini Minores*, vol. II, Leidae 1731, pp. 1-184.

A. Cameron, *Rutilius Namatianus, St. Augustine, and the Date of the De reditu*, in «Journal of Roman Studies», 57, 1967, pp. 31-39.

F. Capponi, *Il «uenatus» di Rutilio Namaziano*, in «Koinōnia», 10/1, 1986, pp. 81-87.

J. Carcopino, *Chronologie et histoire littéraire. A propos du poème de Rutilius Namatianus*, in «Revue des études latines», 6, 1928, pp. 180-200; ripreso con adattamenti in Id., *Rencontres de l'histoire et de la littérature romaines*, Flammarion, Paris 1963, pp. 233-70 (da cui le citazioni).

C. Carena, *Poeti latini della decadenza*, «Collezione di poesia» 205, Einaudi, Torino 1988, in particolare pp. 114-21.

L. Casson, *Navi e marinai dell'antichità*, trad. it. di C. Boero Piga, Mursia, Milano 1976 (ed. originale 1971).

– *Viaggi e viaggiatori nell'Antichità*, trad. it. di A. Aloni, Mursia, Milano 1978 (ed. originale 1974).

J. Castalio (Giuseppe Castaglione), *Cl. Rutilii Numatiani V. C. Itinerarium*, ab Josepho Castalione emendationibus et adnotationibus illustratum (...), excudebat V. Accoltus, Romae 1582.

E. Castorina, *Claudio Rutilio Namaziano, De reditu*, introduzione, testo critico, traduzione e commento, Sansoni, Firenze 1967 (rist. 1975).

– si veda aa.vv., *Il nuovo Rutilio Namaziano*, 1975.

E. Cecchini, *Per il nuovo Rutilio Namaziano*, in «Rivista di filologia e di istruzione classica», 102, 1974, pp. 401-4.

– si veda aa.vv., *Il nuovo Rutilio Namaziano*, 1975.

Nora K. Chadwick, *Poetry and Letters in Early Christian Gaul*, Bowes & Bowes, London 1955 (particolarmente pp. 122-41).

R. Chevallier, *Les voyages et deplacements dans l'Empire Romain*, A. Colin, Paris 1988.

W. Clausen, *Silva coniecturarum*, in «American Journal of Philology», 76, 1955, pp. 47-62 (Rutilio a pp. 61 sg.).

F. Corsaro, *Incerti auctoris Querolus sive Aulularia*, recensuit, italice vertit F. C., Movimento Europeo per la Difesa del Latino, Catania 1964.

– *Querolus. Studio introduttivio e commentario*, Pàtron, Bologna 1965.

– *Studi rutiliani*, «Edizioni e saggi universitari di Filologia Classica» 26, Pàtron, Bologna 1981.

P. Courcelle, *Histoire littéraire des grandes invasions germaniques*, troisième édition augmentée et illustrée, Éditions Augustiniennes, Paris 1963.

– *Les lecteurs de l'«Énéide» devant les grandes invasions germaniques*, in «Romanobarbarica», 1, 1976, pp. 25-56.

L. Dalmasso, *La questione cronologica di Palladio e Rutilio Namaziano*, in «Rivista di filologia e di istruzione classica», 43, 1915, pp. 82-95.

Ch. T. Damm, *Claudii Rutilii, viri clarissimi, de reditu suo libri duo*, accurate recensuit Christianus Tobias Damm, apud J. W. Halle et J. S. Halle, Brandeburgi 1760.

F. Della Corte, *Rutilio Namaziano ad Albingaunum*, in «Romanobarbarica», 5, 1980, pp. 89-103; ora in Id., *Opuscula* VII, D.AR.FI.CL.ET., Genova 1983, pp. 261-75.

– *La ricostruzione di Albingaunum (414-417 d. C)*, in «Rèvue des études ligures», 50, 1984 (ma 1985: *Atti del Congresso «I Liguri dall'Arno all'Ebro»*, Istituto Internazionale di Studi Liguri, Bordighera) pp. 18-25; ora in Id., *Opuscula*, X, D.AR.FI.CL.ET, Genova 1987, pp. 225-32.

– *Il frammento A di Rutilio Namaziano*, in aa.vv., *Laurea Corona. Studies in Honour of Edward Coleiro*, Grüner, Amsterdam 1987, pp. 181-85; ora in Id., *Opuscula*, XI, D.AR.FI.CL.ET., Genova 1988, pp. 209-13.

C. Di Spigno, *Topografia pisana in Rutilio Namaziano*, in «Rendiconti dell'Accademia dei Lincei», serie VIII, 4, 1949, pp. 183-89.

E. Doblhofer, *Zur Frage der verstümmelten Beginns von Rutilius Claudius Namatianus, De reditu suo*, in aa.vv., *Studien zur Sprachwissenschaft und Kulturkunde*, Gedenkschrift für W. Brandenstein, Innsbruck 1968, pp. 175-80.

– *Drei spätantike Reiseschilderungen*, in aa.vv., *Festschrift K. Vretska*, Winter, Heidelberg 1970, pp. 1-22.

– *Rutilius Claudius Namatianus, De reditu suo sive Iter Gallicum*, herausgegeben, eingeleitet und erklärt von E. D., 2 voll., Winter, Heidelberg: vol. I Einleitung, Text, Uebersetzung, Wörterverzeichnis, 1972; vol. II Kommentar, 1977 (= rispettivamente Doblhofer I e Doblhofer II).

– *Bellerophon und Kirke zwischen Heiden und Christen*, in aa.vv., *Festschrift Robert Muth*, herausgegeben von P. Händel e W. Meid, Institut für Sprachwissenschaft der Universität Innsbruck, Innsbruck 1983, pp. 73-87.

A. M. Duff e J. W. Duff, *Rutilius Namatianus*, in *Minor Latin Poets*, with Introductions and English Translations by J. W. D., and A. M. D.,

«The Loeb Classical Library», Harvard University Press - Heinemann, Cambridge (Mass.) - London 1934 (ed. riveduta 1935, con numerose successive ristampe), pp. 751-829.

M. Ferrari, *Le scoperte di Bobbio nel 1493: vicende di codici e fortuna di testi*, in «Italia medioevale e umanistica», 13, 1970, pp. 139-80 (= Ferrari 1970).

– *Frammenti ignoti di Rutilio Namaziano*, in Ead., *Spigolature bobbiesi*, in «Italia medioevale e umanistica», 16, 1973, pp. 1-41, con fotografie dei nuovi ritrovamenti (= Ferrari).

G. Fisher, *Rutilius and the Fifth Lepidus*, in «Museum philologum Londiniense», 7, 1986, pp. 31-36.

A. Fo, *Studi sulla tecnica poetica di Claudiano*, «Studi e ricerche dei "Quaderni catanesi"», 4, Tringale, Catania 1982.

– *Ritorno a Rutilio Namaziano*, in «Materiali e discussioni per l'analisi dei testi classici», 22, 1989, pp. 49-74.

– *Tentativo di introduzione a Paolino di Pella*, in aa.vv., *Metodologie della ricerca sulla Tarda Antichità*, Atti del primo convegno della Associazione di Studi Tardoantichi, a cura di A. Garzya, D'Auria, Napoli 1990, pp. 361-82.

– *Itinerari e sogni geografici tardolatini*, in aa.vv., Atti della giornata di studio sul tema *Per una geografia poetica dell'Italia antica* (*Napoli, 22 novembre 1989*), a cura di P. Poccetti e D. Silvestri, Napoli, in stampa nel vol. 13, 1991, della rivista «AIΩN».

P. Frassinetti, *Postille rutiliane*, in «Bollettino di studi latini», 2, 1972, pp. 36-48.

– *I nuovi frammenti di Rutilio Namaziano*, in «Studi e ricerche dell'Istituto di Latino», 3, Facoltà di Magistero, Genova, 1980, pp. 51-58.

M. Fuhrmann, *Die Romidee der Spätantike*, in «Historische Zeitschrift», 207, 1968, pp. 529-61.

H. A. Gärtner, *Rome et les Barbares dans la poésie latine au temps d'Augustin: Rutilius Namatianus et Prudence*, in «Ktema», 9, 1984, pp. 113-21.

D. Gagliardi, *Aspetti della poesia latina tardoantica. Linee evolutive e culturali dell'ultima poesia pagana dai Novelli a Rutilio Namaziano*, Palumbo, Palermo 1972.

R. Gelsomino, *Rutilio Namaziano, De reditu suo*, introduzione e traduzione (con note esplicative inserite), dispensa universitaria, Editrice Montefeltro, Urbino 1972.

– *Note a Rutilio Namaziano: I, 371 «Falesia» non «Faleria,» e il comportamento prosodico di Rutilio*, in «Rivista di cultura classica e medioevale», 15, 1973, pp. 35-47.

A. Giannotti, *La metrica di Rutilio Namaziano*, Istituto delle Edizioni Accademiche, Udine 1940.

A. Giannotti Villa, *Rutilius Namatianus, De reditu suo*, col commento di A. G. V., Sansoni, Firenze 1949.

C. Giarratano, *Rutilii Namatiani (De reditu suo)*, C. G. recensuit, in aa.vv., *Miscellanea commemorativa del Liceo-Ginnasio «G. Galilei» di Pisa, Nel primo centenario della fondazione*, Giardini, Pisa 1953, pp. 166-84 [ed. critica rimasta interrotta per la morte dell'autore, e pubblicata postuma relativamente al solo testo].

D. Gorce, *Les voyages, l'hospitalité et le port des lettres dans le monde chrétien des IVe et Ve siècles*, Thèse, Picard, Paris 1925.

G. Heidrich, *Claudius Rutilius Namatianus*, mit Einleitung und kritischen Apparat herausgegeben von G. H., C. Fromme, Wien-Leipzig 1912 («Berichtiger Sonderabdruck aus dem Jahresberichte des k. k. Erzherzog Rainer-Realgymnasiums in Wien 1911», dove l'edizione di H. era apparsa in un primo tempo).

D. Heinsius: congetture riportate in Burman.

R. Helm, *Heidnisches und Christlisches bei spätlateinischen Dichtern*, in aa.vv., *Natalicium Geffcken*, Winter, Heidelberg 1931, pp. 1-46 (= Helm 1931).

– *Rutilius Claudius Namatianus, De reditu suo*, herausgegeben und erklärt von R. Helm, C. Winter, Heidelberg 1933 (= Helm).

L. Hermann, *Notes critiques sur Rutilius Namatianus*, in «Revue belge de philologie et d'histoire», 14, 1935, pp. 854-59.

O. Höckmann, *La navigazione nel mondo antico*, trad. it. di M. Pisu, «Il corso della storia», Garzanti, Milano 1988 (ed. originale 1985).

C. Hosius, *Die Textgeschichte des Rutilius Namatianus*, in «Rheinisches Museum für Philologie», 51, 1896, pp. 197-210.

A. Ianni Ventura, *Studi recenti su Rutilio Namaziano e note al suo classicismo*, in «Atene e Roma», 16, 1971, pp. 83-102.

L. Illuminati, *La satura odeporica latina. Introduzione e commento*, Società Anonima Dante Alighieri, Milano-Genova-Roma-Napoli 1938 (Rutilio: pp. LXVIII-LXXVI e 81-143).

Itasius Lemniacus (A. von Reumont), *Des Claudius Rutilius Namatianus Heimkehr*, übersetz unt erlautert von I. L., Decker, Berlin 1872.

F. Jäger, *Rhetorische Beiträge zu Rutilius Claudius Namatianus*, Progr. Rosenheim, 1917.

A. H. M. Jones, *Il tardo impero romano (284-602 d. C.)*, trad. it. di E. Petretti, «Biblioteca storica dell'antichità», 13, 3 voll., Il Saggiatore, Milano 1973, 1974, 1975.

E. Kalinka, *Aus der Werkstatt des Hörsaals*, «Akademie der Wissenschaften in Wien, Philosophisch-historische Klasse, Sitzungsberichte» 197, 6. Abhandlung, Hölder, Wien 1922: capitolo VIII. *Rutilius*, pp. 54-59 (e 61).

J. Ch. Kappius (Johann Christian Kapp), *Claudii Rutilii Numatiani Galli viri clarissimi Itinerarium sive de reditu quae supersunt*, recensuit, varietatem lectionis et Gottlieb Cortii notarum in Rutilium fragmentum addidit Jo. Christianus Kappius e terris Baruthinis; accedit Gottlieb Christophori Harles viri illustris epistola, apud J. J. Palmium, Erlangae 1786..

Ch. H. Keene, *Rutilii Claudii Namatiani De Reditu Suo libri duo*, *The Home-Coming of Rutilius Claudius Namatianus from Rome to Gaul in the Year 416 a. D.*, edited with introduction and notes, critical and explanatory, by Ch. H. K. and translated into English verse by G. F. Savage-Armstrong, Bell, London 1907.

U. Knoche, *Ein Sinnbild römischer Selbstauffassung*, in «Symbola Coloniensia», 1949, pp. 143-62; rist. in Id., *Vom Selbstverständnis der Römer. Gesammelte Aufsätze*, «Gymnasium-Beihefte» 2, Winter, Heidelberg 1962, pp. 125-43 (da cui cito).

D. Korzeniewski, *Reiseerlebnisse des Rutilius Namatianus. Exegetische Beiträge zu seinem Gedicht De reditu suo*, in «Gymnasium», 86, 1979, pp. 541-56.

B. Kytzler, *Roma Aeterna. Lateinische und griechische Romdichtung von der Antike bis in die Gegenwart*, ausgewählt, übersetzt und erläutert von B. K., Artemis, Zürich-München 1972.

– *Abschied von Rom*, in aa.vv., *Faszination des Mythos*, herausgegeben von R. Schlesier, Stroemfeld, Basel - Frankfurt am Main 1985, pp. 251-274.

N. Lamboglia, *Liguria Romana. Studi storico-topografici I*, con 106 figure e 7 tavole fuori testo, Istituto di Studi Romani - Sezione Ligure, 1939.

– *Albenga e i nuovi frammenti di Rutilio Namaziano*, conferenza tenuta ad Albenga il 15 marzo 1975, e successivamente pubblicata postuma in «Rivista ingauna e intemelia», 31-32, 1976-78, pp. 32-38 (= Lamboglia 1975).

– *Albenga romana e medievale*, «Itinerari liguri» 1, Istituto Internazionale di Studi Liguri, Bordighera 1986[6] (= Lamboglia *Albenga*).

I. Lana, *Rutilio Namaziano*, Giappichelli, Torino 1961 (= Lana; gli altri contributi dell'autore sono distinti con la specificazione della data).

– si veda aa.vv., *Il nuovo Rutilio Namaziano*, 1975.

– *Originalità e significato dell'inno a Roma di Rutilio Namaziano*, in aa.vv., *La coscienza religiosa del letterato pagano*, D.AR.FI.CL.ET., Genova 1987, pp. 101-23.

D. Lassandro, *Descrizione geografica e rievocazione storica nel «De reditu suo» di Rutilio Namaziano*, in aa.vv., *Geografia e storiografia nel mondo classico*, a cura di M. Sordi, «Contributi dell'Istituto di Storia Antica dell'U.C.S.C.» 14, Milano 1988, pp. 113-23.

A. T. Laugesen, *Deux recites de voyage du début du Ve siècle*, in «Classica et mediaevalia», 22, pp. 54-68.

W. D. Lebek, *Neue Texte im Bereich der lateinischen Literatur*, in P. Neukam, *Klassische Antike und Gegenwart*, München 1985, pp. 50-67 (Rutilio: 57-62).

B. Luiselli, *Storia culturale dei rapporti tra mondo romano e mondo germanico*, «Biblioteca di Helikon», Roma, Herder 1992.

A. Marsili, *Rutili Claudi Namatiani De reditu suo libri II*, Giardini, Pisis 1954.

W. Maaz, *Poetisch-mythologische Realität in 'De reditu suo' des Rutilius Namatianus*, in aa.vv., *Roma renascens*, Beiträge zur Spätantike und Rezeptionsgeschichte, Ilona Opelt von ihren Freunden und Schülern zum 9. Juli 1988 in Verherung gewidmet, herausgegeben von M. Wissemann, Lang, Frankfurt am Main - Bern - New York - Paris 1988 pp. 235-56.

G. Manganaro, *La reazione pagana a Roma nel 408-409 d. C. e il poemetto anonimo «contra paganos»*, in «Giornale italiano di filologia», 13, 1960, pp. 210-24.

A. Marchetta, *Orosio e Ataulfo nell'ideologia dei rapporti romano-barbarici*, «Studi storici», fasc. 174-77, Istituto Storico Italiano per il Medioevo, Roma 1987.

S. Mattiacci, *I carmi e i frammenti di Tiberiano*, introduzione, edizione critica, traduzione e commento, «Accademia Toscana di scienze e lettere "la Colombaria" - Studi», 98, Olschki, Firenze 1990.

J. Mazochius (Giacomo Mazocchi), *Rutilii Itinerarium*, in *De Roma prisca et nova variis auctoribus*, Romae 1523, fogli 161-73.

A. Mazzolai, *Claudio Rutilio Namaziano, De reditu (Il ritorno)*, introduzione, traduzione e commento di A. M., Sodales et Fideles (Associazione Italiana di Cultura Classica di Grosseto), senza frontespizio, con dicitura «Edizione fuori commercio 1990-1991» (ma novembre 1990), Grosseto, 144 pp. (reperibile alla Biblioteca della Facoltà di Lettere di Siena).

F. Meijer, *A History of Seafaring in the Classical World*, Croom Helm, London-Sydney 1986.

R. Merkelbach, *Isisfeste in griechisch-römischer Zeit. Daten und Riten*, «Beiträge zur klassischen Philologie», herausgegeben von R. M., Heft 5, Hain, Meisenheim am Glan 1963.

E. Merone, *Dante, Rutilio e le città che muoiono*, in «Giornale italiano di filologia», 3, 1951, pp. 150-61.

– *Rutilio ellenizzante*, Loffredo, Napoli 1953; seconda edizione corretta e ridotta, col titolo *Aspetti dell'ellenismo in Rutilio Namaziano*, Ed. Intercontinentalia, Napoli 1967.

– *Claudius Rutilius Namatianus, De reditu suo*, commento filologico-semantico, Armanni, Napoli 1955.

K. Miller, *Itineraria Romana. Römische Reisewege an der Hand der Tabula Peutingeriana*, dargestellt von K. M. mit 317 Kartenskizzen und Textbildern, Stecker und Schröder, Stuttgart 1916 (particolarmente coll. 108-9, 127-33, 232-52).

G. Morelli, *Le liste degli autori scoperti a Bobbio nel 1493*, in «Rivista di filologia e di istruzione classica», 117, 1989, pp. 5-33.

Fr. Mueller, *De Rutilio Namatiano stoico*, Progr. Soltquellae (Saltwedel), 1882.

L. Mueller, *Claudii Rutilii Namatiani de reditu suo libri II*, accedunt Hadriani Flori Apuleii Anniani Sereni aliorumque saec. a. u. c. X poetarum reliquiae, recensuit et praefatus est Lucianus Mueller, in aedibus B. G. Teubneri, Lipsiae 1870.

G. Norwood, *Rutilius Claudius Namatianus*, in «Phoenix», 1, suppl., 1947, pp. 36-41.

S. Paglieri, *Rutilio Namaziano in Piemonte?*, in «Bollettino della società di studi storici, archeologici e artistici della provincia di Cuneo», 84, 1986, pp. 85-98.

O. Panvinius (Onofrio Panvinio), [edizione di Rutilio], in Onuphrii Panvinii Veronensis Augustiniani Reipublicae Romanae commentariorum libri tres, et alia quaedam (...), Venetiis 1588.

F. Paschoud, *Roma aeterna. Études sur le patriotisme romain dans l'Occident latin à l'époque des invasions*, «Bibliotheca Helvetica Romana» 7, Institute Suisse de Rome, 1967.

– *Une relecture poétique de Rutilius Namatianus*, in «Museum Helveticum», 35, 1978, pp. 319-28.

– *A quel genre littéraire le poème de Rutilius Namatianus appartient-il?*, in «Revue des études latines», 57, 1979, pp. 315-22.

P.-L. Pelet, *Techniques sidérurgiques et poésie. Note sur quelques vers de Rutilius Namatianus*, in «Revue des études latines», 48, 1970, pp. 398-410.

R. Pichon, *Les derniers écrivains profanes*, Leroux, Paris 1906, particolarmente pp. 243-69 (*Un grand fonctionnaire gallo-romain: le poète Rutilius Namatianus*) e 217-42 (*Une comédie de société gallo-romaine: le «Querolus»*).

T. Picone, *Claudio Rutilio Namaziano, Viaggio di ritorno*, introduzione, traduzione e commento di T. P., testo latino a fronte, Graficop, Como 1987.

J. B. Pius (Giambattista Pio), *Claudius Rutilius poeta priscus de laudibus Urbis, Etruriae, et Italiae*, ed. Iohannes Baptista Pius, in aedibus Hieronymi de Benedictis, Bononiae 1520 (*editio princeps*).

F. Préchac, *Rutiliana*, in «Revue d'Histoire de la philosophie et d'histoire générale de la civilisation», 1933, pp. 377-80.

– si veda J. Vessereau - F. Préchac.

G. Ranstrand, *Querolus sive Aulularia incerti auctoris comoedia*, una cum indice verborum edidit G. R., «Acta Universitatis Gotoburgensis» 1951, 1, Wettergen & Kerbers, Göteborg 1951.

P. Rasi, *In Claudii Rutilii Namatiani libros adnotationes metricae*, in «Rivista di filologia e d'istruzione classica», 25, 1897, pp. 169-214.

W. Rettich, *Welt- und Lebensanschauung des spätrömischen Dichters Rutilius Claudius Namatianus*, Diss., Zürich 1918.

A. L. F. Rivet, *Gallia Narbonensis. With a Chapter on Alpes Maritimae. Southern France in Roman Times*, Batsford, London 1988.

J. Rougé, *La navigation hivernale sous l'empire romain*, in «Revue des études anciennes», 54, 1952, pp. 316-25.

BIBLIOGRAFIA

J. Rougé, *Navi e navigazione nell'antichità*, trad. it. di R. Massari e A. Marazzi, Vallecchi, Firenze 1977 (ed. originale 1975).

C. Santini, *Reminiscenze dei «Phaenomena Arati» in Rutilio Namaziano*, in «Giornale italiano di filologia», 41, 1989, pp. 65-72.

H. Schenkl, *Ein spätrömischer Dichter und sein Glaubensbekenntnis*, in «Rheinisches Museum für Philologie», 66, 1911, pp. 393-416.

K. Schenkl, [recensione a *Claudii Rutilii Namatiani de reditu suo libri II... recensuit et praefatus est Lucianus Mueller*, Lipsiae 1870], in «Zeitschrift für die Österreichischen Gymnasien (Zeitschrift für die österreichischen Gymnasien)», 22, 1871, pp. 126-40.

O. Schissel-Fleschemberg, *Claudius Rutilius Namatianus gegen Stilicho, mit rhetorischen Exkursen zu Cicero, Hermogenes, Rufus*, in «Janus», 2, Wien-Leipzig 1920.

– *Rutilius Claudius Namatianus, de reditu suo 1, 399-414*, in «Wiener Studien», 61-62, 1943-47, pp. 155-61.

W. Schmid, *'Roma nascens' in Rutilio Namaziano (Libro I, vv. 87-88 e altre reminiscenze)*, in aa.vv., *Studi in onore di L. Castiglioni*, 2 voll., Sansoni, Firenze 1960, pp. 877-87.

– *Zwei Gedichte auf die Thermae Taurinae*, in «Bonner Jahrbücher», 161, 1961, pp. 236-43.

– s.v. *Cento*, in *Lexikon der Alten Welt*, Artemis, Zürich-Stuttgart 1965, coll. 565 sg.

M. Schuster, *Der religiöse Standpunkt des Rutilius Namatianus*, in «Philologische Wochenschrift», 45, 1925, pp. 713-17.

– *Die Ueberlieferung des Rutilius Claudius Namatianus im cod. Romanus*, in «Wiener Studien», 51, 1933, pp. 109-40 (= Schuster I).

– *Zur Textgestaltung und Erklärung des Rutilius Claudius Namatianus*, in «Wiener Studien», 53, 1939, pp. 147-64 (= Schuster II).

G. Senis, *Rutilio, «De reditu» 16-18*, in «Quaderni urbinati di cultura classica», 49, 1985, n. 2, pp. 141-47.

J. Simler, *Rutilii Claudii Numatiani Itinerarium*, ed. Josias Simler, nella miscellanea di scritti topografici intitolata *Ex Bibliotheca P. Pithoei cum scholiis Josiae Simleri*, Basileae 1575, pp. 297-326.

H. S. Sivan, *Rutilius Namatianus, Constantius III. and the Return to Gaul in Light of New Evidence*, in «Medieval Studies», 48, 1986, pp. 522-32.

E. Stein, *Histoire du Bas-Empire*, tome I: *De l'état Romain à l'état Byzantin (284-476)*, édition française par J.-R. Palanque, Hakkert, Amsterdam 1968 (rist. dell'ed. Paris-Bruges 1959; ed. originale Seidel & Sohn, Wien 1928).

E. A. Thompson, *Peasant Revolts in Late Roman Gaul and Spain*, in «Past and Present», 2, 1952, pp. 11-23.

V. Ussani sr, *Leggendo Rutilio*, in «Rivista di filologia e d'istruzione classica», 38, 1910, pp. 357-84 (= Ussani 1910).

– *Rutilii Claudii Namatiani de reditu suo libri II*, recensuit Vincentius Ussani, «Silloge di antichità classica» 1, Perrella, Florentiae 1921

(Estratto dalla Rassegna di lingue e letterature classiche II, 1920, n. 3-5, pp. 121-154) (= Ussani).

P. van de Woestijne, *Rutilius Claudius Namatianus, de reditu suo*, edidit P. v. d. W., De Sikkel, Antwerpen 1936.

J. Vessereau, *Claudius Rutilius Namatianus*, édition critique accompagné d'une traduction française et d'un index, et suivie d'une étude historique et littéraire sur l'œuvre et l'auteur, A. Fontemoing Editeur, Paris 1904.

J. Vessereau e F. Dimoff, *Rutiliana*, in «Revue de philologie, de littérature et d'histoire anciennes», 30, 1906, pp. 61-70.

J. Vessereau e F. Préchac, *Rutilius Namatianus, Sur son retour*, texte établi et traduit par J. V. et F. P., Les Belles Lettres, Paris 1933, 1961².

A. Villa: si veda A. Giannotti Villa.

Fr. Vollmer, s.v. *Rutilius Claudius Namatianus*, in *Real-Enziklopädie für klassische Altertumswissenschaft*, I A 1, 1914, coll. 1249-54.

A. von Reumont: si veda Itasius Lemniacus.

E. Weber, *Tabula Peutingeriana. Codex Vindobonensis 324*, vollstandige Faksimile, Ausgabe im Originalformat und Kommentar, 2 voll., Akademische Druck-Verlagsanstalt, Graz 1976.

A. Welkenhuysen, *Note à verser au dossier Colomban; Rutilius à Bobbio*, in «Revue du Moyen Age Latin», 35, 1979, p. 119.

I. Ch. Wernsdorf, *Claudii Rutilii Numatiani V. C. de reditu suo itinerarium*, ad fidem priscarum editionum denuo castigatum, varietate lectionis et perpetua annotatione instructum (pp. 5-202), accedit Hildeberti carmen ex antiquo ductum *de urbis Romae ruina* (pp. 203-8), in *Poetae Latini Minores*, curavit Iohannes Christianus Wernsdorf, t. V., pars prima, ex officina Richteria, Altenburgi 1788, pp. 203-8.

A.-W. Zumpt, *Observationum in Rutilii Claudii Namatiani carmen de reditu suo pars prior*, Diss., Berolini 1836 (= Zumpt 1836).

A. W. Zumptius (August Wilhelm Zumpt), *Rutilii Claudii Namatiani de reditu suo libri duo*, recensuit et illustravit Aug. Wilh. Zumptius (...), addita est Etruriae orae tabula lithographica, sumptibus F. Dümmleri, Berolini 1840 (= Zumpt).

Aggiornamento e congedo - 1994.

Recentemente la fortuna di Rutilio ha conosciuto un notevole incremento. Qui basterà ricordare che il *De reditu suo* ha imprevedibilmente conquistato tanto la prima pagina del quotidiano piú diffuso (A. Ronchey, «La Repubblica» 26.5.93) quanto le luci della ribalta. La compagnia *Thelème Teatro* di Grosseto diretta da Francesco Tarsi, lavorando sulla traduzione di Mazzolai, ha infatti portato il poemetto sulle scene nell'estate del '93. Inoltre, ne viene preparando un nuovo allestimento, arricchito dal contraltare di altre voci tardolatine (Ammiano, Girolamo, Agostino, Massimiano), sempre per la regia di Tarsi e con il titolo *Il ritorno* (cfr. «Michelangelo. Rivista di Scienze Umane», n. s. 2, Firenze, giugno 1994, pp. 44 sgg.). Chi volesse seguire piú da vicino queste e altre vicende rutiliane – fra cui l'enigma di una fantomatica traduzione carducciana, risolto grazie alle liberali ricerche di Renzo Cremante – può ripercorrerle nella tesi di laurea di Sonia Fornari (Siena 1994, relatore Antonio Prete) ora in corso di pubblicazione nei «Libri» della stessa *Thelème* col titolo *Rutilio Namaziano: una vela sul palcoscenico*.

Fra le recensioni che hanno ripreso le fila del viaggio rutiliano, mostrando come, per coincidenze o per simboli, mettano inevitabilmente capo alla nostra vita tardo-novecentesca, vorrei che fossero ricordate quelle di Adriano Accattino (le *rêveries* di «Harta» dicembre 1992 e settembre 1993), Maurizio Bettini («La Repubblica» 4.2.1993), Franco Buffoni («Il Giornale» 28.2.1993), Marco Cipollini («Erba d'Arno» 52/53), Tommaso Di Francesco («Il Manifesto» 19.2.1993), Franco Fortini («L'Espresso» 21.2.1993), Antonio Pane («Oggi e domani» 227), Mario Andrea Rigoni («Il Corriere della Sera» 15.4.1993), Italo Rosato («L'Indice» luglio 1993), Antonio Tabucchi («Il Corriere della Sera» 8.4.1993): per lo piú, a loro volta, scrittori. In ambito scientifico sono attualmente al corrente soltanto di quella, generosa, di Silvia Mattiacci nell'annata 46, 1994 di «Maia». Di quelle, non 'negative' perché severe, ma perché sciatte, tirate via, copiate dal libro recensito, magari svogliatamente sí che sian piene di errori basti ricordare – a maggior onore delle altre – che ancora una volta non sono mancate. Eppure lo stesso Rutilio, la cui voce svetta dal silenzio con timbro subito perentoriamente alto, avrebbe potuto confortare a riflettere che prendere la parola rimane un gesto non banale.

Fra gli studi piú recenti, va sottolineato che K. Smolak in «Wiener Studien» 101, 1988, pp. 327-38 appoggia l'identificazione del dedicatario del *Querolus* con Rutilio Namaziano. Piú della sbrigativa nota di D. Frye, *Is Cl. Postumus Dardanus the Lepidus of «De reditu suo» I. 307?*, in «Hermes» 121, 1993, pp. 382-83, si devono citare V. Tandoi, *Scritti di filologia e di storia della cultura classica*, Giardini, Pisa 1992, vol. II, pp. 1001-3 (su Rut. I 393 sg.); S. Roda, *Nobiltà burocratica, aristocrazia senatoria, nobiltà provinciali*, nella *Storia di Roma* Einaudi, vol. III, t. 1, Torino 1993, pp. 643-74; e il libro di F. Orlando, *Gli oggetti desueti nelle immagini della letteratura*, Einaudi, Torino 1993, in particolare per i temi delle rovine e delle città che muoiono (pp. 279 sgg.), cui si rivolgeva anche l'intervento rutiliano di A. Ligneri in aa. vv., *Tredici secoli di elegia latina*, Accademia Properziana del Subasio, Assisi 1989, pp. 311-30.

Per gli aspetti topografici e archeologici del viaggio rutiliano mi sono fondato soprattutto sulle indicazioni dei commenti; tuttavia, in alcuni casi esse risultano invecchiate alla luce delle piú recenti ricerche.

Segnalo qui di seguito i principali studi utili a un aggiornamento in tal senso, esprimendo Simonetta Menchelli dell'Università di Pisa la mia piú viva riconoscenza per la collaborazione che ha voluto prestarmi.

Per il primo tratto del viaggio ci si può valere della terza edizione di M. Torelli, *Etruria*, «Guide archeologiche Laterza», Roma-Bari 1993. Per il tratto da Cosa a Luni: M. Pasquinucci-R. Mazzanti, in aa. vv., *Déplacement des lignes de rivage en Méditérranée*, «Colloques internationaux du C.N.R.S.», C.N.R.S., Paris 1987, pp. 95-106.

Sulla zona di Vada Volaterrana: *Vada e il territorio limitrofo in età preromana* (L. Cherubini) e *età romana* (A. del Rio), in aa. vv., *Terme Romane e vita quotidiana*, a cura di M. Pasquinucci, Panini, Modena 1987, pp. 116 sgg. A cura del Dipartimento di Scienze storiche del Mondo Antico dell'Università di Pisa sono in corso scavi nell'area archeologica in località S. Gaetano di Vada, oggetto della mostra a Rosignano Marittimo (luglio-ottobre 1994) *Vada Antica: porto, merci, magazzini*; dati preliminari nel relativo opuscolo a cura di S. Menchelli e M. Pasquinucci. Una curiosità per amatori: il manifesto della mostra, disegnato da Alberto Fremura, illustra con spirito pari allo scrupolo filologico-archeologico quanto narra Rutilio ai versi I 453 sgg., riprodotti in alto (da questa traduzione), su di un'immaginaria epigrafe.

La villa di Albino, di cui qui a p. 104, resta di incerta identificazione. Fra le ville romane sul territorio si segnala in particolare il «complesso romano di S. Vincenzino, sulla sinistra del Cecina, tra l'odierna città ed il mare: la presunta villa di Albino Cecina, citata da Rutilio Namaziano»: cosí G. Bejor a p. 197 del primo degli scritti, di aa.vv., che riferiscono sugli scavi ancora in corso (in «Studi classici e orientali» 34; 1984, pp. 197-243; «Rassegna di archeologia» 5, 1985, pp. 235-44; 6, 1986-87, pp. 327-88; 8, 1989, pp. 263-99).

Su Pisa e il *portus Pisanus* (localizzazione e caratteristiche geomorfologiche): R. Mazzanti- M. Pasquinucci-U. Salghetti Drioli, in aa. vv., *1284. L'anno della Meloria*, ETS, Pisa 1984, pp. 9-53; S. Menchelli, in aa. vv., *Terre e paduli*. Reperti, documenti, immagini per la storia di Coltano, Bandecchi e Vivaldi, Pontedera 1986, p. 124; M. Pasquinucci-G. Rossetti, in aa. vv., *Archeology of Coastal Changes*, edited by A. Raban, «British Archeologichal Report International Series» 4, Oxford 1988, pp. 137-55; M. Pasquinucci, in aa. vv., *Pisa, Piazza Dante. Uno spaccato della storia pisana. La campagna di scavo del 1991*, a cura di S. Bruni, Bandecchi e Vivaldi, Pontedera 1993, pp. 95-104; aa. vv., *La pianura di Pisa e i rilievi contermini. La natura e la storia*, a cura di R. Mazzanti, Società geografica Italiana e Edizioni del Cerro, Roma e Pisa 1994.

Congedando Rutilio nel momento in cui si avvia a veleggiare verso il suo «quinto migliaio», vorrei che questa edizione del suo poemetto che segue cosí nel profondo il profilo della mia singola vita doppiasse vecchie ritrosie a rivolgersi a un lettore privilegiato; e rivelasse di averlo scelto in Francesca Esposito, cui desidera restare dedicata.

Roma, 19 settembre 1994.

Indice

p. V *Introduzione* di Alessandro Fo
XIX *Quadro storico-cronologico*

Il ritorno

2 Libro primo
48 Libro secondo
54 I nuovi frammenti

59 *Note di commento*
131 *Nota al testo*
133   1. La tradizione manoscritta di Rutilio
137   2. Scelte critico-testuali di questa edizione

147 *Appendice. L'epigrafe di Albenga*
153 *Bibliografia*

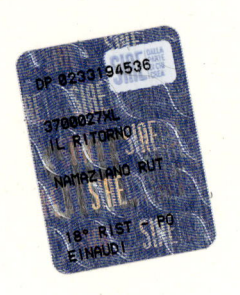

*Stampato per conto della Casa editrice Einaudi
presso ELCOGRAF S.p.A. - Stabilimento di Cles (Tn)*

C.L. 12585

Ristampa								Anno			
18	19	20	21	22	23			2022	2023	2024	2025